日本語教育の新しい地平を開く

シリーズ 言語学と言語教育

第11巻　コミュニケーション能力育成再考
　　　　－ヘンリー・ウィドウソンと日本の応用言語学・言語教育
　　　　村田久美子，原田哲男編著

第12巻　異文化間コミュニケーションからみた韓国高等学校の日本語教育
　　　　金賢信著

第13巻　日本語eラーニング教材設計モデルの基礎的研究
　　　　加藤由香里著

第14巻　第二言語としての日本語教室における「ピア内省」活動の研究
　　　　金孝卿著

第15巻　非母語話者日本語教師再教育における聴解指導に関する実証的研究
　　　　横山紀子著

第16巻　認知言語学から見た日本語格助詞の意味構造と習得
　　　　－日本語教育に生かすために　森山新著

第17巻　第二言語の音韻習得と音声言語理解に関与する言語的・社会的要因
　　　　山本富美子著

第18巻　日本語学習者の「から」にみる伝達能力の発達　木山三佳著

第19巻　日本語教育学研究への展望－柏崎雅世教授退職記念論集
　　　　藤森弘子，花薗悟，楠本徹也，宮城徹，鈴木智美編

第20巻　日本語教育からの音声研究　土岐哲著

第21巻　海外短期英語研修と第2言語習得　吉村紀子，中山峰治著

第22巻　児童の英語音声知覚メカニズム－L2学習過程において　西尾由里著

第23巻　学習者オートノミー－日本語教育と外国語教育の未来のために
　　　　青木直子，中田賀之編

第24巻　日本語教育のためのプログラム評価　札野寛子著

第25巻　インターアクション能力を育てる日本語の会話教育
　　　　中井陽子著

第26巻　第二言語習得における心理的不安の研究　王玲静著

第27巻　接触場面における三者会話の研究　大場美和子著

第28巻　現代日本語のとりたて助詞と習得　中西久実子著

第29巻　学習者の自律をめざす協働学習－中学校英語授業における実践と分析
　　　　津田ひろみ著

第30巻　日本語教育の新しい地平を開く－牧野成一教授退官記念論集
　　　　筒井通雄，鎌田修，ウェスリー・M・ヤコブセン編

第31巻　国際英語としての「日本英語」のコーパス研究
　　　　－日本の英語教育の目標　藤原康弘著

日本語教育の新しい地平を開く

牧野成一教授退官記念論集

筒井通雄、鎌田修、
ウェスリー・M・ヤコブセン　編

序

　2012年5月19〜20日、米国ニュージャージー州のプリンストン大学において「第19回プリンストン日本語教授法フォーラム(Princeton Japanese Pedagogy Forum)」が、同大学東アジア研究学科教授であり、本フォーラムの創始者でもある牧野成一先生の退官を記念して開かれました。本書は、この記念フォーラムの特別企画として催された3つのラウンドテーブルにおける発表論文と各ラウンドテーブルでの討論の総括をまとめたものです。

　3つのラウンドテーブル(RT)では牧野先生の長年の研究・貢献分野(「牧野先生の業績一覧」(pp. 235–241)参照)をあまねくカバーするため、言語学、文化学、第二言語習得、教授法、OPI(Oral Proficiency Interview)の5分野を取り上げてRTのテーマとし、各RTには牧野先生を含む4〜5名の、現在その分野で活躍中の先生方にパネリストとして参加いただきました。3つのRTのテーマは次の通りです。

ラウンドテーブル1　日本語教育と言語学・文化学(第1部に収録)
ラウンドテーブル2　日本語教育と第二言語習得・教授法(第2部に収録)
ラウンドテーブル3　日本語教育とOPI(第3部に収録)

　各RTではまずパネリストが一人ずつ各自の論文の骨子を発表し、その後、各RT担当の司会者の下で、発表で述べられたいくつかのテーマについて約1時間の討論が行われました。本書では各RTでの発表論文と司会者による討論の総括をそれぞれ独立の章としてまとめました。なお、RT3のLiskin-Gasparroさんの論文は英語で発表され、討論も英語で行われましたが、総括は日本語で書いていただきました。

　この記念フォーラムを開催するにあたっては、プリンストン大学の講師の方々が2年あまりにわたって、企画、助成金集め、参加者との交信、大会

用資料のまとめ、会場設定等々に膨大な時間と労力をかけて準備をしてくださり、当日も細部にまで心配りの行き届いた大会運営をしてくださいました。特に、その中心となって献身的に働いていただいた佐藤慎司先生と徳増ゆかり先生には、心からお礼を申し上げます。そして、このフォーラムのために財政的援助をいただいた下記のスポンサーに感謝の意を表します。

　　ALC Press Inc.（アルク）
　　Columbia Japanese Pedagogy Program, Columbia University
　　East Asian Studies Program, Princeton University
　　East Asian Studies Department, Princeton University
　　Hokkaido International Foundation（財団法人北海道国際交流センター）
　　The Japan Times（ジャパンタイムズ）
　　Kinokuniya Book Store（紀伊國屋書店）
　　Middlebury Language Schools, Middlebury College
　　Princeton Institute for International and Regional Studies, Princeton University
　　3A Corporation（スリーエーネットワーク）

最後に、本書の出版を快諾してくださったひつじ書房の松本功房主と、大会の準備段階から編者と密にコミュニケーションを取り本書を完成に導いてくださったひつじ書房編集者の板東詩おりさんにお礼を申し上げます。

本書が、現在日本語教育の現場で活躍中の先生方、これから日本語教育を目指す方々の思考の糧となれば幸いです。

2014 年 3 月
編者一同

目　次

序 ———————————————————————————————— v

第1部　日本語教育と言語学・文化学

「目に見えない構造」はどう習得されるか
―言語研究の観点から見た言語教育―
ウェスリー・M・ヤコブセン ————————————————— 3
1. はじめに ……………………………………………………………… 3
2. 第一言語習得、第二言語習得の相違点 ……………………………… 4
3. 言語教育者の直面する困難 …………………………………………… 5
4. 言語研究の教育への貢献 ……………………………………………… 7
5. 「目に見えない構造」の代表例としての項構造 …………………… 8
6. 項構造は母語話者にとって現実のものなのか …………………… 10
7. 項構造にまつわる文法現象 ………………………………………… 12
8. 項構造を無視することから起こる誤解 …………………………… 13
9. 項構造以外の「目に見えない」構造 ……………………………… 16
10. 「目に見えない」構造はどう習得されるか ……………………… 18
11. おわりに ……………………………………………………………… 19

メタファーが内包する文化相互理解の可能性と
日本語教育におけるメタファーの活用
岡まゆみ ————————————————————————— 21
1. はじめに ……………………………………………………………… 21
2. 日本語教育の観点から見たメタファーの定義と分類 …………… 22

3. 言語活動におけるメタファーの機能 ………………………… 24
  4. メタファーと文化理解との関連性 …………………………… 26
    4.1 メタファーが内包する文化相互理解の可能性
    4.2 日英同形メタファー例の日英の意味の比較
  5. 日英共通メタファーと言語習得論との関連性 ……………… 29
    5.1 スキーマの活性化における日英共通メタファーの有効性
    5.2 言語相互依存仮説と日英共通メタファーの関連性
    5.3 日本語教育における母語活用の再考
    5.4 日英共通メタファーを日本語教育で使用することの利便性
  6. 日英共通のメタファー表現を生かした教材の開発 ………… 32
  7. おわりに ………………………………………………………… 35

多様性の認識
松本善子 ───────────────────────── 39
  1. はじめに ………………………………………………………… 39
  2. 使われている日本語の多様性 ………………………………… 41
    2.1 文体の選択とその機能
      ―文体を組み合わせることで、多角的な人物像を出す
    2.2 対称詞、他称詞の使い分け―話題の人との関係を様々に表わす
    2.3 連体修飾の色々
  3. 提言―多様な日本語の意味すること ………………………… 50

言語教育における文化のリテラシーとその評価
當作靖彦 ───────────────────────── 55
  1. はじめに ………………………………………………………… 55
  2. 言語教育のパラダイムシフト ………………………………… 56
    2.1 言語の目的
    2.2 言語教育の目標
    2.3 「外国語教育のめやす」
  3. 文化の教育と評価 ……………………………………………… 61
    3.1 文化の教育
    3.2 文化能力の評価

   4. 最後に ·· 67

ラウンドテーブル1の総括
マグロイン花岡直美 ──────────────── 71
   1. はじめに ·· 71
   2. 明示的に指導するべきか？ ·· 71
   3. 文化能力 ·· 73
   4. 反復 ·· 73
   5. おわりに ·· 74

第2部　日本語教育と第二言語習得・教授法

明示的学習・暗示的学習と日本語教育
坂本　正 ──────────────────── 79
   1. はじめに ·· 79
   2. L1習得とL2習得の違い ·· 80
   3. 明示的学習・暗示的学習 ·· 81
   4. 明示的知識と暗示的知識の比較 ································· 82
   5. インターフェイスに関する研究 ································· 83
   6. 宣言的知識と手続き的知識 ······································ 84
   7. 脳科学の知見 ·· 85
   8. 明示的知識／暗示的知識とインプットとインテイクとの関係 ······ 86
   9. プロフィシェンシーの意味 ······································ 87
      9.1　OPIにおけるプロフィシェンシーの意味
      9.2　第二言語習得研究におけるプロフィシェンシーの意味
   10. プロフィシェンシーと明示的知識・暗示的知識と
      自動化の関係 ··· 88
   11. プロフィシェンシーを伸ばすための方法 ······················ 90
   12. まとめ ··· 91
   13. 今後の課題 ··· 92

コミュニカティブ・アプローチと日本語らしさ
畑佐由紀子 ——————————————————————— 97
1. はじめに ……………………………………………………………… 97
2. コミュニケーション能力とは ……………………………………… 98
3. コミュニカティブな言語指導（CLT）……………………………… 101
   3.1 CLT の特徴
   3.2 CLT の妥当性
       3.2.1 CLT と談話能力
       3.2.2 CLT と言語能力
       3.2.3 CLT と社会言語能力
       3.2.4 CLT とフォーミュラ能力
4. まとめと今後の課題 ………………………………………………… 107

日本語能力試験 N2 受験準備のための講座 —実践とその意義—
ハドソン遠藤陸子 ————————————————————— 113
1. はじめに ……………………………………………………………… 113
2. 講座の内容 …………………………………………………………… 115
3. 模擬試験の結果 ……………………………………………………… 118
4. 学期末アンケート調査の結果 ……………………………………… 120
   4.1 自己評価の質問
   4.2 講座に関する質問
5. 考察 …………………………………………………………………… 124
6. おわりに ……………………………………………………………… 127

翻訳法の復権をめざして
牧野成一 ————————————————————————— 131
1. はじめに ……………………………………………………………… 131
2. 翻訳で失われるシフト現象 ………………………………………… 133
   2.1 時制のシフト
   2.2 フォーマリティ・シフト
   2.3 人称とそのシフト
3. 翻訳と日本語教育（特に、読解教育）…………………………… 141

3.1　学習者／教師が翻訳の限界を知る
　　3.2　学習者／教師は翻訳を通して外国語学習の目標に挑戦する
　4.　まとめ ··· 143

ラウンドテーブル 2 の総括
筒井通雄 ──────────────────────── 147
　1.　明示的学習／知識と暗示的学習／知識 ························ 147
　2.　明示的指導と暗示的指導 ·· 148
　3.　フォーミュラ能力 ··· 150
　4.　翻訳 ··· 151

第 3 部　日本語教育と OPI

ACTFL プロフィシェンシー・ガイドライン（話技能）
―2012 年改訂版について―
牧野成一 ──────────────────────── 157
　1.　はじめに ·· 157
　2.　*PGS* のどこがどう変わったのか ································· 159
　3.　まとめ ··· 170

OPI における"維持（sustain）"の概念に関する一考察
鎌田　修 ──────────────────────── 173
　1.　はじめに ·· 173
　2.　背景 ··· 176
　3.　問題点―プロフィシェンシーとグローバルタスク ············ 178
　4.　おわりに ·· 185

OPIから学べること —コンテクストと談話に基づいた指導の重要性—
渡辺素和子 — 189
1. はじめに ……………………………………………………………… 189
2. 問題の検証 …………………………………………………………… 190
   2.1 学習者の失敗例
   2.2 テスターの失敗例
3. 上級話者と語用論 …………………………………………………… 196
   3.1 上級話者の定義
   3.2 会話をするという行為の意味
4. 対策 …………………………………………………………………… 199
   4.1 学習者への対策
   4.2 教師への対策
5. 結論 …………………………………………………………………… 203

The OPI at Age 30 Contributions, Limitations, and a View to the Future
Judith E. Liskin-Gasparro — 205
1. Introduction ………………………………………………………… 206
2. The ACTFL Guidelines and the OPI: The First Paradigm Shift …… 206
   2.1 Early Impact
   2.2 Institutionalization of the ACTFL Guidelines and the OPI
3. Early Critiques of the OPI ………………………………………… 208
   3.1 Validity
   3.2 Language Elicited by the OPI
4. A New Paradigm Shift? …………………………………………… 211
   4.1 The Nature of the Proficiency Construct
   4.2 Interlocutor Effects in Proficiency Tests
      4.2.1 Interviewer Impact on Interviewee Discourse
      4.2.2 Interviewer Impact on Proficiency Ratings
5. Future Research Directions ………………………………………… 214

ラウンドテーブル3の総括
ナズキアン富美子 ―――――― 219
1. はじめに ……………………………………………… 219
2. OPIに関する疑問点 ………………………………… 220
   2.1　「口頭運用能力」とは何か
   2.2　OPIと現実性
   2.3　OPIという方法で本当に口頭運用能力は測れるのか
   2.4　OPIの固有性と汎用性
   2.5　OPIの評価をどう解釈すべきか
   2.6　OPIと相互作用能力
   2.7　日常の教室活動への応用
3. 最後に ………………………………………………… 224

Appendix　各論文の要約一覧（英語） ―――――― 227

牧野成一先生業績・記念論文集一覧 ―――――― 235

執筆者紹介 ―――――――――――――――― 242

第1部

日本語教育と言語学・文化学

「目に見えない構造」はどう習得されるか
— 言語研究の観点から見た言語教育 —

ウェスリー・M・ヤコブセン

要 旨

　第一言語習得と第二言語習得とでは、様々な違いが指摘されているが、その根本的なあり方において異なっているかどうかについては不明な部分が多い。そうした中、言語教師は、言語構造を明示的に教えるべきかどうかなど、実践問題をめぐって厳しい選択を迫られている。本稿では、そうした課題を言語研究の観点から取り上げて、(a)そもそも言語構造にはどのような種類のものがあるか、中でも「目に見えない」言語構造を明らかにするところに言語研究の教育への貢献があること、(b)英語など、日本語とは類型論上異なっている言語の母語話者を対象にした場合、明示的であれ暗示的であれ、こうした言語構造を考慮すれば、より効果的な教育が得られることを指摘する。また、「目に見えない」構造の具体例としては項構造(述語の意味を理解する上で、不可欠な名詞句のパターン)を取り上げ、言語教育におけるその意義について考察する。

キーワード：目に見えない言語構造、言語習得、明示的・暗示的教授法、項構造、言語研究と言語教育の関わり

1. はじめに

　言語教育が、教える・教わるの二側面から成り立つのは自明のように思われるかもしれないが、たとえどんなに巧みな教え方をしたとしても、必ずしも教えた通りに学習者が教わらないのも教育者の経験や様々な研究によって明らかになっている(White 2003)。ところが、人間が実際どのようにして言語を習得するかについて多くの謎が存在している中、言語教育では学習者

の教わり方よりも、教師の教え方の方にどうしても重点が置かれがちなのが現状と言えるだろう。

　日本語教育と言語研究の両方に携わってきた筆者は、この二分野の相互貢献に深い関心を持っており、以前にもそれについて思索を加えて書いたものがある(ヤコブセン 2004)。本稿では、もう少し視野を広げて、言語の理論と教育の実践の立場に加えて、もう1つ、言語習得そのものを研究の対象とする言語習得論の観点も取り入れて、言語研究と言語教育の実践の関係を再考することにする。言語習得といっても、第一言語(母語)を習得する場合と、母語以外の第二言語を習得する場合とでは様々な相違点が指摘されており、この2つを分けて考える必要がある。ここではそうした相違点を認めながら、どちらの場合にも習得の対象となる言語知識の一部として、いわゆる「目に見えない」構造が大事な位置を占めていることを指摘した上で、どのようにしてそうした構造が習得されるのかという、第一言語習得、第二言語習得共通の課題に対処する際に言語研究がどのような貢献ができるかを、具体例を取り上げながら考えていきたい。

2. 第一言語習得、第二言語習得の相違点

　人間が第一言語を習得するにあたって、どこの文化のどの言語においても共通の特徴として見られるのは、(a)断片的で限られたデータをもとに、(b)明示的な形での指導を受けることなしに、(c)生まれてから早い時期(臨界期)に、(d)複雑で完全な言語知識が内面化される、という点である。乳児が耳にする不完全なデータから、脳の中で完全な言語構造が築き上げられ、それによって教えられもしていない無数の新しい文を生成する能力が生じるという、まさに奇跡的な現象が起こるのである。こうした事実を説明するのには、人間には生まれながらにして、母語を習得する装置が遺伝的に備えられていると考える以外にない、といういわゆる言語生得説が最近では主流になっている。また世界中のどの言語においても、第一言語習得には同じ特徴が見られることから、人間の言語である以上、その習得を可能にする遺伝的な仕組みは共通のものであるという、普遍文法説も導かれてくる。第一言語

習得が早く行われることは文法だけでなく、語彙の習得にも見られる。Pinker(1994)によると、子供が6歳までに習得済みと推定される語彙数16,000語を身につけるには、1歳の時から、平均して一日に10語の早さで、これまた何の指導を受けることもなく、新しい語彙を習得していなければならないことになる。

　一方、第二言語習得では、第一言語習得との様々な相違点が指摘されている。まず、習得の時期がより遅く、子供から大人まで、習得する時期に差こそあれ、少なくとも第一言語習得のそれよりは後になっている。それに伴う習得方法の違いも見られる。すなわち、第一言語習得の場合に作動すると見られる遺伝的装置が、ある時期を過ぎると以前のようには働かなくなるようで、それ以降はそれに頼って新しい言語を習得することが困難、もしくは不可能になるのである。そのため、臨界期において可能だった潜在的な習得方法の代わりに、明示的な指導による学習が必要になってくる。また、第二言語を習得する時点では、既に第一言語が習得済みであるため、第二言語習得の過程の中で、第一言語の影響も当然見られることが予想される。その1つとして、第一言語習得の場合には言語間の構造上の相違とは関係なく習得が同じ早さで進んでいくのに対して、臨界期を過ぎると、既に習得済みの第一言語と構造上異なっているほど第二言語の習得は難しく、逆に似ているほど習得しやすい、という言語間の構造上の違いによる習得上での難易度が初めて問題になる。特に主語、目的語、述語の相対的な語順による、いわゆる類型論上の違いが、第二言語習得において難易度を決める大事な要素として考えられる。この点、日本語と英語はそれぞれSOV型、SVO型という、表面的には異なる類型に属する言語として、相互の習得が同じ類型同士の言語の場合より困難であると考えられている。

3. 言語教育者の直面する困難

　以上のように第一言語習得と第二言語習得とでは様々な違いがあるように見えるが、実際のところ、その違いは習得の仕組みにおける、根本的で質的な差異から来るものなのか、それとも末梢的な違いに過ぎないのか、不明確

なところが多い。例えば、臨界期を過ぎるとそれまでのようには生得的な言語習得装置に頼れなくなるとしても、全くその装置が機能しなくなるのか、それともその効力が衰えるに過ぎないのか、衰えるとしたら、どの程度衰えるのか、またどの年齢からそうした変化が顕著になるのか、といった根本的な問題については第二言語習得論の研究でははっきりした結論が出ていない(White 2003)。

　そうした問題が未解決のままになっている中、言語教育者はそれに関わる実践面での厳しい選択を迫られてくる。例えば、学習者に与える言語のインプット(入力)としては自然のままのものを優先させるべきか、あるいは学習者用に調節したものが望ましいのか、というような問題に直面する。第二言語習得の仕組みが基本的には第一言語習得のそれと同じであるという立場に立つと、最初の段階から自然のままの早さ、自然のままの複雑さの言語データを与えるのが効果的だということになる。その一方、第二言語習得は基本的に第一言語習得とその仕組みを異にしているとすれば、第二言語の学習者の立場を考慮して、それにふさわしいインプットを与えなければならないことになる。ただ、後者の場合だと、それではどのような種類のインプットが望ましいのか、またその量、導入順序などはどうするのか、という問題が依然として残る。それから、何よりも根本的な問題として選択を迫られるのは、言語構造(文法)を明示的な形で教えるべきか、それとも明示的な説明は避けて、文法構造の内面化を学習者自らの帰納力に任せるべきか、という問題である。ここでまた、第一言語習得、第二言語習得の類似説と相違説のどちらに与するかによって、実践的なやり方が著しく変わってくるのである。教授法の歴史の中で提案されてきた様々なアプローチを振り返ると、Krashen(1979)のような、第一・第二言語習得類似説に近いものから、Chastain(1976)のCognitive Methodのような、逆に第一・第二言語習得相違説に近いものまで、様々なものがあり、この点について根本的に考え方が分かれていることが明らかである。しかし、こうした意見の対立を仲裁するような、客観的な解決策が言語習得論では一切出ていないのが現状である。

　そうした中、言語教育の実践に携わる者は、言語習得論から客観性のある結論がいずれ出るのを望みながら、差し当たって直面している実践面での問

題解決に繋がるような手がかりを、理論的研究以外のところに求める他にない。その手がかりは往々にして自分自身の、または自分が教わった教授法で教えた先輩教師の、試行錯誤の経験を通して得られた主観的な知恵による場合が多い。あるいは、第一言語習得、第二言語習得の類似性に関して一貫した立場を取らないで、異なった学習者のニーズや好み、その他時と場面に応じてやり方を適当に変えたり工夫したりするということもある。

4. 言語研究の教育への貢献

　本稿では、教育の場で選択を迫られる実践面での問題のうち、言語構造を明示的に教えるべきかどうかを中心問題として取り上げることにするが、ここに述べる考察もやはり筆者自身の経験に基づく部分が多い。筆者の場合、主に英語という、日本語と類型論上異なる種類の言語を母語とする学習者を対象に、それも学問研究に必要な読解力を要する学習者向けの授業での経験が中心である。そうした経験に基づいて言えることは、少なくとも日本語と類型論上異なる母語を背景とする学習者、中でも読解力という特別な言語技能を要する学習者の場合、言語構造に関する明確な説明が要求され、またそのような説明が効果的である場合が多い、ということである。それでは、日本語と類型論上似た母語を背景とする学習者や読解力以外の言語技能を要する学習者を対象とした場合にはどうなるのか、という疑問が当然出てくるが、たとえ言語構造に関する明示的な説明が効果的とは思われない場合でも、言語教育に携わっている以上、学習者に対する言語のインプットを与える必要があり、そのインプットの種類を決める上でも、学習者の母語と第二言語の構造上の違いを考慮しなければ、効果的なインプットの選択は期待されない、というのが筆者の経験による見解である。つまり、言語構造について明示的に考えるべきかどうかというのは、学習者側のみの課題ではなく、教える側の課題でもあるわけである。

　言語教育、言語習得論に加えて、第三分野としての言語研究の出る幕がここに至って見えてくる。というのも、言語構造というと、あたかもその言語を知っている者なら、誰の目にも明らかなものばかりのように考えられがち

なのだが、実はそうではなく、言語構造には表面的には現われない「目に見えない」構造の種類もあり、その言語の母語話者でさえ、というより母語話者だからこそ見落とされがちなものがある。そして、見落とされがちなものであるほど、意外に言語の核心に迫るものである場合が多い。言語研究が言語教育に貢献し得る大事な役目は、まさにここにあると考えられる。つまり「目に見えない」構造を観察可能な、明らかな形にすることこそ言語研究の言語教育に対する大事な役割、貢献であるということになる。

5. 「目に見えない構造」の代表例としての項構造

　ヤコブセン(2004)では、言語研究によりその存在が明らかになってきた4種類の言語構造を取り上げて、日本語教育の実践の場でそれを考慮すればより効果的な学習が期待できることを述べた。本稿では、特に「目に見えない」構造の代表例である「項構造」というものに焦点を絞って、必ずしも表面的には現われないこうした構造の存在をどのようにして実証できるのか、日本語学習者にとってそれがどのような意味を持つのか、そしてどのようにしてそれが習得されるのかという問題を順番に取り上げて考えていくことにする。

　言語の形式と意味を結ぶのに、おそらく言語の最も深いところで機能しているのが項構造である。項構造とは、ある述語の意味が成立するのに、会話の当事者の意識になければならない名詞句のことであり、その名詞句のことを項と呼ぶ。いくつの項を必要とするかによって、(1)のように、述語をいくつかの型に分類することができる。

(1) a.　走る：　*hasiru* (X)　　　Xが走る。　　　　　(1項述語)
　　b.　読む：　*yomu* (X, Y)　　XがYを読む。　　　(2項述語)
　　c.　返す：　*kaesu* (X, Y, Z)　XがYをZに返す。　(3項述語)

それぞれの述語に必要とされる項((1)ではX、Y、Zのように記している)はその述語と決してランダムな関係にあるのではなく、述語の意味と密接に

関係しており、述語の意味の根幹をなすと言える。一方、ある述語と同じ節中に現れ得る名詞句がいつも項であるとは限らず、あってもなくてもその述語の意味が成立する名詞句、例えば言及の事態が起こった時間や場所を表わす名詞句（「図書館で新聞を読んでいる」の「図書館で」のように）は項とは区別される種類のものである。

　ところで、日本語では項構造がいつも具体的な形で表面に現われるかというと、必ずしもそうではない。日本語母語話者同士の実際の談話における述語と名詞句の関係を見ると、一見、項構造の存在さえ疑われる現象が見られる。(2)のミニ談話のように、節ごとに現われる名詞句の数は多くて１つ、場合によってはゼロになることもあるくらいで、同一節内に名詞句が２つ以上現われることは、実は話し言葉の日本語においてはまれである。

（２）Ａ：この間貸してあげた本、どうなっている？
　　　Ｂ：まだ読んでいる。もうすぐ返すよ。

(2)の談話は下線で示されている述語を中心とした、全体で４つの節からなっているが、表面に出ている名詞句は「本」という名詞１つに過ぎない。そうすると、この談話全体の意味に関与しているものはこの「本」だけなのかというと、当然そうではなく、他にも関与しているものがあることは、母語話者なら直感で分かる。そうした直感を支えているのが、まさに項構造というものである。この談話を耳にした母語話者なら、例えば「返す」という述語は「ＸがＹをＺに返す」という項構造を持っている３項述語であるという直感に頼って、(2)におけるＢの返答を(3)のように瞬時的に解釈する。

（３）　…(私が)(その本を)もうすぐ(あなたに)返す…

　要するに、聞き手は談話に出てくる述語ごとに、その述語の項として要求される名詞句の空白を埋めていくという、一種の計算を瞬間的に行うのである。助詞を伴って表面に出てくる名詞句がその空白を満たすのに足りるならこれで終わるが、そうでない場合には、残っている項の空白を満たすのにふ

さわしい名詞句を先行の文脈から探し出して、空白がなくなるまでどんどん埋めていく。このようにして、談話を正しく理解する過程で、項構造はなくてはならない構造として機能しているのである。

　談話における理解だけでなく、産出の面でも項構造の果たす役割は重要である。談話の中で、話し手は、聞き手側に項構造に対する理解があると想定して、聞き手と共通に持っている情報なら、表面に出さないでどんどん削除していくのである。逆に一々入れていくとかえって日本語としては不自然になり、場合によっては理解を妨げる結果にさえなる。

　お互いに分かりきった情報は表面から削除するという日本語のパターンと対照的なのが英語で、英語では逆に何らかの形で項の空白を表面的に一々埋めていく必要がある。(4)のようにそれが完全名詞でなければ、代名詞という形で明示することが普通である。

（4）　…(I)'ll return (it/the book) to (you) soon…

英語を母語とする日本語学習者の場合、こうした習慣がなかなか抜けにくくて、日本語を産出する際にも、例えば(3)のAの問いに対しては(5)のように主語などの項を一々埋めていき、日本語としては不自然な「私」の連発になりやすい。こうした現象は英語母語話者に日本語を教えた経験のある教師ならなじみがあるであろう。

（5）　…私はまだその本を読んでいる。私はもうすぐその本をあなたに返すよ。

6.　項構造は母語話者にとって現実のものなのか

　以上のように、項構造は談話における理解・産出両面の機能を明らかにするのに有用な概念であるが、それは果たして言語学者によって考え出された理論上の存在であるだけでなく、母語話者の意識の中に実際に存在するものなのであろうか。ここで、項構造の現実性を示すと同時に、何が項で何が項

でないかを見分ける、具体的な現象を紹介することにする。いわゆる「知らないテスト」である。

　項というのは、述語を発話する際、発話者の意識になければならないものである。たとえ表面的に現われなくても、もし聞き手に問いただされたなら、話者がそれを特定できるものでなければならない。例えば(6)のように、話者Aが「食べる」という動詞を口にした場合、表面的に現われていない名詞について聞き手Bから聞かれた場合に、「知らない」と答えられない種類のものがある。

(6) A：太郎が食べたらしい。　　　B：何を？　　A：#知らない[1]。
　　 A：そのケーキを食べたらしい。 B：誰が？　　A：#知らない。

それに対して、(7)にあるような情報について聞かれた場合には、話者Aが「知らない」と答えても一切不自然な感じはしない。

(7) A：そのケーキを食べたらしい。　　B：どこで？　A：知らない。
　　　　　　　　　　　　　　　　　　 B：いつ？　　A：知らない。
　　　　　　　　　　　　　　　　　　 B：誰と？　　A：知らない。

ある述語に関わっている名詞句について問いただされた場合、「知らない」と答えられないのが項であると結論することができる。「食べる」の場合、「何を」と「誰が」に相当する名詞句が項で、「どこで」、「いつ」、「誰と」に相当する名詞句は項ではなく、あくまでも補足的な情報を表わすものであるということになる。こうして見ると、「項構造」というのは、言語学者の想像によるものに過ぎないのではなく、話者が述語を使用する上で、その意識に実存しているものからなる、現実性の高い名詞句のパターンであることが分かる。

7. 項構造にまつわる文法現象

　項構造が母語話者の意識のどこかに存在するものであるとすれば、具体的な文法現象にもその影響が見られるはずで、また、項構造が内面化されていなければ、そうした文法を正確に理解・産出するのに困難が生じることが予想される。5.で観察した談話構造の処理はその一例であるが、他に項構造が大きなカギとなる文法現象としては、日本語における動詞の様々な形態が挙げられる。例えば、自動詞・他動詞、「〜ラレ」、「〜サセ」、「〜テモラウ」、「〜テアル」など、動詞の基本形を変化させる補助動詞の多くは、まさに項を増減させることによって項構造に変化をもたらすことが主な機能であると考えられる。

　具体例を1つ挙げると、「〜ラレ」の受身法の2種類、いわゆる直接受身と間接受身の違いは、基本的には項構造にどのような変化をもたらすかで区別されるものである。(8)のように、直接受身文では、相当する能動文に比べて、項が1つ減らされているのが特徴である。

(8) a.　いじめっ子が健次を殴った。　　　　　　　　　　　　(n＝2)[2]
　　b.　健次が(いじめっ子に)殴られた。　　　　　　　　　　(n＝1)

(8b)で項の数が1つになっているのは、括弧内の(いじめっ子に)が項になっていないためである[3]。ちなみに、このように考えると、直接受身というのは、(8b)のように、主語が元の能動文の目的語に相当する、英語にあるような受身ばかりではなくて、元の能動文が(9a)のような3項述語からなる文なら、(9b、c)のように2種類の受身文が可能で、どちらも項の数から考えて直接受身なのである(ここでも受身文の「名詞句＋ニ／ニヨッテ」は項にあたらないことに注意)。

(9) a.　選考委員会は今年度の芥川賞をその若手作家に贈った。　　(n＝3)
　　b.　今年度の芥川賞は(選考委員会によって)その若手作家に贈られた。
　　　　　　　　　　　　　　　　　　　　　　　　　　　　　(n＝2)

c. その若手作家は(選考委員会によって)今年度の芥川賞を贈られた。
　　　　　　　　　　　　　　　　　　　　　　　　　　　　　　　(n＝2)

つまり、「名詞句＋を」を伴った受身文は、時々文法説明書に見られるように、必ずしも間接受身文であるわけではない。その一方、真の間接受身文というのはもとの能動文の項構造にないものが主語として加わったもので、(10)のように項の数が結果として変わらないもの、あるいは(11)のように、項が1つ増えるものである。(11)のパターンは相当する能動文が自動詞の場合によく見られるもので、この場合の「名詞句＋ニ」は、省略されると文全体が意味をなさなくなることからも分かるように、項になっている[4]。

(10) a. 泥棒が自転車を盗んだ。　　　　　　　　　　　　　　　(n＝2)
　　 b. 僕は(泥棒に)自転車を盗まれた。　　　　　　　　　　　(n＝2)
(11) a. 雨が降った。　　　　　　　　　　　　　　　　　　　　(n＝1)
　　 b. 僕は雨に降られて［びしょぬれになった］。　　　　　　(n＝2)

以上のように、日本語動詞の形態体系の中心をなす補助動詞には、項構造を変化させることをその基本的な働きとするものが多く、暗示的であれ、明示的であれ、項構造という概念に対する理解がなければ、日本語の動詞体系の全体像を把握することは困難と言える。

8. 項構造を無視することから起こる誤解

　項構造に対する理解なくしては、以上のような文法知識を身につけるのが困難なだけでなく、日本語という言葉に対する様々な誤解を引き起こす恐れさえある。そして、必ずしも項構造が表面に現われないため、こうした誤解は学習者だけでなく、日本語の母語話者や教師にとっても起こりやすいものである。例えば、日本語は曖昧な言語であるという考え方や日本語に主語はいらないという考え方などがその例である。
　一般に日本語は曖昧な言語であると考えられがちであるが、これは表面的

な現象しか見ないことから来る誤解である。動詞の行為に関わる当事者を示す言葉がどこにも現われない場合には、その当事者が誰であるか、自由に解釈してもいい、という論理になりやすいが、実は項構造という基本概念を考慮すると、ちょうど逆の論理になる。5. の(2)の談話の話者Bの答えをもう一度考えてみよう。

(2) A：この間貸してあげた本、どうなっている？
　　 B：まだ読んでいる。もうすぐ返すよ。

上のBの発話では、名詞句が1つも現われていないため、誰が何を読んでいるか、誰が誰に何を返すか、一見不明瞭に見えるが、それらが確実な情報であるからこそ、その背後にある項構造に頼って省略が許されているのである。このような現象は、日本語母語話者同士の会話なら以心伝心などによって、暗黙のうちに情報が伝わるのだ、というふうに安易に片付けられるものではない。日本語教育の場で、項構造が確実に存在することに早い段階から気づかせておかないと、上級レベルまで上がった段階で遭遇する、高度な学術論文における省略現象に対処するのは到底無理で、書き手の意図から逸脱した、とんでもない意味解釈をしかねない。

　項構造を顧みないと起こりやすいもう1つの誤解は、日本語に主語はいらないという考え方である。まず断っておくが、日本語に主語の有無を論じるためには、それが必ずしも西洋の言語におけるような、動詞との一致 (agreement) などを規定する主語である必要はない。問題は主語をどう定義するかであり、項構造というものを認めれば、主語の定義が自動的に導かれてくるのである。具体的に言えば、先に紹介しておいた「知らないテスト」を適用していくと、どの述語にも項が少なくとも1つ存在していること、また項の中に「が」を伴って現われる名詞が必ず存在していること、という2つの事実が判明する。まず、明らかに1項述語である例から見ていく。

(12) A：死んだらしい。　　B：何／だれが？　　A：#知らない。
　　 A：落ちたらしい。　　B：何が？　　　　A：#知らない。

上のように項が1つしかない場合には、それをとりあえず主語と定義することができる。それでは、1つも項がないというような述語は考えられるだろうか。そのような述語の例として、以下のような天気の表現がたまに挙げられることがある。

(13) a. （今日は）寒いですね。
    b. いい天気になりましたね。

しかし、話者を直接取り囲んでいる環境から少し距離を置くために、「〜らしい」という形にしておいた上で「知らないテスト」を適用すると、このような述語でも、ある特定の環境（場所）を項として取っていることが明らかになる。

(14) A：今日は寒いらしい。　　　B：どこが？　　A：#知らない。
    A：いい天気になったらしい。　B：どこが？　　A：#知らない。

以上のように見ていくと、やはりどの述語にも項があって、それが1つだけの場合は助詞「が」を伴った形で表面化し得る、という結論が導かれてくる。これをもとに、項が複数存在する場合でも、「が」を伴う項が1つのみなら、それを主語とすればいいわけであるが、以下のように同じ述語に「が」を伴った名詞句が2つ以上現われる場合もあり、そのうちどれを主語とするか、という問題が生じる。

(15) a. 太郎が花子が好きな［のはみんな知っている］。
    b. 象が鼻が長い［のはなぜなのだろうか］。

しかし、(15a)のような場合、同じ「が」でも、片方だけ「を」と置き換え可能であるなど、その文法上の振る舞いに違いがあり、「好き」に対する関係がそれぞれ違うことが分かる。また、(15b)のような場合では、どの「が」を伴った名詞句も同じ述語の項になっているのではなく、2番目の「鼻が」

が「長い」の項であるのに対して、1番目の「象が」が「鼻が長い」という節全体の項になっているなど、「が」が複数同じ節内に現れているように見える場合でも、実は節ごとに主語と特定できる、独特の性質を持つ「名詞句＋が」が存在する、ということになる。要するに、項構造という「目に見えない」存在を認めれば、日本語に主語はないという説も簡単に崩れるのである。日本語には必ずしも主語はなくてもよく、それがない場合には、節末の述語が何について述べられているかを好き勝手に解釈すればいい、という誤解に学習者が陥ったならば、先の(2)の程度の談話ならともかく、それより遥かに複雑な複文の組み合わせからなる文章に直面した時に、読むのにどれほどの困難を来すか、想像に難くないであろう。

9. 項構造以外の「目に見えない」構造

　以上、その影響が特に広範囲の文法現象に及ぶ「目に見えない構造」として項構造に関わる諸現象を見てきたが、目に見えないためにその存在が見落とされがちなものとして、他に、例えば言語の構成要素による縦の構造、それから情報構造という例も挙げられる。音による場合でも文字による場合でも自然言語の文は時間の軸に沿って一元的に発展していく「横」の構造を持っていると同時に、その構成要素が組み合わさることによって「縦」の構造も持っているという、誠に不思議な様相を呈する。例えば、(16a)のように文字が直線的に羅列されているように見える文では、(16b)のように文全体の中により小さい節が埋め込まれており、また(16c)のように、その小さい節の中にさらに小さい節が埋め込まれているなど、実は文全体が重層的な構造からなっている。

(16) a.　アパートを出る時にドアにカギをかけるのを忘れていたのを会社に着いた時に思い出して仕方がなくアパートに戻った。
　　 b.　［アパートを出る時にドアにカギをかけるのを忘れていた］のを…
　　 c.　［［アパートを出る］時に［ドアにカギをかける］のを忘れていた］のを…

逆に考えると、より小さな単位が組み合わさってより大きな単位ができ上がり、またその大きな単位が組み合わさってさらに大きな単位ができ上がっていくことで、横に並ぶように見える単位から、何層にもなる縦の構造ができ上がるのが自然言語のあり方である。一元的に入ってくる情報をどのようにして脳が処理して縦の構造に組み合わせていくかは、まだ科学的に解明されていないが、一見して見えないような構造がここにも存在していることは明らかであろう。

　また、談話において話し手・聞き手が共に知っているか、または以前の文脈によって何であるか判別できる物事（旧情報）と、話し手・聞き手のどちらかが知らないか、またはそれまでの文脈によって判別できない物事（新情報）という、2種類の情報価値を持つ言語単位が相互に関わり合ったり、作用したりすることによって生じる、いわゆる「情報構造」も一種の「目に見えない」構造として挙げられる。直接には観察できないが、「は」と「が」の使い分け、その他様々な文法現象によって、情報構造の存在が言語研究では明らかにされている（詳しくはヤコブセン（2004）参照）。

　項構造、構成要素による縦の構造、情報構造という、以上の3種類の構造はそれぞれ機能する範囲が異なる。項構造は述語をその基本要素とする「節」の中で、構成要素による縦の構造は複数の節を含み得る「文」の中で、情報構造は複数の文からなる談話の中で、それぞれ機能しており、それぞれの範囲を特徴づけるものであるとさえ考えられる。まさに構造が言語のいたる所に現われており、構造なしには言語があり得ないと言えるほどである。

　それでは、これほど言語の本質に迫るものなら、なぜ「目に見えない」のであろうか。これは、自然界の中で、目に見える表面的なものが、表面的に現われていないものの存在によって支えられている傾向が、いたるところに見られるのと同じ現象である。例えば、動物その他の生物の表面的な形質や属性が、表面的に現われていない遺伝子（群）の働きによって発現されたり、またそれぞれの元祖が呈する固有の属性が、目に見えない次元で存在している原子その他の最小構成要素の振る舞いによって左右されたりしているのと同様に、言語の観察可能な現象は、その背後にある隠れた構造によって左右

されているのである。言ってみれば、項構造、縦の構造、情報構造は、それぞれ関与している言語単位である節、文、談話の DNA のようなものなのである。それから、ちょうど科学では個別の分野の基礎にある「目に見えない」ものを探索して、観察可能な形にするようにつとめるのと同じように、言語研究でも言語表面の背後に潜んでいる構造を探るのをその究極的な目的としており、そうした探求によって明るみに出るのが、この3種類の構造であると言えよう。

10. 「目に見えない」構造はどう習得されるか

　さて、本稿の中心問題に戻って、言語研究によって明らかにされてきた上記のような構造は、どのようにして習得され、またどのようにして習得させ得るのだろうか。「目に見えない」構造の習得は、第一言語、第二言語いずれの場合にも対象となるのであるが、DNA の比喩をここでまた援用するならば、そもそも第一言語の場合に生まれながら備わっている習得メカニズムの一部としてあるのが、項構造、縦の構造、それから情報構造のような構造だと考えられる。人間が生物学的に発達する上で、どのようにして習得のメカニズムが変化していくかについて、詳しい部分は謎が多く残されているが、少なくとも第一言語を習得している以上、第二言語学習者には抽象概念として既にこうした種類の構造が内在化されているはずである。そうすると、こうした構造自体を習得させる必要はそもそもなく、むしろ習得済みの構造的概念を第二言語の表面的な文法現象と結びつける学習者内部の習得過程を促進させることが言語教育の目的になってくる。

　第二言語の表面現象の背後に潜んでいる「目に見えない」構造、学習者が気づいていないところで実際に内在化している言語構造、この2つが最終的には同じであるということに学習者を気づかせることこそ語学教師の大事な役割であろう。明示的にそうした構造を教えるにしろ、学習者の内面に眠っているそのことについての意識を間接的な方法で呼び覚ますにしろ、究極的な目的は一緒である。第二言語習得論の研究が進むにつれて、明示的な方法と暗示的な方法の境界線はどこに引くべきか、あるいは明示的な指導は

一切不要であるのかを決める手がかりが徐々に明らかになってくることが期待される。しかし、そうした結果がまだ得られていない現状では、たとえ言語構造の明示的な説明を採用しないにしても、「目に見えない」構造と表面構造との結びつき方における第一言語、第二言語間の違いに気づきやすいように学習者にインプットを与えること、また「目に見えない」構造を無視すると陥りやすい日本語に対する誤解を学習者に与えないようにすることが、日本語教師に常に求められる課題となる。

11. おわりに

　言語の研究、言語教育におけるその実践、そしてこの2つをつなげる橋渡し役を演じる言語習得論の共通課題として、「目に見えない」言語構造をどうとらえ、それにどう対処していくか、という課題がある。そもそもどのような言語構造が存在するのかを明らかにすること、実際にそれを習得させること、またその習得のメカニズムを明らかにすることがこの三分野それぞれの役割・相互貢献であるが、本稿ではそうした「目に見えない」構造の具体例として、項構造の場合に焦点を絞って、目に見えないのにどのようにしてその現実性を証明できるのか、その影響がどれほど広範囲の文法現象にわたって見られるのか、またそれを無視すると生じやすい弊害についていくつか考察をしてみた。まだまだ言語習得論について多くの謎が未解決のままになっている現在、このような構造の研究を通して、理論、実践の両面で協力しながら徐々にそうした謎を解いていける可能性に期待を託して、本稿を締めくくりたい。

注

1　#は、当該の文脈に合わない発言であることを示す。
2　nは項の数を示す数値である。
3　これは「知らないテスト」を適用すると明らかになるが、ここでは詳細を省く。

4　項であるということは「知らないテスト」の適用によっても証明できるが、ここでも紙幅の制約から詳細は省く。

参考文献

Chastain, Kenneth. (1976) *Developing Second Language Skills: Theory to Practice*, 2nd ed. Chicago: Rand McNally.

DuBois, John A. (1987) The Discourse Basis of Ergativity. *Language* 64: pp. 805–55.

Gass, Susan, and Larry Selinker. (2008) *Second Language Acquisition: An Introductory Course*, 3rd ed. New York: Routledge.

Hadley, Alice Omaggio. (2001) *Teaching Language in Context*, 3rd ed. Boston: Heinle & Heinle.

Krashen, Steve. (1979) The Monitor Model for Second Language Acquisition. In R. Gingras (ed.) *Second Language and Foreign Language Teaching*. Arlington, VA: Center for Applied Linguistics.

Kuno, Susumu, and Yuki Johnson. (2005) On the Non-canonical Double Nominative Construction in Japanese. *Studies in Language* 29(2), pp. 283–328.

Lust, Barbara, and Claire Foley (eds.) (2004) *First Language Acquisition: The Essential Readings*. Malden, MA: Blackwell Publishers.

Mitchell, Rosamond, and Florence Myles. (2004) *Second Language Learning Theories*, 2nd ed. London: Hodder Education.

Pinker, Steven. (1994) *The Language Instinct*. New York: Harper Collins Publishers.

White, Lydia. (2003) *Second Language and Universal Grammar*. Cambridge, UK: Cambridge University Press.

金谷武洋(2002)『日本語に主語はいらない』講談社.

柴谷方良(1985)「主語プロトタイプ論」『日本語学』4(10): pp. 4–16. 明治書院.

寺村秀夫(1982)『日本語のシンタクスと意味 II』くろしお出版.

三上章(1960)『象は鼻が長い』くろしお出版.

ヤコブセン、ウェスリー・M. (2004)「日本語教育における言語理論と実践の相互貢献―教育者と言語学者のより密接な対話を目指して」南雅彦・浅野真紀子編『言語学と日本語教育 III — New Directions in Applied Linguistics of Japanese』pp. 1–39. くろしお出版.

メタファーが内包する文化相互理解の可能性と日本語教育におけるメタファーの活用

岡まゆみ

要　旨

　「メタファー／比喩」は一般に文学的表現ととらえられがちだが、実際は日常のコミュニケーションに頻繁に登場し、日常的言語活動になくてはならないものとして存在する。メタファーは「抽象概念を具体化する」「未知の事柄について説明する」「話し手と聞き手が共通の認識を得る」といった機能を有し、メタファーなくしては話し手と聞き手の相互理解は成立しないほどだ。本稿では日英共通メタファーの例を通して、メタファーを日本語教育の観点から定義・分類し、言語活動における役割を考察する。さらに、日本語教育におけるメタファー指導が「文化相互理解」「コミュニケーション能力の向上」「言葉の多義性学習と語彙拡大」「言語的挫折現象の回避」「漢字と助詞の定着促進」を容易にすること、そして汎言語的に言語能力のレベル評価を可能にすることを論ずる。

キーワード：日英共通メタファー、異文化間における基本概念の普遍性、日常言語におけるメタファーの使用、言葉の多義性、比喩力

1.　はじめに

　メタファーは人間の認知という行為や知のメカニズム解明に関わる重要な研究テーマとして、古くはギリシャ哲学、近年においては心理学、言語学、認知言語学、認知科学など幅広い分野で論議がなされてきた。しかし、長年の研究成果があるにもかかわらず、日本語教育においては有効に活用されているとは言いがたい。メタファーというと日本では「比喩」という言葉で定

義され、文体論や修辞的表現を思い浮かべる人が多い。いわゆる文学者や小説家の駆使する文学的な技巧や言葉の綾、作家独自の喩え表現などである。しかし、実際にはメタファーは日常生活の様々なコミュニケーションの場で頻繁に用いられ、「抽象概念を具体化する」「未知の事柄について説明する」「話し手と聞き手が共通の認識を得る」といった機能を有し、日常的言語活動になくてはならないものとして存在する。実際のところ、メタファーは慣用句や連語、諺だけでなく、英語の前置詞や日本語の助詞のようなプロトタイプ的な文法規則から語構成や漢字の成立ちにまでも浸透していて、メタファー抜きで言語を操ることは不可能なほどだ。

　Lakoff and Johnson(1980)は、「メタファーは我々の考えや言葉の基盤をなすもの。あるものに対する基本概念を他の言葉に置き換えて表現すること」と定義づけ、この「何かを何かに喩えるという言語活動はあらゆる言語に共通しており、人間の根源的な言語活動の中心をなすもの」と述べている。メタファーには各言語で独自に生まれたにもかかわらず、同一の、或いは類似した表現が数多く存在するが、その現象は彼らの説を立証していると言えよう。

　日本語教育においてメタファーを指導することは、語彙の拡大と定着を確実にし、文脈の理解を助け、読解力を向上させる(岡 2002)。特に、上級レベルの読解力向上に不可欠な「言葉の多義性」を意識させる指導では、メタファーは効果的なツールとなる。また、メタファーの共通概念や機能性を言語運用で活用することによって、コミュニケーション能力を上達させ、文化相互理解も図ることができると考えられる。本稿では日英共通メタファーの例を参考に日本語教育におけるメタファー指導の有用性を考察し、学習者の「比喩力」を向上させる指導法を提案する。

2.　日本語教育の観点から見たメタファーの定義と分類

　冒頭でメタファーは我々の言語活動に不可欠だと述べたが、日常的に用いられている表現ではどのようなものがメタファーの範疇に入るのだろうか。以下に日英共通(使用語彙も意味も同一、或いは類似している)の例を用い

て、日本語教育の観点から分類をする。

表1　メタファーの種類と例（岡2006を改訂）

直喩	日本語では「よう／みたい」英語では'as/like'で表わされる表現。多数の例があり日英で共通の概念を持つものが多い。 ・羽のように軽い(as light as a feather)・鉛のように重い(as heavy as lead)
隠喩	a. 視覚的類似性を持つ。 ・ポニーテール(pony tail)・わたあめ(cotton candy)・燕尾服(swallow-tailed coat) b. 概念領域が近い。 ・火に油を注ぐ(add fuel to the fire)・足かせとなる(be a fetter on) ・核家族(nuclear family)・頭脳流出(brain drain) c. 価値評価性が近い。（鍋島2007) 　基本的な語彙が字義通りの意味から発展して隠喩として使われる。（岡2005) ・部屋が広い／狭い→心が広い(broad-minded)／心が狭い(narrow-minded) ・{温かい／冷たい}飲み物→{温かい／冷たい}言葉→{温かい／冷たい}人柄 ・家が近い→年が近い(age is close to)→考えが近い(thinking is close to) ・川の流れ→空気の流れ(flow of air)→時代の流れ(flow of the times) ・お金を与える→機会を与える(give occasion)→愛を与える(give love) ・ケーキを作る→友達を作る(make a friend)→歴史を作る(make history)
提喩	包含関係で表わされる比喩。一部で全体を表わしたり、全体で一部を表わすような表現。（瀬戸1995) ・ご飯＝食事＝生きる糧(bread = food = life)・生き物＝人間(creature = human being)
換喩	a. 物事の隣接性、近接性に基づく比喩。（瀬戸1995) ・赤ずきんちゃん＝赤いずきんを被った女の子 ・村上春樹を読む＝村上春樹の作品を読む・永田町／総理官邸＝日本政府 ・ワシントン／ホワイトハウス＝アメリカ政府 b. 動作が同時に人間の心理を表わす。（牧野2004) ・唇を噛む(bite one's lip)＝くやしいという気持ちを表わす ・肩をすくめる(shrug one's shoulders)＝残念、仕方がないという気持ちを表わす
擬人／物化	人間でないものを人間、或いは、人間を物であるかのごとく扱う表現。 ・金がものを言う(Money talks.) ・彼はそのチームの大黒柱だ。(He is a pillar of that team.)
共感覚	身体的、感覚的経験に根ざす表現。 ・苦い経験(bitter experience)・心の痛み(ache in one's heart)・甘い声(sweet voice)

3. 言語活動におけるメタファーの機能

メタファーには「伝達」「概念変化」「知識獲得」「創造、鑑賞的」(楠見 2001)、「伝達」「想起」「コミュニケーション」(栗山 2002)の機能があると指摘されているが、具体的には日常の言語活動でどのように活用されているのだろうか。

(1) 抽象的概念を説明する

例えば、「愛」や「人生」といった抽象的概念は人によって解釈が異なり一般的な定義付けは不可能である。「愛は力」「愛は忍耐」「愛は戦い」など、使用される表現は様々で万人が納得する定義は存在しない。しかし、「愛は何か」をメタファーを用いて表現することで、少なくとも話し手の「愛」に対する認識を聞き手に伝えることは可能となる。さらに、聞き手は話し手が「愛」を何に喩えたかを通して、一瞬にして話し手の恋愛事情や人生経験、価値観までも垣間見ることもできる。メタファーの真骨頂と言えるだろう。

(2) 効率よく共通理解を構築する

メタファーを通して、聞き手と話し手が素早く共通の理解を得ることができる。例えば、物の位置を示す言葉「上／下」「右／左」「前／後ろ」などは、具体的な位置関係を超えて抽象的な概念にまで発展して一般化しているのは周知の通りである。

- 上／下＝上位／下位(upper level/lower level)
- 見上げる／見下げる(look up to/look down on)
- (人を)上に置く／下に置く
- 上昇する／下降する(go up/go down)、
- 右／左＝(政治的に)右寄り／左寄り(rightish/leftish)、右翼／左翼(right wing/left wing)

(3) 名前のないものに名称を与える

創作・創造・想像されたものに名前を付ける時、メタファーを使って形容

したり命名することはよく見られる。瀬戸(1995)は「目玉焼き」は元は呼び名のない料理で、黄身を目玉に見立てたことから命名されたと唱えた。目玉焼きは英語では'sunny side up'と命名されているが、英語話者はあの形を太陽に見立てたのだろう。メタファーが対象を一般化するための表現手段となった好例である。月見うどん、親子丼、メロンパン、人魚姫など、例は多い。

(4) 未知のものや事柄について説明する

聞き手にとって未知の物や新しい物を提示する時に、聞き手が知っている類似した物になぞらえる。例えば「フローズンヨーグルトってどんなもの?」と聞かれて「アイスクリームのような食べ物」と答えるような場合だ。「突然、雷の落ちるような音がした」「モデルのようにきれいな人と話した」など、直喩の「ような／ように」(like/as)を使って表現されることが多い。

(5) 直接的な表現を回避する

話し手、聞き手の双方にとって直接的な表現を避けたい状況や、当事者同士のみで共有したい情報交換の際に用いられる。例にあげた「死」'to die'は日英とも数多くの表現が存在し、それらはほぼ同じ喩え方で表現されており、死に対する日英共通の概念を表わしていて興味深い。

- 死ぬ＝息をひきとる、神に召される、あの世に行く、他界する、土に還る、昇天する、お墓に入る、仏様になる、三途の川を渡る　魂を神に委ねる etc.
- to die = breathe one's last, consign one's soul to God, depart from this life, go to heaven, leave this world, return to Mother Earth, cross the river of death, etc.
- ホシ＝容疑者／犯人　　ホトケ＝死者　　デカ＝刑事

---

(6) 表現を豊かにする

話し手の感情や状況をメタファーを使って具体的に喩えることで、聞き手の想像を喚起して臨場感が増し、より深い理解や共感を促す。

- 血が凍る (blood freezes) ＝とても怖い
- 針で刺すような鋭い痛み (a sharp pain like being pricked by a needle) ＝とても強い痛み
- 湯水のように金を使う (to spend money like water) ＝惜しげもなく金を使う

(1)〜(6)の例を見ると分かるように、メタファーは情報の送り手と受け手との間で「知識を共有する」「共感を確認し合う」「共通理解を構築する」といったコミュニケーションにとって非常に重要な役割を果たしている。つまり、メタファーは「コミュニケーションをより円滑にするツール」だと言える。

(7) 文法表現の意味構造を表わす

　直接的な言語活動ではないが、メタファーと文法規則との関係については、森山(2003)がヲ格のプロトタイプを分析し、ヲ格の場所・状況・時の用法はそれらをメタファー的に「物」としてとらえたものだと論じている。また、牧野(2000)にも、人間の空間認知と助詞との関係性についての論述が見られる。

　これらの視点は英語の前置詞研究にも見られ、例えば、'at, in, on'などの英語の位置を表わすプロトタイプ的な前置詞は、方向表示を超えてより抽象的・メタファー的な使用にまで発展して文法規則化したとされる。(Radden 1985, Rudzka‐Ostyn 1985, Burgman 1988, MacLennan 1994, Riddle 1999)

　日本語の助詞、英語の前置詞は、学習者が最もてこずる文法事項の1つであるが、文法理論を解説したりただ丸暗記させるといった指導法ではなく、メタファーを切り口としたアプローチも試みる価値があると思われる。

4. メタファーと文化理解との関連性

4.1 メタファーが内包する文化相互理解の可能性

　前項で紹介したメタファーの大半が日英共通(使用語彙も意味も同一、或いは類似している)であったが、これは共通の概念を持ったメタファーが各

言語に独自に存在すること、つまり「何かを何かに喩える」という言語活動と人間が持つ思考の成り立ちは言語の違いに関わりなく普遍的であることを裏付けている。瀬戸(2001)は、日英語間での極めて密接なメタファー対応は、偶然の一致から生まれたものではなく、人類の言語すべてにわたってほぼ同様のことが確認されるのではないかと述べている。慣用句や諺などで、洋の東西を問わず類似の表現を耳にすると、驚きと共に人間の考えることは言語・文化を超えても変わらないと感じることがある。実際に日・中・韓で共通の諺は多数存在するが、それらが独自に生まれたもの、或いはお互いの文化交流を通して根付いたもののいずれとしても、各言語に意味を持って存在する限り、各文化で息づいているということであろう。即ち、瀬戸の図1に示された指標は日英だけでなく、あらゆる言語に共通するものであり、Lakoff and Johnson(1980)のメタファーの定義とも一致する。

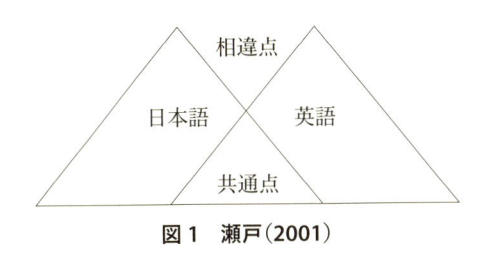

図1　瀬戸(2001)

4.2　日英同形メタファー例の日英の意味の比較

　以上述べてきたように、両言語で共通のメタファーが人類の持つ普遍的な概念によって成り立つとしたら、表現は同じでありながら、意味が異なるメタファーはどのような要素に左右されるのであろうか。以下は日本語上級レベルの授業でイメージメタファーについて日英を比較したものである。

〈例-1〉　赤／red＝情熱、エネルギー、怒り（日英でほぼ共通のイメージ）
　　　　青＝さわやか、すがすがしい、若い（日本人が最初に思い浮かべるイメージ）
　　　　blue＝憂鬱、不安、寂しい（アメリカ人が最初に思い浮かべるイメージ）
〈例-2〉　道＝人生（日英でほぼ共通のイメージ）
　　　　海＝荒波、自然の厳しさ、日本海（日本人が最初に思い浮かべるイメージ）
　　　　sea/ocean＝ビーチ、パラソル、日焼け（アメリカ人が最初に思い浮かべるイメージ）

　「赤」に対して持つイメージは日米で大差ないが、「青」に対しては最初に思い浮かべるイメージが異なっている。日本人は青色に対して総体的にプラスのイメージを持つようであるが、アメリカ人は必ずしもそうとは言いきれない。また「海」の場合も、日米で最初に思い浮かべるイメージは大きく異なる。この違いを見ると、アメリカ人に冬の海の厳しさを詠った詩を読ませても意味が分からないであろうことは想像にかたくない。

　このように表現上は日英同形であるのに、意味が異なるものがあるのはなぜだろうか。牧野（2010）は「比喩は人間の認知の根源をとらえているだけに、基本的にはどの言語にも翻訳できる。しかし、Lakoff and Johnson（1980）が議論しているように、比喩は特定の文化風土の中の住民の経験に基づいて慣習化した面があり、そのような文化のコードに支配されてできあがっているメタファー表現は翻訳しにくい」と述べている。つまり、表現方法は同じであったとしても、その表現の背景にある文化や歴史などが異なれば、意味は同一ではないということである。例えば、「足を引っぱる」'to pull one's leg' は、日本語の意味は「邪魔をする」だが、英語の意味は「からかう」で、同じ文脈で使うことはできない。このような同形異義（homograph）の例は日英間ではかなり存在する。

例：「後の祭り」（後悔しても遅い）／'a day after the fair'（遅すぎるが、してみる）
　　「二心ある」（裏切りの心を持つ）／'double minded'（決めかねている）

　また、日英共通ではあるが、一方の言語では頻繁に使われて一方ではめったに使われないために、理解しあえない場合もある。例えば、「目から鱗が落ちる／目から鱗」は日本語の会話には頻出するが、英語の 'The scales fall from one's eyes.' はあまり使用されないようで、意味が通じないことがあ

る。逆に日本語では「踏み石」という言葉はあまり聞かれないが、英語の'a stepping stone'は非常に高い頻度で用いられる。「踏み石」の意味を日本人に尋ねると、英語と同じ意味に解釈している人もいれば、「踏み台」というメタファーと混同している人もいる。これらの例は、日英共通のメタファーが一方の言語で一般的だからと言って、もう一方の言語でもすぐに理解されるとは限らないということを示している。

　以上の例で分かるのは、メタファー使用は同一知識が共有されていなければあまり効果がないということである。分かりやすく説明しようとメタファーを使ってみたが、聞き手の方はその言葉を他の意味で覚えていて、かえって混乱するということも起こる。栗山(2007)の図形分割パズルを使った実験に次のような報告がある。日本人にきつねの形をした木型を与え、留学生が日本人の説明を聞きながら木型を組み立てるというタスクを行ったところ、留学生は「きつね」という言葉は知っているのに「きつねのような」が分からずタスクを遂行できなかった。留学生の知っている「きつね」とは「きつねうどん」のことで「動物のきつね」ではなかったため、メタファーの使用が失敗に終わった、というのである。これも、ある言葉を双方が知っていても背景にある知識が共有されていなければメタファー使用は効果がないことの好例と言えよう。

　しかし、2.と3.の例から明らかなように、日英で基本的概念が共通であれば、同一の表現と意味を持つメタファーは数多い。よって、同形のメタファーが持つ意味を比較検討することは、それぞれの文化的共通点と相違点を明らかにすることにつながると思われる。日本語学習では、教師も学習者も日本語と学習者の文化の違い、考え方や感じ方のズレに注目しがちだが、メタファーを通して「相違点」だけでなく「共通点」にも目を向けることは、お互いの文化をより深く理解する助けとなるのではないだろうか。

5. 日英共通メタファーと言語習得論との関連性

　メタファー指導は言語習得にどのように関われるか。本節では日英共通メタファーを通して「スキーマの活性化」、「言語相互依存仮説」、「外国語教育

における母語使用の是非」、「日英共通メタファー使用の利便性」について考察する。

5.1 スキーマの活性化における日英共通メタファーの有効性

メタファー研究ではメタファーとスキーマ理論との関わりが論議されることが多い(瀬戸2007、黒田2007、鍋島2011他)が、言語教育とスキーマはどのように関係するのだろうか。

「スキーマ」とは日本語では既有知識・先行知識などと訳されており、第二言語習得の分野ではスキーマの活性化が読解指導において効果があるとされてきた。(大隈2005他)日本語教育でもスキーマを意識した指導法は、読解に入る前の前作業やスパイラル学習に留意した教案作成、足場がけ(scaffolding)といった形で広く実践されている。

日英共通メタファーがスキーマ活性化にもたらす効果としては、表現形式も意味も同一であるため、母語である英語のスキーマが第二言語である日本語の習得を効率よく助けると想定できる。つまり、母語の表現を第二言語に翻訳するだけでそのまま使用することができるので、ゼロから言葉を学ぶ必要がないということだ。また、共通の概念が基盤にあるため、類似の文脈や似通った背景で使用可能であり、語彙拡大には最適の材料となり得る。

5.2 言語相互依存仮説と日英共通メタファーの関連性

バイリンガル研究における「言語相互依存仮説(Interdependence Hypothesis)」(Cummins 1979)はメタファーとは直接的なつながりはないが、「日英語で共通のメタファーが存在する」ことと「二言語の基底能力が共通する」ことは、人間の認知が普遍的なものであることを異なった形で示していると考えられる。

Cummins(1986)は母語と第二言語を氷山に喩え、根底にある共有する能力の存在を強調している。この仮説(二言語共有説)によると、母語と第二言語は表面上全く異なるもののように見えても深層部分で共通する言語能力の領域を持っており、この共通基盤はお互いに転移し影響しあっているとされる。

図2(Cummins 1986)は、図1の日英共通メタファー(瀬戸2001)と近似しており、双方とも人類の認知の普遍性を示している点で興味深い。CumminsはAATJ 2012の基調講演で、バイリンガル教育だけでなく第二言語習得においても母語の果たす役割の重要性に言及し、母語の知識は新しい言語学習の妨げとはならず、むしろ第二言語学習を容易にする働きがあると述べている。

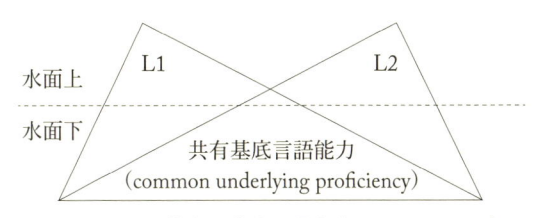

図2　二言語能力の氷山の喩え(Cummins 1986)

5.3　日本語教育における母語活用の再考

　5.1で日英共通メタファーは第一言語である英語のスキーマと第二言語である日本語のスキーマが共通するため、翻訳すればそのまま使えるといった点で効率がよいと述べた。またCumminsの仮説により、第二言語習得に母語が及ぼす重要な役割が再認識された。では、第二言語教育において母語を使用することに問題はないのだろうか。

　日本の英語教育における文法訳読法の多用は、日本人が英語に弱い理由の一番にあげられ、多くの問題点が指摘されている。その上、実践的な英語習得をめざすコミュニカティブ・アプローチの影響もあって、英語の授業はなるべく英語だけで行うことが望ましいとする意見が多い。

　同様に米国における日本語の授業でも、なるべく日本語だけで進めることが推奨されているが、米国内で学習者に集中的な日本語環境を与えることは、通常は不可能である。したがって、授業時間内で学習者の知的レベルにあった内容を反映させながら日本語教育を行うには、ある程度母語のスキーマを翻訳して用いることはやむをえないと考える。

　本稿は文法訳読法や言語間の翻訳を決して積極的に支持するものではない

が、自身の上級レベルの授業体験から言っても、単語レベルの母語翻訳が授業をより効率化し、無駄な説明の時間を省くことはあったと思う。特に抽象語彙の場合、母語ですでに獲得している概念を日本語に置き換えるだけで自分の伝えたいことが確実に表現できるので、文法や構文の定着はさておき、語彙拡大には母語使用が少なからず貢献していることは否めない。

第二言語習得での母語使用は批判されることが多いが、情報の吸収においては効果的な手段であり、またJFLの環境で第二言語習得臨界期を超えて外国語を学ぶ場合には、母語を介して演繹的に学ぶことは一定の学習効率をあげるものと思われる。

牧野(2010)では、中・上級かそれ以上の学習者には翻訳を積極的にさせることで、日本語から目標言語(あるいは目標言語から日本語)への移行で起きる様々な問題に気づかせることができる、と述べている。翻訳で原文の持つニュアンスが失われる例を詳細に示しながらも、だからこそ、学習者に日本語の特徴に気づかせる(時制のシフト、方言の持つニュアンスや社会性、単数・複数の表出の仕方など)ために翻訳が役に立つという牧野の逆説的視点は、母語を利用した言語習得に新たな意義を与えるものとして示唆に富む。

5.4　日英共通メタファーを日本語教育で使用することの利便性

第二言語習得における母語の重要性という点において、日英共通メタファーの利便性は大きいと考えられる。牧野(2004)は、人間の認知の共通性(おそらくは普遍性)に基づく言語教育の必要性を述べているが、様々な日英共通表現や基本語彙のメタファー的使用が語彙習得や文脈理解を助け、英語圏における日本語教育に寄与することは明らかだ。

6.　日英共通のメタファー表現を生かした教材の開発

メタファーは様々な教材開発の可能性を秘めている。岡(2005)では、日英共通のメタファー表現をそれぞれの母語を使って明示的に導入することは、語彙拡大と習得に即効的な効果があるとし、学習者の母語のスキーマを

活用した教材を紹介している。

　メタファーは初級から上級まで全レベルで指導することができるが、導入する語彙や表現、導入の仕方は当然注意しなくてはならない。以下、初級から上級までのメタファーの導入法、および、全レベルでの指導の可能性について簡単に述べる。

　初級の場合、直喩の「ような」の文法は初級で導入されるし、隠喩についても基本語彙を導入した時にメタファー的な使用も同時に導入しても問題ないと思われる。例えば「飲み物が温かい」「部屋が温かい」の「温かい」は日英共人柄にも使えるので、「温かい」を導入した際に「人物は温かい」などの言い方も紹介する。しかし、同じ初級語彙でも「右／左」の場合、「彼は右ですね」と言ったら、右という位置を示しているのではなく政治的な傾向を意味する。このような例は初級では必要ないので、「右／左」は位置関係だけに留めておいたほうが無難だ。基本語彙がメタファー的に使える例は、それが初級で導入しても妥当かどうかを吟味し、導入する場合は具体例と共に紹介するという方法を取った方がよい。

　中級になると読み物の中にメタファーが数多く出現する。例えば『上級へのとびら』の第５課に「おいしさに国境はない」「安藤百福はラーメンの父」といった文が出てくるが、それらがどんな意味かを学生同士で話し合わせると授業が盛り上がる。読み物の中の語彙や文章の意味を自分たちの言葉で言い換えるという指導は中級レベルでは必須事項であり、メタファーの言い換えは最適な練習材料と言えるだろう。

　上級では、まず、新聞やネットの記事を読む時の前作業の１つとして、メタファーを含んだ見出しの意味を理解する練習を推奨する。記事の見出しには独特の書き方があり、短い文で多くの意味を簡潔に言い表わすことのできるメタファーは頻繁に使用される。そのため、メタファーを含んだ見出しの意味を素早く理解する指導は上級の読みの授業では不可欠と言える。

　基本語彙をメタファー的に発展させる練習も言葉を多義的に使用する訓練に役に立つ。「作る」という初級の言葉について「ケーキを作る」「家を作る」などの字義通りの使用と同時に「何か新しいものを生み出す」という基本概念を理解すれば、それを発展させて「友達を作る」「家庭を作る」「お金

を作る」「機会を作る」「時間を作る」「雰囲気を作る」「環境を作る」「歴史を作る」と、いくらでも抽象的に展開することが可能だ。基本語彙を発展させる練習は、新たな言葉を覚えることなく語彙が増えるという点でも効率がよい。我々の学習者はこういう術(すべ)を母語では獲得していながら、日本語にそのスキルを応用することを忘れてしまっている。それは我々教師の指導法にも問題があるが、日本語教育では言葉の多義性の指導、つまりメタファー的使用があまり重要視されてこなかったところにも一因があるようだ。語彙習得には、学習者に膨大な語彙リストを与える代わりに、基本語彙のメタファー的使用に注目させ、データベース化して記憶するように指導するとよい。

　上級学習者が読むテキストに表われるメタファーには、一般的に使用されている表現から個人の創造、あるグループの中で特別に使用される表現まで範囲は広い。メタファーが似通った文脈で使用されているなら、それが普遍的概念を持つものだということは学習者でもある程度の判断はつく。しかし、自分の言語にはない表現の場合、果たして日常的に誰でも使っているものなのか、或いは個人が作り出したものなのか、学習者は判断に迷う。そこで教師には、テキスト内のメタファーがどの範疇に入るかを指し示す役割が求められる。学習者のテキスト理解を深める上で不可欠な指導と言えよう。4.2で紹介したイメージメタファーの比較も、文化による言葉の解釈の違いを認識させるという点で効果がある。

　全レベルを通して、日本語学習の難しさの原因の1つである「漢字学習」にメタファー的思考がもたらす効果も期待できる。象形文字や指事文字の成り立ちだけに留まらず、形成文字も熟語もメタファー的見地からとらえ直すことで、新しい漢字学習の糸口が見えてくるはずだ。

　メタファーは学習者の欲求不満を多少とも軽減する効果もある。成人の学習者は自分の実際の知的能力と学習中の言語レベルとのギャップに苛立ちを感じることが多いが、基礎語彙のメタファー的使用でかなり抽象的なところまで表現できるので、メタファーは彼等の知的欲求を満足させる上でも役に立つ。

　さらに、メタファーはOPIレベル評価指標としても有効である。岡(2006)

は非日本語母語話者100名のOPIコーパスをメタファーの使用に焦点を絞って仔細に分析し、メタファーの出現状況とOPIのレベルには密接な関係があることを確認した。調査の方法、分析結果と結論は岡（2006）に詳しいが、以下要点だけ述べる。

(1) 初級から超級まで、全レベルに有効である。
(2) 被験者の母語の優位性が排除される。（例：中国語話者の漢語使用）
(3) 境界の曖昧な漢語／和語の使い分けに左右されることなく、語彙使用に明確な基準を設定することができる。
(4) OPIの判断基準の1つ「言語的挫折の回避」確認の手がかりとなる。
(5) あらゆる言語のOPI判断基準として、汎言語的に使用できる。

7. おわりに

牧野（2000）は日本語教育でこれまで周辺事項としてとらえられてきたメタファーを中心に据えることで、文法や語彙、ひいては言語そのもののとらえ方に新しい方向性が生まれるのではないかと提言した。また、ESL/EFLのメタファーに関する論文でも、メタファーはどんな言語にも存在し、いくつかの概念は普遍的にどの文化にも共通するもの。よって、メタファー学習は言語習得に必修で、おろそかにしてはいけないとある（Low 1988, MacLennan 1994, Lazar 1996）。日本語教育でも一考に値する助言だろう。最後に日本語教育におけるメタファー指導の有用性の論点をまとめる。

メタファーは：
1) コミュニケーションを円滑にする。
2) 文化相互理解を促す。
3) 言葉の多義性を自然に学ぶことができる。（岡 2000, 2002, 2005）
4) 基本語彙の発展的使用が語彙拡大を助ける。（岡 2005, 2006）
5) 言語的挫折の回避ができる。
6) 汎言語的にOPIレベル評価の指標となり得る。（岡 2006）
7) 漢字学習を助ける。（岡 2005）

以上の点を踏まえて、最後に学習者の「比喩力」をつける日本語指導を提案する。Low(1988)は 'metaphoric competence' は言語使用における知識と自覚に不可欠の要素だと唱えているが、'metaphoric competence' ＝比喩力(岡2005)をつけることは実践的なレベルアップの指標となり、語彙の運用能力を高め、文化理解の向上に直結する。つまり、「比喩力は言語レベル上達の鍵」なのだ。

現在、牧野、岡が執筆中の『日英共通メタファー表現辞典』(仮題)には、本稿の例を含む約800の日英共通のメタファーが多数の例文と共に記載されている。この辞典には日英での共通／類似表現だけでなく、同じものが英語では能動態で日本語では受動態で表現されるといった視点の違い、メタファーが生まれた歴史的背景や基本義の分析、その他、同形異義語の例なども紹介してあるので、今後のメタファー指導の参考としていただければ幸いである。

先にも述べたが、外国語を学ぶ時、ともすれば教師も学習者も第一言語と第二言語の違いの方により注目しがちだが、共通点に関心を向けることも言語習得にとって大きな助けとなる。そして、日英共通のメタファーの例を日本語教育に効果的に取り込みながら「比喩力」を培っていけば、学習者のレベルアップが図れることは確実である。今後、日本語教育におけるメタファー指導の有用性が注目され、メタファーが効果的日本語指導の一翼を担うものとなることを願っている。

参考文献

Brugman, Claudia. (1988) *The Story of Over: Polysemy, Semantics and the Structure of the Lexicon.* New York: Garland Publishing.

Cummins, Jim. (2001) *An Introductory Reader to the Writings of Jim Cummins.* (Bilingual Education and Bilingualism, 29). New York, NY: Multilingual Matters Limited.

Cummins, Jim. (2012) Language Learning and Language Maintenance in a Multilingual World: Core Principles and Emerging Possibilities. AATJ Keynote speech, American Association of Teachers of Japanese March 2012 Annual Spring Conference, Toronto,

Canada.

Lakoff, George and Mark Johnson. (1980) *Metaphors We Live By*. Chicago: University of Chicago Press.

Lazar, Gillian. (1996) Using Figurative Language to Expand Students, Vocabulary. *ELT Journal* 50: pp. 43–51.

Low, Graham D. (1988) On Teaching Metaphor. *Applied Linguistics* 9: pp. 125–147.

MacLennan, Carol H. G. (1994) Metaphors and Prototypes in the Learning and Teaching of Grammar and Vocabulary. *International Review of Applied Linguistics in Language Teaching* 32: pp. 97–111.

Radden, Günter. (1985) Spatial Metaphors Underlying Prepositions of Causality. In Paprott Wolf and Rene Dirven(ed.) *The Ubiquity of Metaphor in Language and thought*, pp. 177–205. Amsterdam: John Benjamins.

Riddle, Elizabeth M. (1999) Metaphor and Prototypes in Vocabulary and Grammar. *TESOL '99: Avenues to Success Program Archive March 9–13*, New York.

Rudzka-Ostyn, Brygida. (1985) Metaphoric Processes in World Formation: The Case of Prefixed Verbs. In Paprott Wolf and Rene Dirven(ed.) *The Ubiquity of Metaphor in Language and thought*, pp. 209–241. Amsterdam: John Benjamins.

大隈敦子(2005)「第2言語学習者はテキストをどう読んでいるか―既有知識の活性化と一貫性の形成」『国際交流基金 日本語教育紀要』1: pp. 37–51.

岡まゆみ(2000)「韻文の指導：現代詩を読む―比喩表現の学習がどのように解釈を助けるか」*The Proceedings of the 8th Princeton Japanese Pedagogy Forum*, pp. 44–54.

岡まゆみ(2002)「日本語教育における比喩表現指導の効果と日英共通比喩表現辞典(仮題)について」Paper presentation at the 10th Princeton Japanese Pedagogy Forum.

岡まゆみ(2005)「メタファー指導が日本語教育にもたらすもの」鎌田修・筒井通雄・畑佐由紀子・ナズキアン富美子・岡まゆみ編『言語教育の新展開―牧野成一教授古稀記念論集』pp. 181–200. ひつじ書房.

岡まゆみ(2006)「メタファーはOPIレベル判定のマーカーとなりうるか？」*The Proceedings of the 12th Princeton Japanese Pedagogy Forum*, pp. 173–191.

岡まゆみ(2012)「日本語環境のない海外で学習意欲を持続させる教材を開発するには」東京外国語大学留学生日本語教育センター統合20周年記念国際シンポジウム基調講演.

岡まゆみ・筒井通雄・近藤純子・江森祥子・花井善朗・石川智 (2009)『上級へのとびら』くろしお出版.

楠見孝(2001)「比喩の理解：なぜわかるのか？どうして使うのか？」森敏昭編『認知心理

学を語る　第二巻　おもしろ言語のラボラトリー』pp. 155–171．北大路書房．
栗山直子(2002)「類推的転移とその学校教育への応用に関する認知科学的研究」東京工業
　　　大学博士論文．
栗山直子・船越孝太郎・徳永健伸・楠見孝(2007)「共同問題におけるメタファーの役割」
　　　楠見孝編『メタファー研究の最前線』pp. 423–440．ひつじ書房．
黒田航(2007)「比喩理解におけるフレーム的知識の重要性―比喩表現の程度の差を明示で
　　　きる比喩の記述モデルの提案」楠見孝編『メタファー研究の最前線』pp. 217–238．
　　　ひつじ書房．
瀬戸賢一(1995)『メタファー思考』講談社．
瀬戸賢一(2001)『日本語感覚で話す英会話―日本語と英語の同じ使い方 80』ノヴァ社．
瀬戸賢一(2007)「メタファーと多義語の記述」楠見孝編『メタファー研究の最前線』pp. 31
　　　–62．ひつじ書房．
鍋島弘治朗(2007)「メタファーの動機づけ　領域をつなぐものとしても価値的類似性」楠
　　　見孝編『メタファー研究の最前線』pp. 179–200．ひつじ書房．
鍋島弘治朗(2011)『日本語のメタファー』くろしお出版．
牧野成一(2000)『ウチとソトの言語文化学―空間の比喩における文法と文化の結び付き』
　　　アルク．
牧野成一(2004)「深層の比喩」16th Annual conference of the CATJ 基調講演，アナーバー，
　　　ミシガン，アメリカ．
牧野成一(2010)「翻訳で何が失われるか―その日本語教育的意味」2010 年　CAJLE 年次
　　　大会基調講演，バンクーバー，カナダ．
牧野成一・岡まゆみ(2015 刊行予定)『日英共通メタファー表現辞典(仮題)』くろしお出
　　　版．
森山新(2003)「認知的観点から見た格助詞ヲの意味構造」日本語文学検討会(予稿集 pp. 43–
　　　50)台湾日本語文学会．

多様性の認識

松本善子

要 旨

　日本語の教師や研究者は、正しい文や最適な表現を決定する何らかの規則を求めてきたとも言える。しかし、言語表現には複数の意味がある上、誰がどのコンテクストで使うかにより様々な語用論的、社会的意味がさらに加わるため、意味の多義性、「正しい」答えの多様性を無視するわけにはいかない。本稿では、これからの日本語教育を考えるにあたり、日本語を習得するということにどんな意味合いがあるのか、多様性の示唆するところは何なのかを言語学の観点から実例をあげて考察し、これからは学習者が自ら多様な表現の可能性に気付き、複数の選択肢の中から自分の言いたいこと、アイデンティティーに合った表現が選択できるようになる指導、そして認知的、文化的に広さのある日本語話者の育成をめざす日本語教育がさらに大切になってくるのではないかと提言する。

キーワード：アイデンティティー、気付きと選択、文体、対称・他称詞、連体修飾

1. はじめに

　日本語を、母国語話者としての直感を持たない学習者に第二、第三外国語として教える場合、系統的な分析に基づいた指導が重要なのは、言うまでもないだろう。これは言語学の研究とも通底する重要な点であり、その成果は、1960年代後半頃から盛んになった、日本語を国語としてではなく世界の言語の1つとして考える、文法研究をふくむ日本語学諸分野の研究にも顕著に見られる。系統的な分析に基づいた指導をめざす態度が、日本語として文法的に正しい文は何であるか、適切な語彙の選択は何か、また、日本語

らしい談話はどのように構築されるのか、などの課題を解明することにつながり、日本語母語話者による言語現象とその行動を明確に説明できる分析を提供することが、研究の、そして日本語教育の成功につながると考えられてきたと言える。さらに、日本語を母国語としない人々が「日本人のように話せる」ようになるために役立つ、日本語とその文化に関する知識は、それまでとは比較にならないほど深まったのは確かである。

　この「日本人のように話せる、日本語が使える」ようになるという、今までよく掲げられてきた学習の目標は、ごく当たり前のようにも聞こえるが、実は複雑な問題を含んでいる。まず、この目標の内奥では、ある決まった「正しい日本語」が日本人話者によって使われており、すべての発話や場面において日本人は何と言うか、という問いに対して、習得可能な1つのはっきりとした答えがあるはずだ、という期待が、いつのまにか「そうであるべきだ」という暗黙の規範的な前提となっているのではないか。そしてまた、このような目標に基づく日本語学習は、日本人の言語知識、言語行動が模範であるという前提に支えられているのではないだろうか。

　しかし、言語表現には複数の意味がある上に、様々な語用論的、社会的意味とあいまって、誰がどのコンテクストで使うかにより、「正しい」答えは1つではなくなる。もちろん、「何でも結構」とか、「こういうものなのだ」、などというのでは答えにならず、意味の分析、コンテクストにおける選択理由の分析が必須である。その上で、意味の多義性、「正しい」答えの多様性を無視するわけにはいかないのである。次のセクションでも見ていくように、話者は実際、論理上1つの表現で間に合うところにも、実に様々な表現を使っているのが見受けられる。また、日本人の言語行動が習得の模範的対象になっているということは、例えば、アメリカ人の学生で、Ken Smith と June Taylor という日本語学習者がいたとすると、彼らは鈴木健一とか田中順子というような人が話し、書く日本語が使えるようになれば良い、ということなのだろうか。しかし一体、鈴木健一とか田中順子とかはどんな人で、どんな日本語を使うのだろうか。最近の言語学、特に談話論や社会言語学では、(日本人)話者のアイデンティティー表現は一様ではなく、多様な選択がなされていることが確認されている(Okamoto and Shibamoto Smith

2004など)。そしてそもそも対象となる、鈴木健一とか田中順子はどこに存在するのだろうか。また、Ken Smith と June Taylor は鈴木健一とか田中順子になれる、いや、なるべきなのだろうか。

ここでは、これからの日本語教育について考えるにあたり、日本語を学習し、習得することが実際どんなことなのか、どのような意味合いがあるものなのか、多様性の示唆するところは何なのかということについて、言語学の観点から、実例を考察しながら、文化的社会的な問題点を合わせて考えていく。

2. 使われている日本語の多様性

現在使われている日本語が実に変化に富むことが、最近の研究や日本のメディアでも明らかにされてきているが、その中からいくつか例をあげて確認していきたいと思う。ここでは私が今までに考察した事象のうち、(1)ひとまとまりの談話の中での複数の、または一人の話者が選択する多様な文体、(2)同一人物が指示をする際に選ぶ様々な他称詞、(3)場面やジャンルに応じて異なる色々な連体修飾表現、を例に取り上げる。

2.1 文体の選択とその機能―文体を組み合わせることで、多角的な人物像を出す

一人の話者が用いる文体は、場面や話し相手、トピックによって変化することはよく知られている。同じ場面、同じ相手、そして同じ話題でも、異なった文体が組み合わされて会話が成立している様子が多々観察される。話者によって文体の組み合わせ方も異なり、ここにも多様性が見られる。話者はこのような手段によって、単一的ではない、自己の人物像(アイデンティティー)を構築していると考えられよう(Matsumoto 2004 など)。

下にあげた会話例(1)では、二人の話者は、似たような社会的背景を持ちながら、一人が発話の目的によって文のスタイルを変えているのに対し、もう一人の話者は、同じような内容の発話においてでも、別のスタイルを用いている。

この会話例は、東京都の住宅地にある中学校に通う子どもを持つ四人の母親たちが、学校行事の行われる現地を下見に行く途中、母親の一人である、ここでミナコ(M)と呼ぶ話者が、自分が運転する車内で録音した120分の会話からの抜粋である。この母親たちは全員がPTA広報委員会のメンバーで、年齢は30代後半から40代前半にわたる。ミナコは、最も年長(録音時43歳)で、その他の話者はチエ(C)、エリ(E)、フミコ(F)である。フミコ(F)はこの抜粋では発話していない。(1)では、運転をしているミナコが、どの道を通ったらいいか迷っている。それを受けて、エリとチエが応答している。上述したように、この例ですぐ気付くのは同一話者による発話におけるスタイルの混淆である。押しの強い断定的な表現を下線で、控え目な姿勢を示す表現を二重下線で示す。

(1) 母親達の会話
1 M：ちょっとこっち行けたっけ。
 ：(M以外、昨夜の嵐の話。省略)
2 C：…木の音がすごー(く)
3 M：あ、やべえ、これ右しか行けないわ
4 E：あ、ほんとだ
5 M：あららら。
6 E：みんな一方通行になっちゃって
7 M：こっち入りたくないんだよな
8 E：あら、ずっとだわ
9 C：ここんとこずっとそうなんですよ、道が。
10 E：あそうなんだよね
11 M：裏行きたいのよね、裏を。

まずエリの発話では、「だ」の使用で、主張がより断定的に示されていると考えられるので、4行目(「ほんとだ」)と、10行目(「そうなんだよね」)は、相手に同意し支持する肯定的な姿勢をはっきりと示し、前の発話者(MとC)に同意していることが明確に提示されている。これとは対照的に、8行

目では、交差している道路が全て一方通行である事実を、自分自身への確認を表わす、平板から上昇調の「わ」で終わる控え目な表現「ずっとだわ」で(あたかも独り言のように)叙述し、自分の見解をはっきりと主張することを避けている。つまり、他者の意見に同意する際には断定的なはっきりとした表現を使用し、自分の見解を述べる時には控え目な表現を使用していると言える。しかし、このように2つの表現を使い分けてはいても、両方とも相手を気づかっている点では共通している。相手の言うことには力強く同意し、自分の意見は相手に押し付けない。この二方策を1つの会話内で駆使することにより、エリは自分が相手を思いやる友好的な人物であると提示するのに成功していると言えよう(この部分の分析では、エリが女性的な態度、男性的な態度を交互にとっている、とジェンダーに関する規範的な価値観によって解釈する立場は取らない)。

　エリの発話にくらべ、ミナコの使い分けは、発話行為による明確な区分が見られない。自分が直面する好ましくない事態に対する気持ちを表わすのに、3行目の「やべえ」と7行目の「入りたくないんだよな」で強い主張を示す表現を用いている一方で、3行目の「右しか行けないわ」(平板から上昇調)、5行目の「あららら」と11行目の「行きたいのよね」では、比較的控え目な表現を用いている。よって、ミナコの発話は、直接的でもあり控え目でもある姿勢を見せていると言える。またこの行動のジェンダー的指標性を考えるなら、ミナコは女性に期待されてきた規範的言語行動を認識し、それに沿った控え目な発話もしている反面、規範上男性的だと判断されそうな、直接的で力強い表現も使うことにより、規範的ジェンダー観念に対して批判的な態度をも示している。つまり、断定的ではっきりとした態度を示すスタイルと、強さを抑制した態度を示すスタイルの表現を両方用いることにより、自分のとっている姿勢や相手との関係を調整し、さらに女性としての伝統的なイメージと革新的なイメージとのバランスを取ることによって、単純な性格づけがあてはまらない、立体感のある人物像を醸し出していると言えよう。

2.2 対称詞、他称詞の使い分け―話題の人との関係を様々に表わす

　話者と話題の対象の間の関係を立体的に表わす表現は、対称詞、他称詞の使用にも見られる(Matsumoto 2011)。日本語では関係や役割を表わす表現が自分、相手、または第三者を指示する言葉として使われることはよく知られていることだが(鈴木 1973)、例えば高齢の女性が夫について語っている下記の会話では、「主人」、「パパ」、「彼」などの表現が、ごく短い談話の中で用いられている。ここでは、高齢の女性であるという自己認識以上に、自分の多様なアイデンティティーの局面を、話者が夫との関係を通して表現しているのが観察される(Hは笑い、@は笑いながら言われたことばを示す)。

（２）　他界した夫の話
Ａ１：もう、主人の現在のその病気を、

Ａ２：まあ、人ごとではあったわけよ　［ね、考えてみれば、
Ｙ２：　　　　　　　　　　　　　　　［ええ

Ａ３：彼は辛かった、たくさんの病気、

Ａ４：成人病ですから、［あ、生活習慣［病。
Ｙ４：　　　　　　　　［ええ　　　　［ええ　ええ

Ａ５：だから本人が悪［い...<H　H　H>ね？
Ｙ５：　　　　　　　［@ 悪い @ <H　H>

Ａ６：ゆってもゆっても聞か［ない、お酒とたばこをのむ生活...でしょ？
Ｙ６：　　　　　　　　　　［ええ　ええ

Ａ７：でそいで、あたしがしょっちゅうゆってましたよ。

A8 ：パパがね、肺がんになって、倒れても、あたしは面倒見ま［せんよ、
Y8 ：　　　　　　　　　　　　　　　　　　　　　　　　　　［<H　H>

A9 ：あたしがもし肺がんに　［なったら、
Y9 ：　　　　　　　　　　［うん　ええ

A10：も、恨んで死ぬんだか　［らって <H　H> ね、
Y10：　　　　　　　　　　［@ え @ <H> ああそうね　ええ

　この抜粋は、当時75歳の話者が、知り合いの中年女性に、6か月前に他界した夫の思い出を語っている会話のごく一部分である。A1で使われている「主人」は、成人女性がそれほど親しくない相手に夫のことを語る時によく用いる他称詞の1つであり、結婚を基盤とした話者と話題の第三者（夫）との関係が指示されている。

　その「主人」が、すぐ後に続くA3で同様に使われても自然なはずであるが、ここで話者は、夫が数々の疾病に苦しんだことを、「彼」を使って述べている。ではなぜ「彼」が使われたのか、「彼」を使うことによってどのような意味合い、効果があったのだろうか。「彼」は単数の男性を指す代名詞の訳語としても使われるが、この話者（A）は完全なモノリンガルなので、英語などの干渉がその原因とは考えられない。私は、話者が「彼」を使うことにより、夫を独立した個人として特筆すべき人物、自分と大人対大人の関係がある人物として提示しているのではないか、と考える。これは、結婚や家族などに基づいた関係とは異なったつながり方、姿勢を示す。また、英語などと異なり、日本語で使われる「彼」は子どもを指す時には使われないことが、これを裏付けるとも言える。誰でも「彼」で指示できるわけではなく、その対象は話者との関係の中で特筆すべき男性の個人であること、それがA3で使われている「彼」に描かれていると言える。

　ここでもう1つ言及しておきたいことは、A3で話者は「彼は辛かったようだ」とか「彼は辛かったらしい」と言わず、「彼は辛かった」と言っていることである。これは、日本語で第三者の感情を表現する時は、話者自身の

直接経験でないことを表わす表現である「らしい、ようだ、そうだ」または「〜たがっている」などを用いるのが普通だと、よく学習者が指導される文法に沿っていない。しかし、これが可能になっているのは、話者が言及する対象を、自分の延長のように考えているからである。上級学習者なら周知のことだと思う。「彼は辛かった」と言うことにより、話者は夫のことを、結婚に基づいた妻としてではなく、感情移入ができるほど自分と親密な関係にあった大人の男性として、提示していることが伝わってくる。

　これらの、「主人」／「彼」とは異なり、A8では、夫に対して述べたことのある発言を想定する中で、「パパがね、肺がんになって、倒れても…」と父親を指す対称詞「パパ」が選ばれている。妻が夫に向かって「パパ」を使う言語慣習はここで説明するに及ばないと思うが、注目されることは、これは前例のような結婚、または個人に基づいた表現の選択ではなく、家族構成に基づいた、お互いに子どもの親であるという認識に基づく選択だということである。子どもが成人してから長らく経った後でも（十代になる男子を含め、孫が数人いる）親どうしであった記憶が強いことをうかがわせる表現である。

　上で見た対称詞、他称詞に指示されている話者と夫との関係はいずれも一時的な借り物ではなく、それぞれが、話者が想定する様々なフレームの中で成り立つ局面に焦点を当てながら、話者の「人となり」を確立し、他に伝えるのに役立っている。こうした多様さが、話者の表現活動の基盤にあると言える。

　低年齢層である、十代の話者の間では、生活経験が比較的少ないので、他者との関係のあり方も限られてくると思われるが、それなりに多岐にわたる人間関係のとらえ方を表現している様子が見受けられる。女子中学生が「ぼく、おれ」などの自称詞を使用することは既に述べられているところであるし（Miyazaki 2004など）、筆者の集めた女子高校生数人の会話にも様々な対称／他称詞が選択されているのが観察できる。同じ会話の中に、相手を指す表現として、「けいこ」や「山下」など、いわゆる呼び捨ての名前、そして「けいちゃん」、「きみ」、「あなた」、「あんた」、そして「お前ら」が使用され、第三者を指して、「あの子」、「やつら」が用いられている。自称詞では

「あたし」、「わたし」、「あたし達」、「うちら」が観察できる。ちなみに、このグループと親しそうな教師が会話に加わっているところが一部分あるが、そこでは女子高校生が、自分には「あたし」を使用し、友人に「きみ」を、教師には「先生」を対称詞として使っている。ここでも表現は一様ではないことが分かる。

2.3 連体修飾の色々

　今までのセクションで、他者との関係を表わす表現の多様性を垣間見たが、今度は焦点を変えて、事象の表現、特に連体修飾を用いる名詞節に関して考えてみたい。格文法、フレーム意味論、構文文法(Construction Grammar)やフレームネット(FrameNet)などで知られるFillmoreは、現実世界が言語によってどのように映し出されるかに注目する認知フレーム(cognitive frame)のみならず、インターアクショナル・フレーム(interactional frame)概念も、言語生産／理解の上で非常に重要であり、欠かせないものだと主張したことがあるが(Fillmore 1982)、言語学の研究でも、とくに文法に関した研究では、認知フレームのみに焦点が当てられてきた感がある。上のセクションで見てきた人称表現や文体についてはインターアクショナル・フレームの概念が役に立つのが明らかであるのに対し、例えば「［プリンストンに行った飛行機］は混んでいた」や「［プリンストンに行ったこと］がある」などに使われている連体修飾構造については、認知フレームと共に、インターアクショナル・フレームの概念も深く関わってくることはそれほど明白ではないかもしれない。このセクションでは、使える、そして、分かる連体修飾構造の多様なあり方について、両方のフレームの概念に触れて考え、ここでも日本語使用者によって創出される表現が、いかに多様であるかを見たい。

　連体修飾構造は種類が広範囲にわたる(Matsumoto 1997 など)一方で、その修飾構造の中で、意味内容がいわば薄い、いわゆる形式名詞または総称名詞を修飾するもの(例えば「プリンストンに行ったこと」、「おいしいもの」)が使用例の大半を占めることが、知人間の会話データをもとにした研究(Takara 2012)で報告されている。しかし、インターアクショナル・フレー

ムの1つである言語行動のジャンルを変えて、誌上インタビューや、広告のキャッチフレーズ、または、商品名、そして新聞記事、手紙、小説など、種々の書かれたものを見てみると、意味内容の濃い普通の名詞に係る連体修飾が逆に多いことが観察される(Matsumoto 2010)。また、親しい関係の友人、親子などの会話にもこの傾向が見受けられる。下にいくつか例を上げる。

（3）［［翻訳した］お金］、全部食べちゃったの？　　　　　（友人間の会話）
（4）［［太らない］お菓子］はないかしら。　　　　　　　　（親子の会話）
（5）［［百万円貯まる］貯金箱］　　　　　　　　　　　　　　　（商品名）
（6）［［やせる］温泉］　　　　　　　　　　　（雑誌記事のタイトル）
（7）［［中学受験に成功する］家］の共通点は'コミュニケーション'
　　　　　　　　　　　　　　　　　（ウェブ誌上インタビューのタイトル）
（8）［［［「心中し損ねた］痕］］、と［［縫い物をする］手］も休めない。
　　　　　　　　　　　　　　　　　　　　　　　（小説：弁護士バイロン）
（9）［［薄氷を踏む］思い］で…　　　　　　　　　　　　　（天声人語）

　これらの連体修飾構造は、英語などの言語ではよくなされる、統語論に基づいた関係詞節と同格節の二分法の分析からはみ出してしまうものばかりである。したがって、理論的には、連体節と名詞の関係はフレーム意味論(例えば、(3)の主名詞「お金」から想起される売買の認知フレームと連体節「翻訳した」に指示されるフレームとの関係)や、語用論を駆使した構造文法による説明が必要となる。形式名詞による連体修飾構造とくらべると、伝えられるべく意味内容が濃く、関係が凝縮しているので、それを凝縮したまま表現、使用しても理解されると思われる関係、または、わざわざ理解を促すことに意味がある状況など(例えば親しい友人や親子間の会話、広告や雑誌記事)のインターアクショナル・フレームのもとで、上にあげた(3)–(9)に見られるような、二分法分析を受け入れない構造が使われやすいと考えられる。じっさい、これらの構造は、背景となる文化や社会を知っている日本語使用者には、意味するところがまったく問題なく理解できる(Matsumoto

1988, 1997, 2007, 2010 など)。

　このように、日本語環境で育ち暮らす使用者は、1つの限られた範囲ではなく、こうした、様々なジャンルでの連体修飾構造の多様なあり方に触れ、理解し使用しているわけである。日本語の連体修飾構造の原型を、英語のような統語分析に合わせようとするのではなく、名詞の前に節が連なる構造であるととらえ、その2つの構成要素に表わされる意味内容が、当事者の言語的、社会的知識に鑑み、何らかの一体化した意味をなす構造、とすれば分かりやすくなるし、ひいては日本語より制限の多い第一言語を持つ学習者にとっては、可能な連体修飾構造の範囲が広がる。もちろん、制約はあるが、基本的な形態的制約以外は、語用論的なものである。例えば、読者(聴者)の気を引く目的のためか、連体節にはならないはずの主文的要素が入った例である「やってみよう研究所」(何でもやってみようという精神の育成を目的とした研究所―ウェブ検索による)のようなものも最近見かけることがある。これは上で述べた連体修飾構造の意味と基礎的な形態の組み合わせのレベルで考えれば可能な構造だと言える。

　連体修飾に関し、インターアクショナル・フレームが構造自体に影響を及ぼしている例として、連体節内の丁寧体(いわゆる対者敬語)の使用があげられる。丁寧体で示される、話者の場面や相手に対する発話時の態度は主文に現れるのみで、出来事の描写となる連体節内には属さないもの、という理解がごく普通にされている。だから「昨日買いました本を読みました」などとは言わないよう学習者に指導するのが通常である。たしかにこれはおかしいが、それでも、ぜったいに丁寧体が連体節に入らないとは言えない。以下の(10)–(12)は実際に使われている例である。

(10) 　[[ご用意して頂きます] もの]
　　　　　　　　　　　　(ハワイでの遊覧についての旅行社による案内)
(11) 　[[お買いになりました] 粉引きの器] のご使用の写真もできましたら、お願い致します。(『私の器フォトギャラリー』販売者のコメント)

これらの例で気がつくことは、連体節の動詞がすでに敬語であること(「ご用

意して頂く」、「お買いになる」)、そして出典から分かるように、サービス、販売等をする業者が顧客に対して使用していることである。つまり、ていねいな接客を心がけるところから、ふつうは事象の描写のみと考えられる連体節内にも、伝達の相手に対する待遇表現が入り込んだものと判断できる。これは、サービス業だけに限らず、(12)のように、他の場面でも相手を丁重に扱おうとする時に現れる現象で、インターアクショナル・フレームが構造に影響を与えていると言える。

(12) さて、この度は[[保留になっておりました]旅費の件]でご連絡を差し上げます。　　　　　　　　　(会の運営者から参加者への連絡)

このように、事象を描写する連体修飾表現も場面やジャンルに応じてその種類、そして「正しさ」が異なり、多様であることが分かる。これらをすべて教科書に載せたり、教えたりする必要性は低いと考えられるが、どのような条件において、このように様々な表現が使われるのか、教える側で心得ておくのは大切なことであろう。

3. 提言－多様な日本語の意味すること

これまで、話者の性格や背景、話し相手(または読み手)との関係、そして話者がそれをどのように伝達したいのか、などにより、多様な表現の選択がなされていることを考察してきた。この多様性は、文法性の判断にも関わり、何が「正しい日本語」であるのか、一概に決められないことも見た。もちろんこれは、日本語において文法は大切ではない、日本語らしい表現など考える必要はない、ということでは決してない。日本語に限らず、どんな言語にも、それぞれ固有の規則体系があるわけだが、生活している人間が使うことばには、様々な局面に応じた法則性があり、たんに規範的なもののみを鵜呑みにするわけにはいかないということなのである。また、それぞれの話者がその場面、意図に合った表現を用いているということは、日本語での談話構造を考える場合も、日本人はここで相づちを打ち、ここで笑い、ここで

「お世話さまです」と言うのだ、というような唯一的な記述は日本語談話の事実を正確にとらえたものではないと言えるし、そのような記述に単純に基づいた指導は、誤解をまねく危険性さえあると言えよう。日本語は今まで日本以外で、または日本語母語話者以外によって使われることが少なかったため、日本の文化、社会と密接なつながりを持って考える向きが強かったのだが、実はもともと存在する、この多様性の認識が、まして使用者も多種多様となってきている現在、たいへん重要になってきていると言えるだろう。もし、「日本人のように話す」という目標に意味があるとすれば、それは、正しい表現というのは1つではないということを念頭に、日本語母語話者のように、自分で選択ができるようになるということ、と言えるかもしれない。

　日本語教育現場の立場から見ると、日本語表現における多様性を明示的に教えるべきなのか、授業に取り入れることができるのか、などの疑問が浮かぶかもしれない。これについては「気付きと選択」というテーマで以前にも述べたことがある(松本・清水・岡野・久保 2004)が、学習者に、まず表現が多様になり得るのだということに気付かせ、そしてその中から選択していくように指導するのが、初級のレベルから重要であると考えるし、上記の松本他(2004)で報告したように、実際、可能である。

　もちろん、考えられる多様性すべてに言及することはできないし、その必要もないと思うが、例えば、「わたし」／「ぼく」という表現が導入された段階で、それぞれの表現にどんな意味合いがあるのか、もし女子の大学生が「ぼく」を自称詞として使ったら、どんな反応が予測されるかなど、手短かに付け加えることは、授業中に充分できることであろう。また、例えば、ほめられた時の受け答え、そして何をほめることができるのか、などについても、教師サイドでは、文化のイデオロギーに関する問題は、教室では客観的に提示するように注意しつつも、いくつかの選択肢を提示し、それについて簡単な説明を加え、学習者に、自分だったらどうするかを話し合わせることも、効果的な指導法の1つだと思われる。このような小さな活動を繰り返すことにより、学習者は徐々に日本語話者はどんな表現をどう選択しているかということにみずから気付くようになり、自分の意図にあった表現が選択

できるようになる、というのがこの自立的学習をめざす「気付きと選択」の主眼とするところである。最初から適した選択をすることは、学習者にとって非常に難しいかもしれないが、まず選択の可能性に気付かせ、考えさせること、つまり、話し手は、複数の選択肢から自分の言いたいことに最も合った表現を選びとることが可能なのだという教育、柔軟性のある指導が、これからの日本語教育では、より大切になってくるのではないだろうか。

そして、この「気付きと選択」を繰り返して学習者がたどりつけるのは、日本語を借り物としてではなく、自分のことばとして使える日本語話者であると思う。完璧とはいかなくとも、日本語が自己表現の手段となり得るわけである。強いて言えば、はじめに想定したような、Ken Smith と June Taylor という日本語学習者がいたとすると、彼らは日本人として概念的に存在する鈴木健一とか田中順子にならなくていいし、また、なるべきではない、ということである。学習者もひとりの人間なのだから、その人なりの日本語を使うことができていいはずであり、上の例で見たような、様々なかたちを混ぜた、立体感のある日本語を、学習者も使いたければ使ってよいはずなのである。また、この、他ならない、自分の表現手段である日本語という感覚は、興味のある社会問題を日本語を通して考え、そうしたことに関わる社会参加を取り入れたカリキュラム(佐藤・熊谷 2012)によっても促進されるであろうし、さらに、そうすることの重要さは、社会活動を通じて多様な文化的背景を持つ他者とつながるための言語教育という観点(當作 2012)からも、同様に指摘できる。

言語が、様々な事象の認知に深く影響を与えているという観察が、最近実験を通して、また新たに報告されている(Broditsky 2011 など)。認知、文化、社会の問題は、つねに言語表現について回り、異なった言語、文化、社会、そして個別の話者の多様性を考慮に入れない言語教育は、多くの面で制約されたものに留まってしまう。外国語学習を通して、別の言語による、新しい世界の見かた、切り方にさらされ、認識の世界を広げることが、言語教育の効果の1つであろう。それと同様に、その中での多様性にも目を向け、文化的な広がりを持った日本語話者を育成することが、これからの日本語教育においては、非常に大切になってくる。日本語を学習することにおいて、

学習者は自分をまったく違ったものに変えようとする必要はなく、多様なものに触れ、取り入れることにより、じぶんの世界を広げられると考えてよいのである。

＊貴重な助言を頂いたラウンドテーブルの参加者、特にマグロイン花岡直美先生、そして編集者の諸氏、また校訂の段階でお手伝い頂いた和氣久明氏に感謝の意を表わしたい。

参考文献

Broditsky, Lera. (2011) How Language Shapes Thought. *Scientific American.* February 2011: pp. 63–65.

Fillmore, Charles J. (1982) Frame semantics. In Linguistic Society of Korea (ed.) *Linguistics in the Morning Calm,* pp. 111–138. Seoul: Hanshin Pub.

Matsumoto, Yoshiko. (1988) Semantics and Pragmatics of Noun-Modifying Constructions in Japanese. In Axmaker, Shelley, Annie Jaisser and Helen Singmaster (eds.) *Proceedings of the Fourteenth Annual Meeting of the Berkeley Linguistics Society.* 166–175.

Matsumoto, Yoshiko. (1997) *Noun-Modifying Constructions in Japanese: A Frame Semantic Approach.* John Benjamins.

Matsumoto, Yoshiko. (2004) Alternative Femininity: Personae of Middle-Aged Mothers. In Okamoto and Shibamoto Smith (eds.), pp. 240–255.

Matsumoto, Yoshiko. (2007) Integrating Frames: Complex Noun Phrase Constructions in Japanese. In Kuno, Susumu, Seiichi Makino and Susan Strauss (eds.) *Aspects of Linguistics: In Honor of Noriko Akatsuka (Gengogaku no Shosō: Akatsuka Noriko Kyooju Kinen Ronbunshū),* pp. 131–154. Tokyo: Kurosio Publishers.

Matsumoto, Yoshiko. (2010) Interactional frame and grammatical descriptions: The case of Japanese noun-modifying constructions, *Constructions and Frames* 2(2): pp. 136–157.

Matsumoto, Yoshiko. (2011) The identity of older Japanese women in conversational narratives, invited lecture (The 7th Shirato Lecture on Japanese Language). Donald Keene Center of Japanese Culture, Columbia University. October 13, 2011.

Miyazaki, Ayumi. (2004) Japanese Junior High School Girls' and Boys' First-Person Pronoun Use and Their Social World. In Okamoto and Shibamoto Smith (eds.), pp. 256–274.

Okamoto, Shigeko and Janet S. Shibamoto Smith (eds.) (2004) *Japanese Language, Gender, and*

Ideology: Cultural Models and Real People. Oxford/New York: Oxford University Press.
Takara, Noritaka. (2012) The Weight of Head Nouns in Noun-Modifying Constructions in Conversational Japanese. *Studies in Language* 36(1): pp. 33–72.
佐藤慎司・熊谷由理(2012)「社会参加をめざす日本語教育：理論とその実践」The 19th Princeton Japanese Pedagogy Forum. May 19–20, 2012.
鈴木孝夫(1973)『ことばと文化』岩波書店.
當作靖彦(2012)「言語教育における文化のリテラシーとその評価」本巻.
松本善子・清水崇文・岡野久代・久保百世(2004)「気付きと選択：社会言語学的能力の養成を目指す日本語教育の意義」南雅彦・浅野真紀子編『言語学と日本語教育 III』pp. 41–58. くろしお出版.

言語教育における文化の
リテラシーとその評価

當作靖彦

要 旨

　文化は言語活動の中で重要な役割を果たすが、言語教育の中で教えられる文化とはどのようなものであり、言語学習者はどのような文化能力を身につける必要があるのかは意見が一致しないばかりでなく、明確にされていない。本稿では、言語教育の目標を再考し、言語教育における文化教育の役割を明確にする。また、言語教育が扱うべき文化知識、文化能力とはどんなものかを考え、その能力とは、(1)外国語学習者は自分の文化と異なる文化を理解、分析する能力、および、(2)その文化の所有者とどのように摩擦や軋轢を生むことなく関係を作り、発展させて行けるかを考える能力であること、そして、文化のリテラシーを学習者に獲得させていくのが言語教育における文化教育であることを示す。

キーワード：文化、文化能力、文化のリテラシー、異文化コミュニケーション、第三の場所

1. はじめに

　文化の教育が言語教育の重要な一部であることは言語教育に関わる多くのものが認めるところである。しかし、どのような文化をどのように教えるかということになるといろいろ考えがある。最近の言語教育におけるパラダイムシフトに伴い、文化の教育、評価に関してもアプローチの変化が見られる。小論では、最近のこのパラダイムシフトを概観し、新しい言語教育における文化教育の意義、また文化能力の評価について考察する。

まず、2. では最近の言語教育におけるパラダイムシフトを概観する。3. では、そのパラダイムシフトの中で、言語教育における文化教育の目標、内容の変化について考えてみる。さらに、文化教育では文化能力がどのように評価されるべきかを考察してみる。最後に、2. で示した文化教育を支える理論的基盤について簡単に眺める。

2. 言語教育のパラダイムシフト

2.1 言語の目的

時代とともに言語教育のアプローチは変化する。これは時代が要求する言語教育の役割、社会で果たす言語の役割に対する認識の変化により、言語自体に対する見方が変化することにもよる。また、言語習得、言語獲得に関する研究が進み、効果的な言語教育はどのように行われるべきかについての我々の知識が深まってきたことや、言語自体の目的は何かという認識の変化にもよる。(Richards and Rodgers 1986)

いわゆるオーディオリンガル・アプローチが主流の時代には、言語は文法と語彙の集合体と考えられ、その知識を獲得し、使用できるようにすることが言語教育の目的となった。これは言語を使って我々がいろいろな機能を果たす中で、言語そのもののみに注目した結果である。

言語そのものから、その機能にさらに目を向けた結果、我々は言語を使ってコミュニケーションを行っており、言語のコミュニケーション能力の習得が言語教育の主目的であるという考えのもとにコミュニティブ・アプローチが出てきた。

さらに90年代に入り、情報伝達したり、情報交換するコミュニケーション自体が言語の主目的ではなく、情報伝達・交換の結果として、様々な社会活動を行うのが言語の究極的な目的であるという主張がなされ、社会活動能力獲得を目的とした言語教育が提案されるようになる。

2.2 言語教育の目標

前節で述べたように言語自体の目的に対する認識の変化により、言語教育

に変化が起こり、異なる言語教育のアプローチが提案されてきた。当然のことながら、このアプローチの変化により、何をどのように教えるかも変化してくる。

　オーディオリンガル・アプローチの時代には、言語教育の目標は文法と語彙の習得であった。コミュニカティブ・アプローチの時代になり、文法と語彙の習得だけでは、他言語話者と円滑なコミュニケーションができないということで、言語教育の目標が拡大し、(このアプローチの実践者の中で、その扱いには大きな違いがあるものの)文化の知識、文化の運用能力の習得も言語教育の目標の一部となる。また、このアプローチ以来、「文脈」の概念が重要な役割を果たすようになり、文化を反映した「文脈」の中で言語を教えようという考えも出てくる。

　社会活動能力獲得を目的とした言語教育のアプローチでも、「文脈」の概念は重要であり、社会活動能力は、実際の社会活動という「文脈」の中で一番効果的に獲得できると主張され、そのような広い文脈が考えられる中で、言語教育の目標が社会活動を行うための能力全体を教えることであるという主張がなされる。このアプローチでは、言語教育の目標は文法・語彙、コミュニケーション能力、文化の知識、文化の運用能力からさらに広がり、社会活動を行うために必要な知識、能力をも含むようになる。また、社会活動の位相は時代とともに変化するので、社会活動を行うための知識、能力も固定的なものではなく、時代とともに変化すると考えられるようになる。これは文化の知識、運用能力についてもあてはまることで、教育目標となる文化も固定的なものではなく、流動的なものであることになる。

2.3 「外国語教育のめやす」

　現在の社会における言語使用の目的を考慮し、社会活動能力獲得を目標とした新しい言語教育のアプローチ、学習標準を示したのが、筆者が監修者の1人である国際文化フォーラムから出版された「外国語教育のめやす2012」(以下、「めやす」)である(国際文化フォーラム 2012)。この学習標準は日本における高校・大学機関での中国語・韓国語教育のために開発されたものながら、その背後にある言語教育のアプローチはすべての第二言語として

の言語教育にあてはまるものと言える。

「めやす」では、言語教育が扱うべき目標が次の表(表1)に示す3×3+3というパラダイムで示されている。また、言語教育が扱う目標領域として、「言語領域」、「文化領域」、「グローバル社会領域」の3つをあげ、言語活動を含む社会活動を行うためにはこの3つの領域の能力が必須であり、言語教育の目標となるべきことを示している。

さらにそれぞれの領域で目標とすべき能力として「わかる」、「できる」、「つながる」の3つをあげている。コミュニケーション能力獲得を主目的とするこれまでの言語教育アプローチでは、「わかる」、「できる」能力獲得が目標であったが、社会活動能力獲得を目標とするアプローチでは、言語を使って社会活動を行うことが究極的目標となり、「わかる」、「できる」に加えて、「つながる」という能力を目標の1つと加えている。

オーディオリンガル・アプローチでは、表1のAが言語教育の目的と扱われたが、コミュニカティブ・アプローチでは、それがA, B, DとEの一部が言語教育の目標であった。社会活動能力獲得をめざすアプローチでは、3領域×3能力に加え、さらに、3つの連携領域、「学習者の関心・意欲・態度、学習スタイル」、「既習内容・経験、他教科の内容」、「教室外の人、モノ、情報」と連携が言語教育の目標となり、言語教育が扱うべき目標、内容ともに大幅に拡大している。これは、言語を使用した円滑な社会活動が行うには、これまでの言語教育目標では十分でないという考えを反映している。

この拡大は、社会が要求する言語教育の目標の変化によるところが多い。言語は我々の社会活動の中心に位置するものであり、またそれの基盤となる人間の思考活動の媒体でもあるが、思考を含む社会活動を行うためには、言語教育で要求される内容領域、スキル領域も拡大するわけである。

表1 「めやす」における言語学習の目標

	わかる	できる	つながる
言語	A. 自他の言語がわかる a. 学習対象言語の文字・音声・語彙・表現(文法・語法)について知り、そのしくみを理解する b. 学習対象言語について新たな発見をしたり、母語と比較してその違いに気づいたりする	B. 学習対象言語を運用できる a. 学習対象言語を使って、身近な事柄や関心のある事柄について、自分の気持ちや考えを伝えたり、相手の気持ちを考え、情報を理解したり、相手とやりとりをして運用することができる b. 学習対象言語と母語を比較して、その共通性や相違性、関係性を探究して分析することができる c. 言語能力のギャップを埋めて、コミュニケーションを成立させるために、様々な言語および非言語ストラテジーを使うことができる	C. 学習対象言語を使って他者とつながる a. 学習対象言語や母語を使って、積極的かつ主体的に他者と対話して、相互作用しながら共に関係を作りあげていく
文化	D. 自他の文化がわかる a. 学習対象文化に関して表象する様々な文化事象(事物や行動)について知り、理解する b. 学習対象の文化事象を観察して新たな発見をしたり、自文化や自分が知っている文化と比較して、その違いや関係性に気づいたり、推測したりする	E. 多様な文化を運用できる a. 学習対象文化と自文化をはじめ、多様な文化事象を比較して、知識・情報を活用しながら、共通性や相違性を分析することができる b. 文化事象間の異同の事由および文化事象の背景にある考え方や価値などを探求し、自分の考えを表明することができる	F. 多様な文化背景を持つ人とつながる a. 多様な文化的背景を持つ人びとと主体的かつ積極的に関わり、相互に作用しながら、軋轢や摩擦を乗り越えてつきあう

文化		c. 文化事象の分析を通して、文化の多様性や可変性といった文化に見る視点を身につけ、自文化を再認識したり、他の文化事象に適用したりすることができる d. 自他の文化をはじめ、異文化間の相違性から生じる誤解や摩擦、緊張関係を調整したり、妥協点を探ったりして、協力して問題を解決することができる	
グローバル社会	G. グローバル社会の特徴や課題が分かる a. グローバル社会(自分・学校。身近な地域社会・日本社会、広域地域社会・世界が密接につながる21世紀の多言語多文化社会)の一員としての自覚を持ち、グローバル社会の特徴や直面する課題について理解する b. グローバル社会に生きるために、21世紀型スキルを身につけることが必要であることを理解する	H. 21世紀型スキルを運用できる a. 様々な文化的背景を持つグループの一員として、メンバーと意見を交換したり、グループ全体の目標を達成するために、自分の役割を責任をもって果たすことができる(協働) b. 問題を解決するために、資料、状況を客観的に解釈・分析・吟味して判断し、自らの考えを根拠に基づいて表明することができる(高度思考) c. 情報を収集・編集・発信する際に、情報・メディア・テクノロジー(ICT)の特性をいかして、相互作用的に活用することができる(情報活用)	I. グローバル社会とつながる a. 人・モノ・情報にアクセスして、自分とつながりのあるグローバル社会のネットワークに関わり、ネットワーク全体の目標達成やグローバル社会づくりのために、自分の能力、知識、時間などを提供したり、メンバーと助けあい協力して行動する

関心・意欲・態度／学習スタイルとつながる
既習内容・経験／他教科の内容とつながる
教室の外の人・モノ・情報とつながる

(国際文化フォーラム 2012 p. 22)

　ここで注意しなければならないのは、これらの目標を達成するための教授アプローチは必ずしも、「わかる」から「できる」、「できる」から「つながる」の順に進む必要はなく、「わかる」段階の前に「できる」、「できる」段階の前に「つながる」が来てもかまわないし、むしろそのほうが効果的な教育ができる場合も多いということである。また、「できる」段階、「つながる」段階の活動をしている間に、学習者が自然に「わかる」段階の内容を習得することもあり得るし、このような学習者中心の「わかる」学習のほうが、教師中心の講義や本の説明を読み、暗記したりする学習よりも効果的であることも多い。

　言語を使って、社会活動ができる能力を身につけるために、3×3＋3の目標が総合的に達成される必要があるし、これらの目標は相互に作用し合って達成されるものである。例えば、文化を学んでいる間に、言語能力が上がったり、高度思考能力が発達したりする。個々の目標を別々に達成するのではなく、これらを組み合わせて達成することにより、能力の獲得はより効果的に行われる。

3. 文化の教育と評価

3.1 文化の教育

　この節では、新しい言語教育のアプローチにおける文化教育の目標、内容について考えてみたい。

　言語のクラスで教育目標となる文化とは、学習対象となる言語の話者のグループが社会活動の結果、あるいは活動の過程で示す文化行動である。日本語教育の場合には、このような一連の文化行動、あるいはそれに関連した文化の所産を「日本文化」としてくくっているわけであるが、このような行

動、所産、事実などは無数であり、それ全て教育活動を通して教えられるわけではないし、それらに関して全部を習得したとしても日本語学習者が円滑な社会活動を達成できるわけではない。また、言語行動、文化行動を含む社会活動は個々の活動者の「個」の表出であり、10人の活動者がいれば、言語行動、文化行動の変異も10ある複雑なもので、その1つをとっても、あるいは大多数がとる平均的と思われる行動をとっても、「日本文化」と呼ぶのは憚れる。すなわち文化は複雑、かつ動的なものであり、単純、かつ静的な形の文化知識の獲得、文化能力の獲得を文化教育の目標というのは適切ではなく、また、単純、かつ静的な形での文化の教育というのも適切ではない。さらに、文化教育の究極的目標が母文化使用者の文化能力を習得・獲得するというのも適切ではない。そのような文化能力という単純、静的なものが実際に存在するのかどうかも疑わしい。

言語を学ぶ教室における現在の文化教育では、カバーすべき文化のトピックがあり、それについては教科書や他の教材のトピックに関する説明を読んだり、教師の説明を聞いたりすることが多い。このような文化教育は上述の文化の複雑な諸相、多様性、変異性に対応できないことが多く、ステレオタイプを生む可能性が大きい。このような静的、単純な文化の知識では、実際の場面で円滑に社会活動を行う能力がつかない。

言語を使用して社会活動を行うことが言語教育の目標であるならば、他言語話者、他文化の使用者(それも個々の使用者によって変異のある複雑なものであるが)と円滑に社会活動を行うための文化能力を賦与するのが言語教育の目標となる。このような文化能力は、Kramsch(1993)などが主張するように、対象言語話者と社会活動、あるいは一般に言われる意味で異文化間コミュニケーションを行う際に、円滑に活動できる母文化でもない、学習対象文化でもない、いわゆる「第3の位置」を作り出す能力を育成することである。このような能力を本論では文化のリテラシーと呼ぶことにする。

このような文化のリテラシーを言語教室で習得させる方法はいろいろあるが、効果的な方法の1つは文化能力使用を通しての習得である。上述のように社会活動の能力を得る一番いい方法は実際に社会活動をしてみることである。言語学習とは言語使用の学習であり、言語使用を通しての学習が一番

効果的である。それと同様に文化学習も文化能力使用の学習であり、文化能力使用を通しての学習が一番効果的である。学習者の興味のある社会文化活動、学習者の生活に関連した社会文化活動を文脈として、その中で上述の文化のリテラシーを身につけ、将来遭遇するであろう学習対象言語話者とのインターアクションを円滑に行えるようにすることである。このような文脈を利用した方法は、抽象的な知識をより具体的なものにする有意義な文脈を与えるので、学習が進む。また、文化能力発展を言語能力発展、上述のグローバル社会能力の開発と結びつけることにより、文脈内の学習環境の様々な位相に焦点を与えることができ、社会的、文化的、言語的、心理的な多種の経験を通しての学習を可能にし、学習者はいろいろな概念を発見、関係づけ、その関係を強化する中で、概念を知識、能力の一部とすることが容易になり、より現実に対応した社会活動能力を身につけやすくなる。(Perin 2011)

　文脈を利用した活動では、具体的な問題を与え、それをどのように解決するかを考えさせることが望ましい。深い問題に直面し、それを試行錯誤を通して解決することで、より構造的な知識、能力を生み出し、深いレベルでの学習が進む。また、グループワークを取り入れ、学習者がお互いに助けあったり、協働作業を行ったりすることでも、能力開発が進む。さらに、学習者に自分がどのように考えているか、自分の解決法が本当に有効か内省させることも必要である。

　このような文脈を通しての学習活動は、学習者を単に現実の文脈に投げ入れて活動させるだけでは、効果的に行われない。教師の側での周到な準備と計画が必要となる。Crozet(1996)、Crozet and Liddicoat(1999, 2001)は言語と文化を一緒に教えながら、上述の「第3の場所」を効果的に作る能力を開発する段階として、

1. アウェアネスを高める
2. スキルの開発
3. プロダクション
4. フィードバック

という4つの段階からなる文化能力開発の方法を提案している。

　日本の文化と直接接することができる機会がない教室において、このような活動の導入には、ビデオを使うことが効果的である。Kramsch(1987)はビデオに含まれる文化事象、文化行動に関連した解決すべき問題を提起し、その問題を解決するのに重要と思われる概念、原則を考えさせたり、解決するためにどのような方法、手段が有効であるか、またそのような方法、手段がどのように具現化するかなどを考えさせ、さらに、母文化の場合との類似性、相違性を考察することにより、学習者のアウェアネスを高める。このような活動では、学習者をグループで作業させ、いろいろな視点を持ちこむことも大切である。これにより社会活動を円滑に行う協働力も養うことができる。創造力を働かせたり、いろいろな概念を組みあわせたりし、高度の思考能力を使わせることもできる。

　提出した問題を解決するためにはどのような方法、手段が必要かを考えさせる中で、どのような文化に関する技能が必要かを考えさせ、解決方法を考えさせる。その結果、どのような局面が生まれるかを内省させ、自分たちの解決方法が適切かも内省させる。この際には、教師の質問の仕方が重要な役割を果たす。また、母文化使用者に解決法に関して意見を聞くことも良い方法である。現在では、テクノロジーやインターネットを使うことにより、母文化使用者と意見を聞くことは簡単にできる。これにより情報活用能力も発展する。

　このような内省の後、学習者に現実の場面に近い文脈でロールプレイをさせ、問題解決を自分たちで実践させる。それをビデオに撮影し、それに対し、教師が対話を通し、フィードバックを与える。また、学習者がこれらの一連の活動を通して、文化に対してどのような洞察を得、それを実際の社会活動場面にどのように活かしていくかを考えさせることも重要である。

　例えば、「合コン」を例に考えてみたい。「合コン」を扱った、あるいは「合コン」がエピソードとして登場する日本のドラマ、テレビ番組は多数ある。このようなドラマ、番組のビデオを使用し、「合コン」を教室で取り上げ、その目的、様態などを考えさせるとともに、「合コン」と関連した「見合い」、「コンパ」、「オフ会」などについて調べさせ、日本で異性との出会

い、交流がどのように行われているかを考えさせる。この際、学習者の母文化における異性との出会い、交際についても考えさせ、「合コン」についての考えと対比させる。この際にはグループで調査、ディスカッションをさせ、いろいろな視点を取り込む。

　次に日本の非常に親しい友人に「合コン」に参加するように頼まれたけれども、自分は参加したくない場合にどのように対処するかという問題を提起し、その問題にどう対応するかを考えさせる。「合コン」への誘いを断ることにより、どのような結果を生む可能性があるかなどを考えさせる。これもグループで考えさせるのが効果的である。この活動は学習者の母語を使っても問題がない。母文化でのこれまでの経験が他文化で活動する際には重要な役割を果たすわけで、それを母語で話し合うことは学習の助けになる。

　グループで話し合った問題解決の方法をもとに日本語でロールプレイを行う。このロールプレイをビデオカメラで撮影し、それを見ながら、学習者に果たして問題がうまく解決されたかを内省させる。学習者の内省レポートをもとに、教師が質問し、よりよい問題解決の方法がないかを話し合う。上述のように文化は複雑、かつ多様であり正しい問題解決の方法というのは、文脈により多岐多様であるが、このような活動を行うことにより、文脈を分析し、どのように「第3の位置」を作り、円滑な社会活動を行えるかを考える能力が徐々に開発される。

　こうして見ると、言語を使って社会活動を円滑に行うための文化能力とは、文化の知識、能力だけでなく、言語はもちろん、上で述べたグローバル社会能力と密接に結びついた総合的能力を必要とするものであり、文化能力として独立したものではないことが分かる。これは総合的文化能力とも言うべきものであり、総合的社会活動能力の重要な一部をなすものであると考えられ、言語のクラスで目標とすべき文化のリテラシーとはまさにこのような総合的文化能力なのである。

3.2　文化能力の評価

　先述の教育におけるパラダイム・シフトにより、教育における評価も大きく変化してきた。これまでは学習の結果の評価に大きな焦点が当てられてい

たが、学習結果よりも学習過程に重点が置かれるようになった。また、これまでの評価の主目的であった成績を付けて学生をふるい分けたりすることよりも、評価を行うことにより学習を促進することに目的がシフトしてきた。

　文化の評価はこれまでは、文化事象、行動についての知識の評価が多く、上の表1での「わかる」レベルの評価、あるいは言語行動と密接に関連した文化知識、文化行動（例えば、敬語が状況に応じて使えるか、敬語を使い分けることができるか、言語行動に伴うジェスチャーの使い方が適切かなど）の「できる」レベルの評価が行われる程度であった。最近重点が置かれるようになったパーフォマンスの評価が含まれているとは言え、非常に一元的な文化知識、文化行動を評価するもので、評価をすることにより、逆にステレオタイプを作ってしまう危険性を含む評価でもあった。

　言語教育の目標が、言語を使って円滑な社会活動が行えるようになることであるならば、その目標を達成したかどうかを評価するべきであるし、また、新しいパラダイムの評価では、その目標を達成するように学習者を助ける評価でなければならないことになる。

　前節で述べたような文脈の中での文化教育では、日常の活動の中で行われる形成的評価が、活動の最後に行われる統括的評価よりもより重要と見なされるようになり、「第3の位置」を探せる能力に到達する途中で、たえず評価を行い、母文化と学習対象文化との違いへの気づきがあるか、2つの文化の比較対照ができているかなどにフィードバックを出し、文化のリテラシーの獲得を助けることに重点が置かれるようになってきている。また、上述の総合的文化能力の考えに見られるように、文化の能力が独立して存在するわけではなく、他のいろいろな能力と結びついていることから、それらの能力との関連の中で評価が行われるようになってきている。例えば、文化事象について仮説を立てることができるかどうか、あるいは文化的な問題が起こった時に、問題解決能力があるかどうかなど高度思考能力と関連づけて評価を行うことなどが行われるようになってきている。すなわち、文脈の中での文化教育自体が、評価の文脈を与えているわけである。このような形成的評価を続ける中で、文化のリテラシーを伸ばし、学習者の文化能力を促進しているわけでもある。

上述の「合コン」を例にした例では、テレビのドラマ、番組を見て、文化事象の重要点を発見したか、気づいたか、それについて母文化の類似事象との間の共通性、相違性を多角的に分析できたかをルーブリック(評価基準表)を使って評価し、学習者にフィードバックを与えることができる。さらに、グループ内でのディスカッションを通して、共通性、相違性の要因を考える能力があるか、またそれをもとに自文化の事象についての洞察を深めることができるか、文化の多様性、可変性が理解できるかをルーブリックを使って評価できる。ロールプレイの際には、異文化間の調整を効果的に行っているか、異文化との相違性を尊重しているかなどを評価し、学習者にフィードバックを出す。この際には、文化の能力だけでなく、言語の効果的な使用や高度の思考能力を使っているかも合わせて評価し、様々な能力を使うことを促すとともに、それらの能力を効果的に組み合わせることにより円滑な社会活動が行われることを理解する。このような活動、評価を繰り返すことにより、学習者の文化のリテラシーが発達することになる(国際文化フォーラム 2012 94–95 ページには、文化能力評価のためのルーブリックの例が掲載されている)。

4. 最後に

　小論で議論した文化教育のアプローチは、言うまでもなく構成主義(Constructivism)に大きな影響を受けた教育のアプローチのパラダイム・シフトの結果出てきたものである。また、文脈をもとにした学習もこの構成主義の学習理論に根ざしたものである。構成主義は、個人の学習は個人の経験、個人を取り巻く文脈を含む、広い意味での個人が置かれた環境とのインターアクションとその環境の解釈を通しての意味の構築の中で行われると主張する。また、学習は教師によって構築されるものではなく、学習者が構築するものであると考える。これが上述の学習者中心の文化学習の理論的根拠になっている。教師は知識を与える役割を持つ、学習の中心に位置するのではなく、側面から学習者の学習のサポートを行い、学習を促進する役割を果たす。(Putnam and Borko 2000)

先述のアプローチは学習活動が行われる社会的文脈は学習の重要な要素であり、学習対象となる知識、能力はそれが使われる文脈と関係を持っており、知識、能力がその文脈をもとに解釈される時に、学習が進むと主張する状況的認知(situated cognition)に見られる認知科学の知見も反映したものである。

文脈重視のアプローチでグループ作業のような協働を強調するのは、学習というのは単なる個人の知識の構築以上のものであり、学習者が置かれた社会的環境で他の学習者とインターアクションを持つことが学習に大きな影響をもたらすという社会的認知(social cognition)の考えに基づいている。異なる社会の構成員と様々な協働作業を行う中で、個人学習だけでは得られない自己の経験を効果的に解釈する認知的ツール(概念、仮説化・理論化などの思考能力)を発展させ、社会活動を円滑に行うことができるようになる(social constructivism)。

また、人間は現実の具体的な問題を解決しようと試行錯誤する中で物事を深く理解し、能力を発達させる。さらにこのような深い理解は知識を様々な新しい場面に効果的に適用することを助けるものである(deep cognitive processing)。

異なる文化と接することは新しい場面に対処することである。小論で示した新しい文化教育、評価のアプローチを使うことにより、学習者が将来行動するであろう社会的な文脈で、円滑に行動するための文化のリテラシーを含めた諸必要能力を効果的に獲得できる。

参考文献

Crozet, Chantal. (1996) Teaching Verbal Interaction and Culture in the Language Classroom. *Australian Review of Applied Linguistics* 19(2): pp. 37–58.

Crozet, Chantal, and Anthony J. Liddicoat. (1999) The Challenge of Intercultural Language Teaching: Engaging with Culture in the Classroom. In Joseph LoBianco, Anthony J. Liddicoat and Chantal Crozet (eds.) *Striving for the Third Place: Intercultural Competence through Language Education*, pp. 113–126. Canberra: Language Australia.

Crozet, Chantal, and Anthony J. Liddicoat. (2000) Teaching Culture as an Integrated Part of Language: Implications for the Aims, Approaches and Pedagogies of Language Teaching. In Anthony J. Liddicoat, and Chantal Crozet (eds.) *Teaching Languages, Teaching Cultures*, pp. 1–18. Melbourne: Language Australia.

Crozet, Chantal and Anthony J. Liddicoat. (2001) Acquiring French interaction norms through instruction. In K. Rose and G. Kasper (eds.) *Pragmatics in language teaching*, pp. 125–144. New York: Cambridge University Press.

Kramsch, Claire J. (1987) Foreign Language Textbooks' Construction of Foreign Reality. *Canadian Modern Language Review* 44(1): pp. 95–119.

Kramsch, Claire J. (1993) *Context and Culture in Language Education*. Oxford: Oxford University Press.

Putnam, Ralph T., and Hilda Borko. (2000) What Do New Views of Knowledge and Thinking Have to Say about Research on Teacher Learning? *Educational Researcher* 29(1): pp. 4–15.

Richards, Jack C., and Theodore S. Rodgers. (1986) *Approaches and Methods in Language Teaching – A description and analysis*. Cambridge: Cambridge University Press.

Perin, Dolores. (2011) Facilitating Student Learning Through Contextualization. *CCRC Working paper* No. 29. New York: Columbia University.

国際文化フォーラム．(2012)『外国語学習のめやす2012 —高等学校の中国語と韓国語教育からの提言』當作靖彦・中野佳代子監修　東京：国際文化フォーラム．

ラウンドテーブル1の総括

マグロイン花岡直美

テーマ：日本語教育と言語学・文化学

パネリスト(発表順)：ウェスリー・M・ヤコブセン(ハーバード大学)、牧野成一(プリンストン大学)、岡まゆみ(ミシガン大学)、松本善子(スタンフォード大学)、當作靖彦(カリフォルニア大学サンディエゴ校)

司会：マグロイン花岡直美(ウィスコンシン大学マディソン校)

1. はじめに

「日本語教育と言語学・文化学」というテーマのラウンドテーブル1では日本語の構文論、談話研究、メタファー研究、文化論などの、まさに牧野成一の長年にわたる広範囲の研究を代表する分野に関して発表・討論が行われた。以下討論のまとめ且つ司会者の役割を務めた筆者のレスポンスを述べたいと思う[1]。

2. 明示的に指導するべきか？

まず5つの発表に共通する問題点として、ここで述べられているような現象を明示的に指導するべきかどうかという点があげられる。例えばヤコブセンは項構造、埋め込みの構造、そして情報構造を「目に見えない構造」の例として分析し、そのような「目に見えない構造」と表面構造のつながり方に関して母語と第二言語の違いを学習者に意識化させることの必要性を説いている。項構造に関して言えば、日本語では実際の談話では省略によって主

格、目的格などの名詞句が表面に表われていないことが多い。しかし、北米の大学の日本語教育では項構造などは初級の日本語のコースでは明示的に教えるのが普通だと思うので、「目に見えない」というのは特に中級・上級の読解のクラスの問題ではないだろうか。文構造が複雑になる読解などのクラスでは「目に見えない構造」を明示的にする指導が必要となるだろう。

　反復やメタファーに関してはどうだろうか。岡（本書所収）によるとメタファーの大半は日英共通だと言う。反復もかなり言語に共通のストラテジーがあるとすると、母語で習得しているものを特に明示的に指導する必要もない、限られた時間しかないのだから、むしろ母語と日本語で異なる点に焦点をあてるべきだ、という考え方もある。それに対して岡は学習者の既に持つスキーマ（既存知識）を活用して明示的に指導するのが有効だと指摘する。学習者になじみのある話題や内容は理解しやすいというのは周知の事実である。筆者自身メタファーを系統的に明示的に教えたことがないのだが、言語間の相違点に目を向けるだけでなく「共通点」に目を向けるのも必要だという点には賛成である。メタファーも特に上級の読解指導では明示的指導が必要だろう。

　松本および當作の意見は、最近の constructivism（構成主義）の考え方に基づいていると思うが、このアプローチでは言語は多様的、流動的、そして個人が自分のアイデンティティーを表出するためのツールであると考えられている。本書で松本が述べているように、正しい日本語が１つ存在するわけではなく、話者は様々な場面で多様な表現を使い様々な自己表現をしている。例えば、日本語の自称詞には「ぼく」「おれ」「わたし」「あたし」などがあるわけだが、一人の話者がいろいろな場面によって種々のフォームを使い分けるわけで、どのフォームを選択するとどういう意味合いが出てくるのかということを学習者に明示することは大切だと考えられる。普通女性は「僕」とか「おれ」は使わないと思うが、例えば、どうしても「僕」という自称詞を使いたいと主張する女子学生がいたとすると、それをだめとは言えない。しかし、その学生が「僕」ということがどんなアイデンティティーを表出するのかということを自覚していることが必要である。そのような多様性に関する学生の意識を高めるのは初級の段階から必要だと考えられる。

3. 文化能力

　當作の提唱する文化能力もまさにこの構成主義の考えに通ずるものである。當作は「文化能力とは、文化の知識、能力だけではなく、言語はもちろん、上で述べたグローバル社会と密接に結びついた総合的能力を必要とするものであり、文化能力として独立したものではないことがわかる」と言っているが、これはまさにそうだと思う。さらに、「文化能力は、Kramsch(1993)などが主張するように、対象言語話者と社会活動、あるいは一般的に言われる意味で異文化間コミュニケーションを行う際に、円滑に活動できる母文化でもない、学習対象文化でもない、いわゆる「第3の位置」を作り出す能力」だと述べている。そして、このような文化能力は、社会活動を通して習得するのが最上の方法だが、教室内でも文化能力使用を通して効果的に習得することができるとしており、筆者もそれに異論はない。

　事実最近ではコースの一環としてプロジェクトワークを入れているところも多い。日本人へのインタビュー、トピックについてのディベートプロジェクト、リサーチに基づくポスター発表など様々なアクティビティーを通して、教師は学生が日本語を実際に活用できる場を作ろうと種々工夫をしている。また教室内での活動としてペアワークを通して社会・文化に関するトピックについて意見交換をしたり自分の文化と比べて内省をしたりするというアクティビティーを活用している教師も多いと思う。ただ、この際言語使用の正確さ(accuracy)をどのようにして向上させるか、フィードバックをどのように行うかなど、いろいろ考えなければならない点も多い。

4. 反復

　牧野の論文のテーマである「反復」も言語学的にも文化的にも非常に興味深いトピックである[2]。この論文では「反復」は様々なパトス的機能があると分析されているが、「反復」にはそれ以外の機能もあるようである。例えば英語のインタビューなどの場面でインタビューする人が相手のことを推察して "You did it because you needed money." と言ったとする。それに対して

インタビューされている人が Yes とも No とも言わないでただ "I did it because I needed money." とリピートすることが多い。筆者はなぜ答える人が Yes または No と言わないのだろうかと疑問に思っていた。Schegloff (1996) や Heritage and Raymond (2005) に述べられているように、このような応答詞なしの反復は話者の epistemic authority を表わしている。つまり、話者は反復によって情報の妥当性の判断の主体は自分であるということを示しているのである。様々な状況で反復がどのような機能を持っているのか、研究の余地があるように思う。

また牧野はこの論文で平田オリザ(2001, 2010)の指摘する「対話」型コミュニケーションと「会話」型コミュニケーションに触れ、その違いを次の表のように特徴づけている。

「会話」	ウチ向き	省略の傾向が強い	説明が比較的少ない	妥協的
「対話」	ソト向き	反復の傾向が強い	説明が比較的多い	対立的

「会話」は内向きのコミュニケーション、「対話」は外向きのコミュニケーション、「会話」は家族間の話、「対話」は異なる価値観を持つ人と人の話とされている。そして、「会話」では省略が多く、「対話」では反復の傾向が強いと言う。しかし、この「会話」と「対話」の区別はそう簡単にはできないと思う。例えば異なった価値観を持っていなくても、二人の間に情報のギャップがあれば、説明が必要となったり、反復が多くなったりするだろう。これは「対話」と言えるのだろうか。もう少し考慮の余地がありそうである。

5. おわりに

最後にこれからの言語学・文化学はどのように日本語教育に貢献するべきだろうか。これはヤコブセンの言うように「目に見えない」ものを観察可能な明示的な形にすることだろう。「目に見えない」ものは言語構造、社会文

化的行為、インターアクションのストラテジー、等々いろいろある。これからの研究にますます期待するところである。

注

1 残念ながら討論の録画に支障をきたし、討論自体を再現することが不可能となった。したがって、このまとめは多分に司会者自身のコメントとなっている部分が多い。ご了承いただきたい。
2 この発表論文は『対話とプロフィシェンシー：プロフィシェンシーを育てる2』(凡人社)に収録されているため、本書には含まれていない。本稿で牧野論文と呼んでいるのは『対話とプロフィシェンシー』所収、「対話と会話の機能論的分析」のことである。

参考文献

Heritage, John and Geoffrey Raymond. (2005) The terms of agreement: Indexing epistemic authority and subordination in assessment sequences. *Social Psychology Quarterly* 68: pp. 15–38.

Kramsch, C. (1993) *Context and Culture in Language Education*. Oxford: Oxford University Press.

Schegloff, Emanuel A. (1996) Confirming allusions: Toward an empirical account of action. *American Journal of Sociology* 104: pp. 161–216.

平田オリザ(2001)『対話のレッスン』小学館.

平田オリザ(2010)「対話とは何か―新しい時代に要求されるコミュニケーション能力」函館：日本語プロフィシェンシー研究会　第1回大会(7/17/2010)基調講演.

牧野成一(2012)「対話と会話の機能論的分析」鎌田修・嶋田和子編『対話とプロフィシェンシー：プロフィシェンシーを育てる2』pp. 46-73．凡人社.

第 2 部

日本語教育と第二言語習得・教授法

明示的学習・暗示的学習と日本語教育

坂本　正

要　旨

　明示的学習とは、学習者が第二言語を意識的に学ぶ学び方で、その結果、明示的知識がつき、暗示的学習とは学習者が多くの具体例に接触して、無意識に第二言語を身につける学び方で、結果、暗示的知識がつくと考えられている。
　Krashen(1981)は、学習で得た知識は習得に繋がらないとするノンインターフェイスの立場をとるのに対して、Bialystok(1978)等は、明示的知識と暗示的知識の間にはインターアクションがあり、フォーマルな練習を通して、明示的知識が暗示的知識になることは可能であるというインターフェイスの立場を主張した。明示的知識、暗示的知識に関する最近の脳科学の知見も考慮に入れ、第二言語で高いプロフィシェンシーを身につけるまでのプロセスを考察する。

キーワード：明示的知識、暗示的学習、気づき、インテイク、プロフィシェンシー

1.　はじめに

　一般的な初級の日本語のクラスを考えてみよう。日本国内、海外にかかわらず、多くの日本語教育機関においては以下のような流れで授業を行っているのではないだろうか。
　（1）新しい文型の明示的説明（状況、文型、意味、機能、接続形式など）
　（2）その文型の練習（機械的な練習、有意味練習、談話練習など）
　（3）コミュニケーション活動（ロールプレイ、タスクなど）
文法提示を最初に行い、そして、練習という流れは言語教育者が持つ、疑い

ようのない信念なのであろうか。

　N. Ellis(2011)は子どもの言語習得に関して、子どもは(1)自動的にその言語の複雑な構造を獲得するが、その知識を述べることはできない。(2)母語の文法は暗示的で、使用の経験を通して学ばれる。さらに、(3)単に言語に触れるだけで、明示的な教授は必要としない、と述べている。文法に関して言えば、成人学習者と違い、子どもは誰からもその言語の文法を明示的に教わってはいないのである。

2. L1習得とL2習得の違い

　以下、子どもの母語習得(以下、L1習得)と教室で学んでいる成人の第二言語習得(以下、L2習得)の違いを概観してみよう。

表1　L1習得とL2習得の違い

	L1習得	L2習得
成功度	全員が母語話者になる	個人差が大
学習方法	暗示的	明示的
形式	注意を払わない	注意を払う
焦点	当てない	当てる
気づき	無し	大体有り
アウトプット	無意識に	(最初は)意識的に
教科書	無し	有り
言語接触時間	多い	少ない

以上のように、L1習得は、成功度が高く、習得は暗示的で無意識に進むが、L2習得は、その効果に大きな差があり、明示的に学び、意識的に進んでいく。

3. 明示的学習・暗示的学習

　明示的学習(explicit learning)と暗示的学習(implicit learning)のどちらが文法学習に効果的かを調べるために比較実験を行ったのは Reber(1976)である。Reber は、20人の大学生を使って、明示的学習と暗示的学習を比較した実験を行った。その結果、暗示的学習のほうが文法規則をより学んでいたと報告している。この研究以来、第二言語習得の分野では明示性に関する研究が数多くなされるようになった。

　明示的学習と暗示的学習と聞いて、すぐ思い出すのは、Krashen(1981, 1982, 1994, 2003)の「学習と習得の仮説」であろう。それは、

(1) 第二言語の performance(言語運用)は、主に潜在意識の acquisition(習得)によって成り立つ。
(2) Learning(学習)は acquisition(習得)に繋がらない。
(3) 意識的な learning(学習)は、モニターとしてのみ機能する。

という主張である。本稿では、学習＝明示的学習、習得＝暗示的学習ととらえる。「明示的学習」とは、学習者が指導を受けて、意識的に第二言語を学ぶ学び方で、その結果、明示的知識がつく。「暗示的学習」とは学習者が多くの具体例に接触して、無意識に第二言語を身につける学び方で、その結果、暗示的知識がつくと考える。

　明示的学習と暗示的学習の2つの学習の効果を比較した N. Ellis(1993)、Rosa and O'Neill(1999)は明示的学習は暗示的学習よりも効果があると述べているが、Doughty(1991)と Shook(1994)では、その効果に差はないと報告し、現在でもどちらが効果があるのか、はっきりした決着はついていない。

　Robinson(1996)は、身につける規則の複雑さによって、得られる効果の異なることを示し、簡単な規則の場合は明示的学習のほうが暗示的学習よりも効果的で、複雑な規則の場合は差が見られないと報告している。

　身に付いた知識が明示的な知識であるか暗示的な知識であるかに関する研究は今後も行われると思うが、Bialystok(1978)は明示的知識と暗示的知識という概念は第二言語習得モデルの中核的なものであり、Bialystok(1982)では、明示的知識を分析的知識、暗示的知識を非分析的知識と言い換えて、議

論している。

4. 明示的知識と暗示的知識の比較

　Paradis(2004)は、これら2つの知識をこれまでの研究より、より明確に記述している。「明示的知識」は、意識的に学習され、注意を必要とし、明示的に宣言的記憶に保存され、コントロール下で使用される。学習者が注意を向け、気づくもので、観察可能で、事実に関する知識であるとし、一方、「暗示的知識」は、偶発的に(incidentally)獲得され、暗示的に手続き的記憶に保存され、自動的に使われる。注意も気づきもなく、偶発的に得るもので、観察不可能な、処理、手続きに関する知識であるとしている。
　R. Ellis(2008)は7つの観点から明示的知識と暗示的知識を表2のように比較している。

表2　暗示的知識と明示的知識の比較(R. Ellis(2008: 418)、筆者訳)

特徴	暗示的知識	明示的知識
意識、認識	学習者は言語学的規範を直感的に知っている	学習者は言語学的規範を意識的に知っている
知識のタイプ	学習者は規則などに関する手続き的知識を有している	学習者は規則などに関する宣言的知識を有している
体系性	知識は、可変性があるが、一貫性がある	知識は、特異であり、一貫性に欠ける
アクセス可能性	知識は自動的プロセスによって、アクセス可能である	知識は制御的プロセスによってのみアクセス可能である
L2知識の使用	知識は、学習者が流暢に運用している時に典型的にアクセスされる	知識は、学習者が意図的に使用する際に困難さを経験する時に典型的にアクセスされる
自己報告	言語化不可能	言語化可能
学習可能性	潜在的に臨界期中のみに学習可能	何歳でも学習可能

5. インターフェイスに関する研究

　知識は、明示的知識と暗示的知識で構成されていると言われている。努力して得た知識といつの間にか身につけた知識である。この２つの知識はどういった関係なのか。Krashen は学習した知識は習得には繋がらないとするノンインターフェイスの考えを主張した。言い換えると、明示的知識は暗示的知識にはならないということである。Schwartz(1993)も学習と習得は別物であるとし、ノンインターフェイスの立場を支持した。これに対して、Bialystok(1978)は、練習を通して、明示的知識が暗示的知識になることは可能であるとするインターフェイスの立場をとっている。

　R. Ellis(1994)では、より詳細に述べられており、variational features(変異項目)は発達段階に関係なく、明示的知識が暗示的知識に変わるが、developmental features(発達項目)は、習得可能なレディネスの段階まで進んでいれば、明示的知識が暗示的知識に変わるとし、インターフェイスの立場を支持している。また、明示的知識の１つの役割は、暗示的知識を間接的に促進することであるという主張も行っている。さらに、言語習得はすべて明示的知識から始まるわけではなく、暗示的知識として始まることもあるという主張も加えている。また、DeKeyser(2003)は、明示的知識は機能上、暗示的な知識と区別できない程度に手続き化される可能性があるとしている。

　明示的知識は、学習者が練習に練習を重ねて、手続き化に成功したら、その結果、暗示的知識になるのであろうか。N. Ellis(2005)は明示的知識は、手続き化されないとし、さらに、N. Ellis(2002、2005)は暗示的な手続き化は、明示的知識を通してではなく、その言語項目やコロケーション(collocation)が起こる頻度の(暗示的な)総計に影響を受けるとし、明示的知識は手続き化を通して暗示的知識になるのではないというノンインターフェイスの立場をとっている。

　Paradis(2009)も明示的知識と暗示的知識は、情報を共有せず、両知識は繋がらないと主張し、ノンインターフェイスの立場を支持している。また、明示的指導をすることによって、明示的知識の構築には直接貢献するが、それだけでなく、暗示的知識の構築にも間接的に貢献すると言う。ある項目に

関して明示的指導をしている間に、その項目以外の言語項目が暗示的に構築されるということであろうか。

6. 宣言的知識と手続き的知識

前節までに「手続き」という言葉が何度も出ているが、これに関連した研究として Anderson の ACT モデル(1983, 1988, 1992, 1996)がある。このモデルでは、宣言的知識と手続き的知識という用語が用いられている。宣言的知識というのは言葉で記述できる知識のことで、手続き的知識というのは、言葉では説明できないプロセスや手順やスキルに関する知識である。Anderson は、この宣言的知識が手続き的知識になるには、

(1) 宣言的知識が学ばれる。
(2) 発話において宣言的知識を使う。
(3) 発話(する際のスキル)のスピードが早くなり、自動化する。

という3つのステップが必要だとしているが、これは本稿の最初に述べた日本語教育の授業の流れと一致してはいないだろうか。表現を変えてみると、

(1) 新しい文型の明示的説明をして、宣言的知識を学習者に与える。
(2) その文型の練習をすることによって、明示的に教えられた宣言的知識を使う。
(3) コミュニケーション活動を通して、その文型を使うスピードが早くなり、自動化の方向へ動く。

というふうに、Anderson の ACT モデルは現場の日本語教育の伝統的な授業の流れとほぼ一致していることが分かる。

ここでも、この2つの知識のインターフェイスに関して、研究者の間で主張が分かれる。Paradis(2009)は、我々は宣言的知識にはアクセスできるが、手続き的知識にはアクセスできないし、宣言的知識と手続き的知識はインターフェイスしないと述べている。また、最近の研究では、N. Ellis(2011)が宣言的知識と手続き的知識とでは、脳の活性化する領域が異なり、宣言的知識と手続き的知識が脳に取り入れられる神経回路も異なるという主張を

行っている。宣言的知識が発話を繰り返し、リハーサルすることによって、手続き的知識になるという Anderson の ACT モデルは、我々日本語教育の現場にいる者にとっては、とても分かりやすく納得の行くものであるが、次に見るように、最近の脳科学の研究結果はそれを支持していないようである。

7. 脳科学の知見

A. Ellis and Young(1988)は、脳損傷の研究から脳における明示的学習／記憶の領域と暗示的学習／記憶の領域とは異なっていると主張している。つまり、明示的学習が行われる領域ならびにその結果記憶される領域と、暗示的学習が行われる領域ならびにその結果記憶される記憶の領域とは異なるという。

同じく脳科学の研究者である Eichenbaum(2002)、Frackowiak ら(2004)も、脳波(electro-encephalogram)、脳電位を測定したり、機能的磁気共鳴画像法(functional magnetic resonance imaging、fMRI)を駆使して脳の代謝を測定した結果、明示的知識と暗示的知識は脳の異なる部位に収まっており、インターフェイスしないと報告している。つまり、明示的知識が最終的に練習を通して、暗示的知識になるのではなく、明示的知識と暗示的知識は、脳の異なる部位に収まっており、インターフェイスしないということである。N. Ellis(2006a、2006b)も明示的学習と暗示的学習は異なるプロセスで、明示的記憶と暗示的記憶もそれぞれ脳の異なる部位に貯蔵されると主張している。

これら最近の研究結果が正しいとすると、30年以上も前に出された Krashen の「学習と習得の仮説」(ノンインターフェイスの立場)は反発も多かったが、最終的に正しかったということになるのではないだろうか。N. Ellis(2005)、N. Ellis and Larsen-Freeman(2006)も同じくノンインターフェイスの立場を行っている。

8. 明示的知識／暗示的知識とインプットとインテイクとの関係

　次に、2つの知識とインプットとインテイクとの関係を見ていく。インプットとインテイクに関して、Paradis(2009)は非常に分かりやすい比喩で説明している。それは、インプットは、音声または文字で客観的で明示的に意識することができ、気づくこともでき、それが明示的知識となって記憶されるとする。空気と呼吸に喩えれば、空気は我々の目には見えないけれども空気を吸っている時は、吸っていることが意識できる。一方、インテイクは暗示的で客観的には意識できず、気づきもされない。知らないうちに取り込まれ、暗示的知識となって記憶されるとする。空気と呼吸の喩えを続けると、空気を吸うことは意識できるが、吸った空気の中にある酸素が肺へ取り込まれる様子は我々には意識できない。が、酸素は確実に肺に取り込まれている。このような例をあげて、Paradisは、インプットは気づくことは可能だが、インテイクは気づきもしないうちに取り込まれていると説明している。

　我々は日本語の授業で、または調査などで、学習者にどうしてここで「に」を使ったのかとか「たら」を使ったのかとか尋ねることがあるが、それは学習者が自分で意識できる知識、つまり、言語化可能な明示的知識にアクセスするように促していることになるが、意識できない暗示的知識にアクセスするように促していることにはならない。また、授業で明示的指導を受けて習った文法項目が日本人との会話の中で出てきた時に、「あ、これ、授業で習った文型だ」と気づくが、このような意識的な「気づき」も明示的知識と関係して、意識的に気づかない暗示的知識と関係しているわけではないことになる。「気づき」というとSchmidt(1994)のインプットの中にある項目に気づいた時にのみ学ぶという「気づき仮説(Noticing Hypothesis)」が思い出されるが、これも「気づく」ということから言うと、気づいたものは明示的知識として記憶され、暗示的知識として記憶されるわけではなく、暗示的知識には影響を与えないことになる。

　N. Ellis(1994, 2002)は、潜在的な構造に関する情報は、意識的な操作、作

用無しに起こるプロセスを通して暗示的に獲得されるとする。また、N. Ellis(2008)では、インテイクはインプットの一部(subset)ではないとし、言語教授における明示的なメタ言語知識や学習者の気づき、さらには、仮説設定、仮説検証などは、インプットの表層上の要素に関するもので、明示的知識の増加には繋がるが、それらはインテイクにならず、繰り返し聞く多量(frequency)のインプットの中に潜んでいる抽象的な構造がインテイクされると主張する。

以下、明示的知識／暗示的知識とインプット／インテイクとの関係をまとめると、
(1) インプットとインテイクは直接繋がらず、レベルが異なるものであること、つまり、インプットは表層的なレベルのもので、インテイクはその背後に潜んでいる抽象的なレベルのものである。さらに、
(2) 表層的なインプットから得られる知識は明示的知識の一部になり、暗示的知識には直接繋がらない。
(3) インテイクされる潜在的で抽象的な構造の知識が暗示的知識となって記憶される。

ということになる。

9. プロフィシェンシーの意味

日本語教育の目標の1つは学習者に日本語の運用能力をつけさせること、学習者が自由に日本語が使えるように指導することであろう。別の表現をすると、日本語のプロフィシェンシーを付けることと言ってもいいであろう。

9.1 OPIにおけるプロフィシェンシーの意味

牧野(2008: 19)によると、OPIにおけるプロフィシェンシーは、「ある技能が求めるタスク(課題)の中で今どんなことが「できるか」という「できること」の束で示す熟達度」というふうに定義されている。つまり、OPIにおけるプロフィシェンシーは、どこまで「できる」かという程度を表わしていると言えよう。

9.2　第二言語習得研究におけるプロフィシェンシーの意味

　第二言語習得研究におけるプロフィシェンシーの定義は、ほとんどの応用言語学や第二言語習得の用語辞典には出ていないが、坂本(2009: 25)では、「プロフィシェンシーとは、(様々な知識を有することを前提として、その)知識を正しく、適切に、一貫性を持って、理解、産出の両面で処理する能力の程度を示す。」と定義している。つまり、処理する能力、処理速度の観点からの定義である。坂本は、Taylor(1988)のコミュニケーション能力の3分法(コンピテンス、プロフィシエンシー、パフォーマンス)を用い、これと「読む、聞く、話す、書く」の4技能との関係を示しているが、これによると、プロフィシェンシーは各技能に関する様々な知識(competence)をいかにスムーズに使用して、つまり、いかに早く処理して、パフォーマンスに繋げるかという機能を持っていることが分かる。

　更に、Paradis(2009)では、プロフィシェンシーは、通常正確さ(accuracy)とfluency(流暢さ)で計られるという。ここでいう正確さとは、その言語の母語話者の文法との類似度のことで、流暢さ(fluency)とは、不要なポーズの無さ、言葉へのスムーズなアクセスと使用となっている。言葉へのスムーズなアクセスという点で坂本との共通点が見られる。

10.　プロフィシェンシーと明示的知識・暗示的知識と自動化の関係

　これまで、明示的知識と暗示的知識の比較、その関係、インプットとインテイク、そして、プロフィシェンシーについて見てきたが、ここでは、明示的知識、暗示的知識の活用の度合いと自動化の関係について考える。学習者が身につける知識は、明示的知識と暗示的知識で構成されているが、どのような言語環境で身につけるかによって、その知識の内容は変わるであろう。ここでは外国語としての初級の日本語教育を考えることにする。教師が明示的教授を行い、学習者は明示的学習を通して、明示的知識を構築する。明示的知識が増えていくと同時に学習者本人が気づかないうちに身に付ける暗示的知識も徐々についていく。最初は意識的に明示的知識にアクセスしながら

言語運用をしているが、何度もアクセスしていくうちに、明示的知識にアクセス、依存する程度が減少して、それに反比例するように処理速度が増していき、自動化が進み、プロフィシェンシーもついていく。その流れと同時並行して、もう1つの流れが進行している。それは間接的に進行する無意識で偶発的な知識である暗示的知識である。暗示的知識が増すにつれて、処理速度もスピードアップし、自動化も進み、プロフィシェンシーも同時についていく。

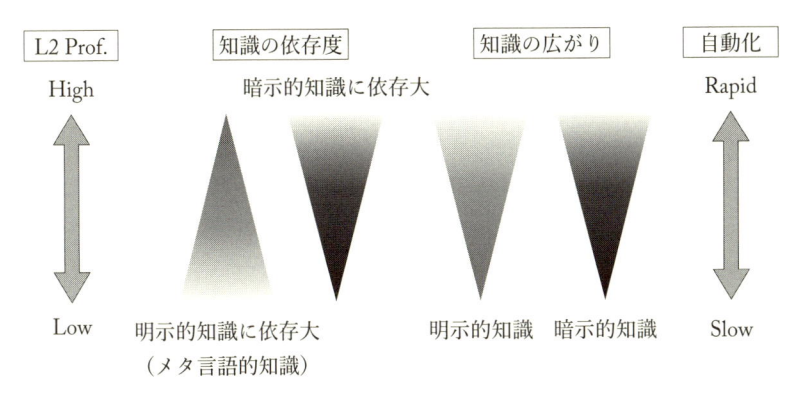

図1 プロフィシェンシーと明示的／暗示的知識と自動化の関係

ここで、注意しなければならないことは、明示的知識が暗示的知識に繋がるわけではないということから、明示的知識はどれだけ自動化が進み、プロフィシェンシーがついても、それはやはり明示的知識であるということだ。明示的知識にアクセスはしているのだが、何度も繰り返しアクセスし、使っているうちに、そのアクセスもほとんど無意識に瞬間的にできるようになり、あたかも暗示的知識になったかのように見えるだけで、明示的知識にアクセスし瞬時に高速処理をしている状態だと言える。Paradis(2004)は暗示的知識は明示的な知識を手続き化したものではないと述べているが、明示的知識と暗示的知識とが異なる知識であるという考えからすれば当然の帰結であろう。

11. プロフィシェンシーを伸ばすための方法

　これまでの議論を基にして、日本語のプロフィシェンシーをつけるための方法を考えてみよう。1つは明示的知識からスタートして、発話練習の中で意識的に何度もアクセスし、アクセスの処理速度を上げて、プロフィシェンシーを高めるという方法であり、もう1つは、L1習得の方法を活用し、意味のあるコミュニケーション活動を通して、多量のインプットに触れ、無意識に暗示的知識をつけ、プロフィシェンシーをつけていく方法である。

　教室環境で学び始めて、明示的指導を受けて明示的知識をつけ、高いプロフィシェンシーを身に付けた学習者は、ほとんど自動的にアクセスできる明示的知識と無意識的かつ偶発的に身に付け、自動的にアクセスできる暗示的知識を持つ、ハイブリッド使用者ではないだろうか。普段は明示的知識と暗示的知識に瞬間的にアクセスしているが、構文的に難しいものを使う時などは、少し時間をかけ、明示的知識にアクセスし、確認しながら言語処理を進めていく。DeKeyser(1998, 2001)も学習者がコミュニケーション上で何か問題に遭遇すると、明示的知識に意識的にアクセスすると述べている。

　KrashenはNatural Approachを唱え、文法指導を教室から排除しようとしたが、メタ言語的説明を通して明示的知識を学習者に提供することから始めても、高いプロフィシェンシーを持つ学習者に導くことは十分可能であるし、また、高いプロフィシェンシーは十分なコミュニケーション活動を通して、暗示的知識をつけることによっても可能なのである。Roehr(2008)は、L2のプロフィシェンシーと明示的メタ言語知識には強い相関があると述べているが、これも納得の行く結果であろう。

　明示的知識と関係があるフィードバックに関して少し言及しておこう。教室で普通に行われていることだが、学習者の産出した誤用に対して教師は何らかの否定証拠を与えている。この否定証拠は学習者に自分の産出したものに誤りがあったり、誤用と正用にギャップがあったりすることに気づかせる役目を持っている。否定証拠を与えることはそれまでに構築された学習者言語にある明示的知識を訂正し、正しい形式に導くことには貢献するが、L2の暗示的知識の変化へとは導かない(White 1992)。これは、誤用訂正の

フィードバックは学習者に明示的知識の修正は要求できても、暗示的知識の修正までは影響しないということであろう。しかし、上述したように高いプロフィシェンシーを身に付けることは、フィードバックを受けることによって明示的知識を修正し、発話の中で繰り返し使用し、自動的にアクセスできるようになるまで練習を積んでいけば、十分可能なのである。

12. まとめ

以下、これまでの論点をまとめる。
(1) 明示的知識と暗示的知識は別物である。その知識を得るプロセスも異なる。
(2) プロフィシェンシーは、暗示的知識、または、明示的知識＋自動化で、ついていく。
(3) 気づきは明示的知識と関係するが、暗示的知識とは直接関係しない。
(4) 教室環境で学んで、高いプロフィシェンシーを身につけたL2話者は、明示的知識と暗示的知識のハイブリッド使用者であり、難度の高い構文を使う時には、ある程度時間をかけて明示的知識にアクセスするなど、その必要性に応じ、明示的知識と暗示的知識へのアクセスを使い分けている。

インプットから学習者の中間言語の知識構造ができるまでの流れを図示する。

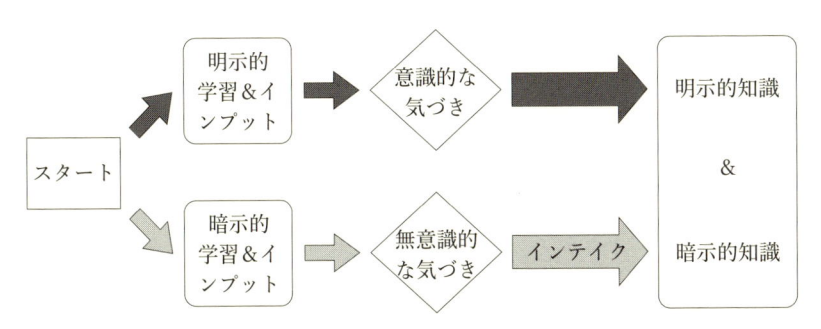

図2 インプットから学習者の中間言語の知識構造ができるまで

13. 今後の課題

以下のような課題が残ってるが、今後の研究を待ちたい。
（1）明示的知識、または、暗示的知識を測る、妥当性のある評価方法とはどういうものか？
（2）明示的教授法では明示的知識しか導かないのか？ 逆に、暗示的な学び方では暗示的知識しか導かないのか？
（3）明示的知識と宣言的知識、暗示的知識と手続き的知識はそれぞれどういう点で異なっているのか。

参考文献

Anderson, John R.（1983）*Structural Aspects of Cognition*, Cambridge, MA: Harvard University Press.

Anderson, John R.（1988）Acquisition of Cognitive Skill. In A. M. Collins and E. E. Smith（eds.）*Readings in Cognitive Science: A Perspective from Psychology an Artificial Intelligence*, pp. 362–380. San Francisco: Morgan Kaufmann Publishers Inc.

Anderson, John R.（1992）Automaticity and the ACT-super（*）Theory. *American Journal of Psychology* 105: pp. 165–180.

Anderson, John R.（1996）ACT: A Simple Theory of Complex Cognition. *American Psychologist* 51: pp. 255–265.

Bialystok, Ellen.（1978）A Theoretical Model of Second Language Learning. *Language Learning* 28: pp. 69–84.

Bialystok, Ellen.（1982）On the Relationship between Knowing and Using Linguistic Forms. *Applied Linguistics* 3: pp. 181–206.

DeKeyser, Robert.（1998）Beyond Focus on Form: Cognitive Perspectives on Learning and Practicing Second Language Grammar in Catherine Doughty and Jessica Williams（eds.）*Focus on Form in Classroom Second Language Acquisition*, pp. 42–63. Cambridge: Cambridge University Press.

DeKeyser, Robert.（2001）Automaticity and Automatization. In Peter Robinson（ed.）*Cognition and Second Language Instruction*, pp. 125–151. Cambridge: Cambridge

University Press.

DeKeyser, Robert. (2003) Implicit and Explicit Learning in Catherine Doughty and Michael H. Long (eds.) *Handbook of Second Language Acquisition*, pp. 313–349. Maiden, MA: Blackwell.

Doughty, Catherine. (1991) Second Language Instruction Does Make a Difference: Evidence from an Empirical Study on SL Relativization. *Studies in Second Language Acquisition* 13: pp. 431–469.

Eichenbaum, Howard. (2002) *The Cognitive Neuroscience of Memory*. New York: Oxford University Press.

Ellis, Andrew W., and Andrew W Young. (1988) *Human Cognitive Neuropsychology*. London: Lawrence Erlbaum Associates.

Ellis, Nick C. (1993) Rules and Instances in Foreign Language Learning: Interactions of Explicit and Implicit Knowledge. *European Journal of Cognitive Psychology* 5: pp. 289–319.

Ellis, Nick C. (1994) Implicit and Explicit Processes in Language Acquisition: An Introduction. In Nick C. Ellis (ed.) *Implicit and Explicit Learning of Languages*, pp. 1–32. San Diego, CA: Academic Press.

Ellis, Nick C. (2002) Frequency Effects in Language Processing. *Studies in Second Language Acquisition* 24: pp. 143–188.

Ellis, Nick C. (2005) At the Interface: Dynamic Interactions of Explicit and Implicit Language Knowledge. *Studies in Second Language Acquisition* 27: pp. 305–352.

Ellis, Nick C. (2006a) Language Acquisition as Rational Contingency Learning. *Applied Linguistics* 27 (1): pp. 1–24.

Ellis, Nick C. (2006b) Selective Attention and Transfer Phenomena in SLA: Contingency, Cue Competition, Salience, Interference, Overshadowing, Blocking, and Perceptual Learning. *Applied Linguistics* 27 (2): pp. 1–31.

Ellis, Nick C. (2008) The Dynamics of Second Language Emergence: Cycles of Language Use, Language Change, and Language Acquisition. *The Modern Language Journal* 92: pp. 232–249.

Ellis, Nick C. (2011) Implicit and Explicit SLA and Their Interface. In Cristina Sanz and Ronald P. Leow (eds.) *Implicit and Explicit Language Learning*, pp. 35–47. Washington, D. C.: Georgetown University Press.

Ellis, Nick C. and Larsen-Freeman, Diane. (2006) Language Emergence: Implications for Applied Linguistics — Introduction to the Special Issue. *Applied Linguistics* 27: pp. 558–

589.

Ellis, Rod.（1994）*The Study of Second Language Acquisition.* Oxford: Oxford University Press.

Ellis, Rod.（2008）Explicit Form-Focused Instruction and Second Language Acquisition. In Bernard Spolsky and Francis M. Hult（eds.）*The Handbook of Educational Linguistics,* pp. 437–455. Oxford: Blackwell.

Frackowiak, Richard S. J., Karl J. Friston, Christopher D. Frith, Raymond J. Dolan, Cathy J. Price, Semir Zeki, John T. Ashburner, and William D. Penny（eds.）（2004）*Human Brain Functions.* 2nd ed. London: Academic Press.

Krashen, Stephen D.（1981）*Second Language Acquisition and Second Language Learning.* Oxford: Pergamon Press.

Krashen, Stephen D.（1982）*Principles and Practice in Second Language Acquisition.* New York: Pergamon Press.

Krashen, Stephen D.（1994）The Input Hypothesis and its Rivals in Nick Ellis（ed.）*Implicit and Explicit Learning of Languages,* pp. 45–77. London: Academic Press.

Krashen, Stephen D.（2003）*Explorations in Language Acquisition and Use: The Taipei lectures.* Portsmouth, NH: Heinemann.

Paradis, Michel.（2004）*A Neurolinguistic Theory of Bilingualism.* Amsterdam: John Benjamins.

Paradis, Michel.（2009）*Declarative and Procedual Determinants of Second Languages.* Amsterdam: John Benjamins.

Reber, Arthur S.（1976）Implicit Learning of Synthetic Languages: The Role of Instructional Set. *Journal of Experimental Psychology: Human Learning and Memory* 2: pp. 88–94.

Robinson, Peter.（1996）Learning Simple and Complex Rules under Implicit, Incidental Rule-Search Conditions, and Instructed Conditions. *Studies in Second Language Acquisition* 18: pp. 27–68.

Roehr, Karen.（2008）Metalinguistic Knowledge and Language-Analytic Ability in University-Level L2 Learners. *Applied Linguistics* 29: pp. 173–199.

Rosa, Elena. and Michael D. O'Neill.（1999）Explicitness, Intake, and the Issue of Awareness: Another Piece to the Puzzle. *Studies in Second Language Acquisition* 21: pp. 511–553.

Schmidt, Richard.（1994）Deconstructing Consciousness in Search of Useful Definitions for Applied Linguistics. *AILA Review* 11: pp. 11–26.

Schwartz, Bonnie.（1993）On Explicit and Negative Data Effecting and Affecting Competence and Linguistic Behaviour. *Studies in Second Language Acquisition* 15: pp. 147–163.

Shook, David J.（1994）FL/L2 Reading, Grammatical Information, and the Input-to-Intake Phenomenon. *Applied Language Learning* 5: pp. 57–93.

Taylor, David S. (1988) The Meaning and Use of the Term 'Competence' in Linguistics and Applied Linguistics. *Applied Linguistics* 9: pp. 148–168.

White. Lydia. (1992) On Triggering Data in L2 Acquisition: A Reply to Schwartz and Gubala-Ryzak. *Second Language Research* 8: pp. 120–137.

坂本正(2009)「第二言語習得研究の視点から」鎌田修・山内博之・堤良一編『プロフィシェンシーと日本語教育』pp. 21–32. ひつじ書房.

牧野成一(2008)「OPI、米国スタンダード、CEFRとプロフィシェンシー」鎌田修・嶋田和子・迫田久美子編『プロフィシェンシーを育てる―真の日本語能力をめざして』pp. 18–37. 凡人社.

コミュニカティブ・アプローチと日本語らしさ

畑佐由紀子

要　旨

　コミュニケーション能力の育成には、実際の会話場面で起こり得る会話をさせるべきだという考え方は、コミュニカティブ・アプローチの基本的理念である。しかし、近年コミュニカティブな会話をさせるだけでは、言語項目の習得に不十分であり(Ellis 2008)、必ずしも自然な発話につながらない(Wray 2008)という指摘がなされている。そこで、本論では、コミュニケーション能力と指導の在り方について再考する。まず、コミュニケーション能力とその構成要因、そしてコミュニカティブな指導について再確認し、その効果について先行研究をもとに考察し、コミュニケーション能力を向上させる指導上の課題について考える。

キーワード：コミュニケーション能力、CLT、タスク、定式表現、FFI

1.　はじめに

　コミュニケーション能力の重要性が主張されてから既に40年以上たつ現在、この能力の重要性について異論を唱える者はないであろう。しかし、コミュニケーション能力を構成する知識や能力、それを育成する指導法について、教師の意見は必ずしも一致していないと思われる。筆者は、日本語の教科書を執筆中、米国中の様々な現場で働く日本語の先生方から多くの貴重なコメントを頂いた。その中で、興味深く、また、試行錯誤を要したのは、何を教えるべきかに関する考え方が教師間で大きく異なる点であった。例えば、「文型練習が少なすぎる」、「正式に導入していない言葉を練習に使うべ

きではない」といった意見もあれば「文型練習はいらない。コミュニカティブな活動を増やすべきだ」という意見も多く寄せられた。このような意見の食い違いは、語彙導入の仕方、文型導入の順番、文法の説明の仕方、聴解問題のタイプなど、多岐にわたった。

もし本当にコミュニケーション能力の構成要因に関する理解にずれが生じているとしたら、学習者のコミュニケーション能力を評価したり、カリキュラム開発をしたりする上で問題が生じる可能性も考えられる。そこで、本論文では、コミュニケーション能力の定義を再確認するとともに、コミュニカティブな指導について先行研究からの知見をもとに考察する。

2. コミュニケーション能力とは

「コミュニケーション能力」という概念は、言語学理論が当てはまる範囲を、完全な単一言語社会で、記憶、注意、興味や言い間違いなどの影響を受けず完璧な言語を話す理想的な話者の言語能力(linguistic competence)に限定したChomsky(1965)の批判から始まった。Hymes(1972)は、言語が社会文化的規則によって規則化されることを示し、言語の規則性はChomskyがランダムだとして理論的枠組みから外したperformanceでも起こると述べた。また、幼児は社会的言語使用経験を通して「何が正しいか」だけではなく「何が適切か」も習得するとし、言語学理論が目的とすべきは普遍文法のような狭義のものではなく、コミュニケーション能力(communicative competence)の解明であると主張した。

Hymes(1972)は、「コミュニケーション能力」とは様々な言語使用場面において、いつ話すか、話さないか、そして、いつどこでだれに何をどのように言うかについての知識であると定義した。そして、適切さの判断と言語コードの選択をするためには、社会的文化的知識が必要不可欠であると述べた。

一方、第二言語(L2)においては、指導や評価の観点から、コミュケーション能力を構成する知識や能力を考える試みがなされた。例えば、外国語教育と評価の観点からCanale and Swain(1980)はコミュニケーション能力を、言

語能力(grammatical competence)、社会言語能力(sociolinguistic competence)そしてストラテジー能力(strategic competence)に分類した。Canale(1983)は社会言語能力を更に言語能力と談話能力に分け、言語、社会言語、談話、ストラテジーの4つの下位能力に分類した。ここでいう言語能力とは、主として音声、音韻、形態素、語彙、統語構造、表記などの言語知識が含まれる。一方、社会言語能力とは、様々な言語使用場面で適切に言語を運用する能力で、それぞれの場面で適切な意味内容を伝達し、言語機能を遂行するとともに、適切な表現を使用して産出・理解する能力が含まれる。談話機能とは、まとまったテキストあるいは談話を産出し、理解する能力であり、テキストのジャンル、談話構成、ターン交替の他、指示表現、代名詞、繰り返し、類義語、反意語、省略等を適切に使い、結束性のある談話やテキストを作り上げる能力である。最後に、ストラテジー能力とは、コミュニケーションを円滑かつ効果的に勧めるための能力であり、言い換えや確認要求や相手に助けを求めるストラテジーなどが入る。

Bachman and Palmer(1996, 2010)は、評価法の立場から言語知識(language knowledge)を、構成的知識(organizational knowledge)と語用論的知識(pragmatic knowledge)に分類した。

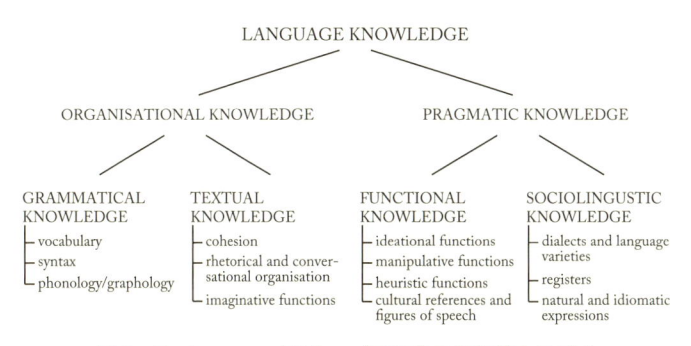

```
                        LANGUAGE KNOWLEDGE
                      /                    \
         ORGANISATIONAL KNOWLEDGE        PRAGMATIC KNOWLEDGE
           /            \                  /              \
 GRAMMATICAL        TEXTUAL          FUNCTIONAL        SOCIOLINGUISTIC
 KNOWLEDGE          KNOWLEDGE        KNOWLEDGE         KNOWLEDGE
 — vocabulary       — cohesion       — ideational      — dialects and language
 — syntax           — rhetorical and   functions         varieties
 — phonology/        conversational  — manipulative    — registers
   graphology        organisation     functions        — natural and idiomatic
                    — imaginative    — heuristic         expressions
                     functions        functions
                                    — cultural references and
                                      figures of speech
```

図1　Bachman and Palmer(1996)の言語能力モデル

構成的知識は、言語知識やテキスト知識[1]から成り、正確な文や発話によって結束性のあるテキストや談話を構成する能力を指す。語用知識とは言語使用場面において適切な意味や発話者の意図を正しく表現する知識であり、そ

の下位分類には、Halliday(1973)の言語機能からなる機能的知識と社会言語学的知識がある。このモデルでは、ストラテジー能力は言語能力の一部ではなく、言語能力、トピックに関する知識、話者個人の特性を基にコミュニケーションの目的を定めるストラテジーや、その行動に合う選択肢を選び、評価し、計画するストラテジーを含むメタ認知ストラテジーを指し、言語を超えた能力として位置づけられている。

　Celce-Murcia(2007)では、コミュニケーション能力は、構成する能力を階層構造ではなく、相互に関係し合うものとしてとらえ、図2のようなモデルを提示している。

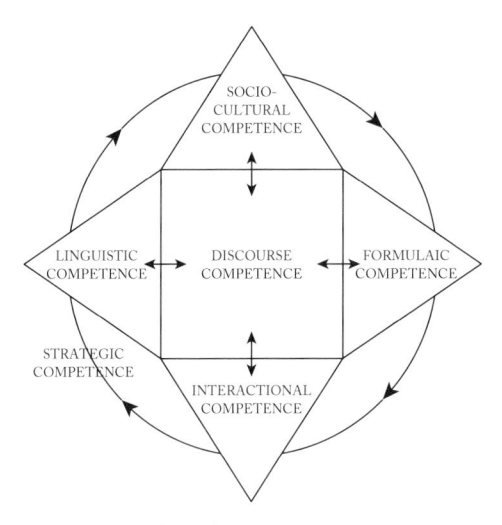

図2　Celce-Murcia(2007)のコミュニケーション能力モデル

　このモデルでは、言語能力、談話能力、社会文化能力(sociocultural competence)、フォーミュラ能力、インターアクション能力、ストラテジー能力からなる。Celce-Murcia(2007)の社会文化能力には、社会言語能力以外に文化的背景情報も含まれる。また、フォーミュラ能力とインターアクション能力は先行研究では扱われていない能力であり、フォーミュラ能力は、定式表現、慣用句、そして強い共起関係を持つ表現を使いこなす能力である。インターアクション能力は、発話行為の遂行や発話行為の組み合わせ、ターン交

替、非言語行動を使いこなす能力である。Celce-Murcia(2007)のストラテジー能力には、言語習得に関わる、認知ストラテジー、メタ認知ストラテジー、記憶ストラテジー(Oxford 2001)などが含まれる。

　Segalowitz(2010)はコミュニケーション能力があるというためには、これらの能力について知識があり使えるだけでは不十分であり、産出・受容における流暢さを獲得しなければならないとしている。例えば、高度な言語能力を獲得しても、談話能力や社会言語能力が低ければ、文脈に合う適切な言語コードを選択するのに時間がかかり、適当なタイミングで対応をすることはできない。同様に、相手の発話意図を瞬時に解釈できなければ、コミュニケーションは成り立たないのである。

　このコミュニケーション能力の習得を促すためのアプローチがコミュニカティブな言語指導(CLT)である(Wilkins 1976; Johnson and Morrow 1981)が、CLT は特定の教授法を指しておらず、何をもってコミュニカティブな教え方とみなすかは意見が分かれる。例えば、ペアワークをすればコミュニカティブだとか、ナチュラルアプローチと同義であるといった混同もみられる(小柳 2005)。Thompson(1996)は CLT が定着している ESL においても、(1)CLT では文法を明示的に教えない、あるいは、CLT は口頭産出能力のみを焦点としている、(2)CLT のペアワークはロールプレイのようなフォローアップに用いられる、(3)CLT では教師の負担が大きいといった執拗な誤解がある、と述べている。そこで、次節では、CLT の特徴について振り返り、その効果について考察する。

3.　コミュニカティブな言語指導(CLT)

3.1　CLT の特徴

　Nunan(1991)は CLT の特徴を次のようにまとめている。(1)L2 でのインターアクションを通してコミュニケーションができるようにすること、(2)生教材を用いること、(3)言語だけではなく学習者の注意を学習過程の管理に向けさせること、(4)学習者の個人的経験を利用すること、(5)教師内学習と教室外での言語使用を連結することである。また、Richards(2006)は、

今日の CLT の特徴について、(1)L2 習得は意味のある言語活動に参加することで支援される、(2)効果的な授業活動は、意味のある言語活動への参加を促し、意味交渉や様々な言語資源の活用、言語使用に対する気づきを促す、(3)意味のあるコミュニケーションは、学習者にとって関連性が高く、目的があり、興味深く、参加したくなる情報の処理から生まれる、(4)多くのコミュニケーションは、複数の言語スキルとモードを必要とする総合的過程である、(5)言語習得は、言語の運用規則を帰納的に発見する活動と、演繹的に分析する活動を用いることで促進される、(6)言語習得は、創造的に言語を運用し、試行と失敗を経ることで促進され、誤用は学習過程で必然的に起こるが、最終目標は正確かつ流暢な運用である、(7)学習者ニーズや学習動機、学習のペースは異なるから、学習者は自分の学習の方向性と過程を管理する必要がある、(8)言語学習に成功するには効果的なコミュニケーション・ストラテジーと学習ストラテジーの運用が必要である、(9)教師は、学習者が自分の言語使用や学習過程を振り返りながら言語を運用できる機会を与え、学習しやすい教室環境を作る世話人である、(10)教室は学習者が協働的に学習するコミュニティである。

　上の特徴から分かるように、CLT では、学習者が主体となり、自分にとって役立つ意味ある言語活動に協働学習の一員として参加し、正しく適切な言語使用や学習過程に注意を向けながら、自分の学習を進めると言える。そのため、教師は学習の支援者の役割を果たし、学習者の学習動機、実際の言語使用場面、場面における参加者の役割、使用場面で実際に学習者が参加する可能性が高い活動、その活動で言語を使って果たす機能、トピック、言語項目とそのバラエティ、そして談話構造などを考え、教室外の言語活動を教室内の活動を連結させた指導計画を立てることが求められる。また、4技能を多角的に用い、学習者が既習知識を使って言語を使用する機会を増やし、正確さと流暢さを伸ばす機会を与えることも重要である。

3.2　CLT の妥当性

　CLT は学習者の学習動機や実際の言語使用に配慮したアプローチであることから、対象言語や文化に対する興味、そして学習意欲を高める効果があ

る(Dörnyei 1998)。また、CLT で用いられる協働作業では、言い換え、コード・スイッチング、ジェスチャーの使用、明確化要求など様々なコミュニケーション・ストラテジーが用いられることが分かっている(Kasper and Kellerman 1997)。更に CLT では、意味のある言語活動をすることで談話能力、言語能力、社会能力が習得できると考えられている。しかし、これらの習得効果については、課題も指摘されている。

3.2.1　CLT と談話能力

　CLT の談話能力における効果については、授業中の教師主導型での学習者の発話と協働作業での学習者の発話の比較研究から、ペアワークやグループワークでは教師主導型の活動より複雑になることが分かっている。教師主導型の活動では、学習者の発話内容、形式、ターンが教師によってコントロールされがちである(Markee 2000)。また、教師は答えが分かっている質問をすることが多く、しかも即答を求める傾向が強い。その結果、教師主導型の活動では(1)のような initiation、response、follow-up という 3 つのターンからなる短い談話構造(IRF 構造)が大半を占める(van Lier 1988; Ohta 1999, 2001)。

（1）　T：サリーさんの部屋はどうですか。
　　　S：とても静かです。
　　　T：とても静かです。そうですか。

　Ohta(1999)は IRF 構造の約 97％が教師の発話であり、学習者が同調やコメントをするターンはほとんどなく、したがって、教師主導型の授業では学習者の談話能力の習得が困な可能性があると指摘している。
　一方、ペアワークやグループワークでは、談話構造がより複雑になることが示されている(Keck et al. 2006)。例えば、Pica and Doughty(1985a, 1985b)では、タスク達成に情報交換が必要なペアワークは、教師主導型活動よりインターアクションの修正や複雑さが向上するという結果を得た。しかし、どのようなペアワークでも談話構造が複雑になるわけではない。例えば、畑

佐・藤原(2011a)では中・上級の日本語の授業のペアワークで、言語コードがコントロールされている(自由度低)活動とされていない(自由度高)活動を比較したところ、自由度高の方が自由度低よりも、発話が長く複雑になっていたと報告している。一方、畑佐・藤原(2011b)によると、文型練習をペアでやらせるような活動では談話構造が教師主導型と酷似しており、複雑にはなっていなかった。Ellis(2008)は、このような文型練習を応用したペアワークは exercise でありタスクではないとしている。文型練習としてのペアワークは、インフォメーション・ギャップはあるが、学習者は特定の文型を練習しているという意識が強く、意味のある情報交換でない。タスクであるためには、学習者の焦点は、コミュニケーションの目標と意味に向かわなければならず、意味を正しく伝えるため、学習者が必然的に正しい言語形式を選択させられる活動がタスクであるとしている。つまり、ペアワークは学習者の談話能力の習得を効果的に上げ得るが、そのためには、exercise ではなくタスクを用いる必要があると考えられる。

3.2.2　CLT と言語能力

　意味のある会話をするだけでは、習得できない言語項目があり、理解力、語彙力、流暢さやは伸びても、不正確な発話のまま化石化してしまう傾向がある(Schmidt 1983; Swain and Lapkin 1982)。そこで、Swain(1985)は、正確さを維持しながらコミュニケーション能力を高めていくためには、学習者は理解可能なアウトプットを産出する必要があると主張した。理解可能アウトプットを産出するために、学習者は自分の能力と正しい発話とのギャップに注目し、言語形式を分析し、仮説を立て発話を構築し、聞き手からフィードバックをもとに発話の正誤性をテストすることができる、その結果、より正しく適切な発話を習得する。

　先述したように、教師主導型の授業では、教師の指示のもとに正確なアウトプットをさせられるが、学習者自身が独力で理解可能なアウトプットを産出する機会は限られている。一方、ペアワークでは、意味交渉を通して、発話修正を行う可能性が高くなる。しかし、先にも述べたように、会話をしているだけでは不十分である。Ellis(1992)は教室内では学習者同士がお互いを

よく知っているため、正確に話さなくても意思疎通が容易で、正確さに注意を払わないと指摘している。また、Williams(1999)は授業中にどの程度学習者が自発的に言語形式に注意を向けるかを調査したが、その結果、初級中級学習者が言語形式にほとんど注意を向けなかったこと、そして、レベルに関係なく学習者が注意を向けるのは語彙であって、文法には注意を向けなかったことを報告している。畑佐・藤原(2011b)では、教師主導型の授業では持続的発話が少なく、複雑さも下がったが正確さは向上していた。そして、ペアワークでは正反対の傾向があった。更に、中級学習者はペアワーク中の発話の問題の78%に、上級では80%に気が付かなかった。また、気が付いた問題のほとんどは語彙であり、統語構造には注意を向けていなかった。更に、学習者によっては、同じ文法の誤用の繰り返しが頻発し、化石化につながる可能性も示唆された。

　これらの問題を解決すべく、近年Form-Focused Instruction(FFI)が提唱されている(Ellis 2008)。FFIはCLTのフレームワークの中で学習者の注意をコミュニケーションと言語形式の両方に向けさせる指導法であり、文法説明(Klapper 2003)やインプット強化(Leow et. al. 2003)、訂正フィードバック(Egi 2007; Lyster and Saito 2010)、タスク活動(Robinson 2007, 2011; Iwashita 1999)など、授業の様々な活動について研究が行われている。これらの研究から、CLTでは、コミュニカティブな活動をしながら、学習者の注意を意味と言語形式に向けることは可能なこと、また、そうすることで、言語能力の習得効果が期待できることが明らかになりつつある。例えば、言語コードが指導の焦点の授業では、リキャストのような暗示的フィードバックが効果的である(Lyster and Mori 2006)ことや、文法説明は即時的効果あるが、持続しにくいことなどが分かっている(Ellis 2008)。

3.2.3　CLTと社会言語能力

　社会言語能力については教室環境での習得(Cook 2001)や発話行為の使用(Shimizu 2009)を調査した研究や、語用の指導効果の調査などがなされている(Ishihara and Cohen 2010; Tateyama 2009)。これらの先行研究は、概ね教室では語用指導が十分でなく、明示的指導が必要であると主張するか、明示

的指導の効果を報告するものが多い。しかしながら、これらの研究では、学習者が受けている授業がCLTを採用しているのかどうか定かではない。大関(2010)では、多くの日本語教育機関において、文法シラバスにコミュニカティブな要素を取り入れていくという形態の授業を行っていると述べられているが、日本語の初級学習者を対象とした研究の場合、CLTとは関係ない可能性があり、CLTの社会言語能力の習得効果について調査した研究は少ないと推察される。

Shimizu(2009)は、英語を母語とするJSLとJFL学習者の「褒め」に対する回答を談話完成テスト(DCT)を用いて比較したところ、JFL学習者の方がJSL学習者より適切な対応ができていた。Shimizuは、外国語の授業ではこの発話行為が明示的に指導されていたからだとしている。一方、Cook(2001)では、仕事の面接の場面での発話の適切さ評価タスクにおいて、母語話者が最も話し方が不適切だと判断した話者を80%以上の学習者が選択していた。また、石田(2005)はJFL学習者が相槌の「ええ」を応答詞と誤解する傾向が強いことを実験的に検証した。

以上のことから、発話行為など明示的に教えられるものは、指導法やアプローチにかかわらず、習得効果が期待できるが、発話意図やニュアンスなど形式から分かりにくい社会言語的能力については効果的な指導がなされていないと言える。

3.2.4 CLTとフォーミュラ能力

フォーミュラ能力とは定式表現に関する知識である。定式表現とは強い共起関係にある一定の語のつながりを表わし、慣用句、統語解析だけでは説明のつかない共起関係にある語句、特定の状況のみに使用される表現などが含まれる。定式表現は、統語知識を用いて構築される表現より、処理速度が速いことが実験的に検証されており、Wray(2001)は認知的に1つの語彙単位として処理されていると述べている。英語の定式表現の頻度を英語の会話とテキストコーパスを用いて分析したErman and Warren(2000)では、会話の58.6%、そしてテキストの52.3%が定式表現であった。また、Wray(2001)は定式表現の査定の基準によっては、最大70%の英語の表現は定式表現で

ある可能性があると述べている。日本語でもバイリンガルの子供の発話に定式表現が多く表われ、これがコード・スイッチングの単位となることが示されている(Namba 2010)。

　Wray(2008)は、学習者が上級になっても不自然な発話をするのは、定式表現に関する知識がないからであると主張している。例えば、英語を母語とする学習者は「長い髪がある」ということがあるが、これは文法的には正しいが、母語話者は言わない表現である。この場合、学習者は統語解析を行い、文を構築して、「長い髪がある」を産出するが、母語話者は「(身体的特徴)をしている」という定式表現を用いると考えらえる。

　定式表現に関する研究はまだ始まったばかりであり、組織的な指導に対する研究や指導の取り組みはまだ少ない。また、日本語ではどのような定式表現があり、それがどの程度の割合で起こるのかについては今後研究によって解明されなければならない。しかし、語彙と文法知識を使って、発話をするだけでは、自然な日本語を習得できない可能性があることには目を向けていくべきであろうと考える。

4.　まとめと今後の課題

　本稿では、コミュニケーション能力の習得を促すより良い指導を模索するために、まず、コミュニケーション能力やコミュニカティブな指導とは何かについて再確認した。そして、実際の言語運用場面で適切かつ円滑なコミュニケーションを遂行するためには、コミュニケーション能力を構成する言語能力、社会言語能力、談話能力、フォーミュラ能力、そして、ストラテジー能力が流暢に使いこなせるようになることが重要であると指摘した。また、CLTについて、教育現場では様々な誤解があること、意味のある言語活動の中で意思疎通ができるようにするだけではなく、それが正確に流暢に達成させられるような指導が必要であることを確認した。

　その上で、CLTが談話能力、言語能力、社会言語能力、フォーミュラ能力の習得を支援しているかどうかについて考察し、以下の課題を提示した。まず、談話能力については、ペアワークは複雑でより自然な談話構造を生む

可能性があるが、文型練習をペアでやらせるなどの活動では談話能力の向上が期待できず、一方、ディスカッションなどの自由な会話では、言語能力の向上が期待できないことを指摘した。また、社会言語能力のうち、発話行為については、指導効果が期待できることを指摘した。しかし、発話行為以外の語用については、CLT では十分支援しきれていない可能性があると述べた。最後に、フォーミュラ能力については、日本語では基礎研究が進んでいないが、英語と同様日本語らしさの習得に影響する可能性が考えられる。

　以上を鑑みて、教育的課題として、まず、米国でも、初級学習者は言語コード対する意識が高いことから、高い意識を利用して自由なコミュニケーション活動に向ける方法を考える必要がある。一方、中上級では、授業の焦点がコンテンツに絞られることが多く、学習者の注意が文法に向きにくいことから、言語と意味の両方に注意を向かせる FFI をコンテンツの中でどう使うか模索してはどうだろうか。また、社会言語能力を伸ばすために、聴解などで、話者のトーン、表現、聞き手の表情から、発話意図やニュアンスを考えさせたり、適切な言い方について考えさせたりするのも一案ではないだろうか。更に、既に定式表現と分かっている慣用句やイディオムだけではなく、共起関係が強く使用範囲が限定的な表現は定式表現である可能性があることを念頭に入れた指導について、今後の研究と試行を期待したい。

注

1　テキスト能力は Canale(1983)の談話能力に相当する。

参考文献

Bachman, Lyle, and Adrienne Palmer. (1996) *Language Testing in Practice.* Oxford, UK: Oxford University Press.

Bachman, Lyle, and Adrienne Palmer. (2010) *Language Assessment in Practice.* Oxford, UK: Oxford University Press.

Canale, Michael. (1983) From Communicative Competence to Communicative Language

Pedagogy. In Jack Richards and Richard W. Smith (eds.) *Language and Communication,* pp. 2–27. New York, NY: Longman.

Canale, Michael, and Swain, Merrill. (1980) Theoretical Bases of Communicative Approaches to Second Language Teaching and Testing. *Applied Linguistics* 1: pp. 1–47.

Celce-Murcia, Marianne. (2007) Rethinking the Role of Communicative Competence in Language Teaching. In Eva Alcón Soler and Maria Pilar Safont Jordà (eds.) *Intercultural Language Use and Language Learning,* pp. 41–58. Dordrecht, the Netherland: Springer.

Chomsky, Norman. (1965) *Aspects of the Theory of Syntax.* Cambridge, MA: MIT Press.

Cook, Haruko M. (2001) Why Can't Learners of JFL Distinguish Polite from Impolite Speech Style? In Gabriele Kasper and Kenneth Rose (eds.) *Pragmatics in Language Teaching,* pp. 80–102. New York, NY: Cambridge University Press.

Dörnyei, Zoltán. (1998) Motivation in Second and Foreign Language Learning. *Language Teaching* 31: pp. 117–135.

Egi, Takako. (2007) Recasts, Learners' Interpretations, and L2 Development. In Alison Mackey. (ed.) *Conversational Interaction in Second Language Acquisition: A Collection of Empirical Studies,* pp. 249–267. Oxford, UK: Oxford University Press.

Ellis, Rod. (1992) Learning to Communicate in the Classroom. *Studies in Second Language Acquisition* 14: pp. 1–23.

Ellis, Rod. (2008) *The Study of Second Language Acquisition.* Oxford, UK: Oxford University Press.

Erman, Britt, and Beatrice Warren. (2000) The Idiom Principle and Open-Choice Principle. *Text* 20: pp. 2–62.

Halliday, Michael. A. K. (1973) *Explorations in the Functions of Language.* London: Edward Arnold.

Hymes, Dell. (1972). Models of the Interaction of Language and Social Life. In John Gumperz and Dell Hymes (eds.) *Directions in Sociolinguistics: The Ethnography of Communication,* pp. 35–71. New York, NY: Holt, Rinehart, Winston.

Ishihara, Noriko, and Andrew D. Cohen. (2010) *Teaching and Learning Pragmatics: Where Language and Culture Meet.* Harlow, UK: Longman.

Iwashita, Noriko. (1999) Tasks and Learner's Output in Nonnative-Nonnative Interaction. In Kazue Kanno (ed.) *Acquisition of Japanese as a Second Language,* pp. 31–52. Philadelphia, PA: John Benjamins.

Johnson, Keith, and Keith Morrow (eds.) (1981) *Communication in the Classroom.* London: Longman.

Kasper, Gabrielle, and Eric Kellerman. (eds.) (1997) *Communication Strategies: Psycholinguistic and Sociolinguistic Perspectives.* London: Longman.

Keck, Casy M., Gina Iberri-Shea, Nicole Tracy-Ventura, and Safary Wa-Mbaleka. (2006) Investigating the Empirical Link between Task-Based Interaction and Acquisition: A Meta-Analysis. In John M. Norris and Lordes Ortega (eds.) *Synthesizing Research on Language Learning and Teaching,* pp. 91–131. Philadelphia, PA: John Benjamins.

Klapper, John. (2003) Reviewing the Case for Explicit Grammar Instruction in the University Foreign Language Learning Context. *Language Teaching Research* 7: pp. 285–314.

Leow, Ronald P., Takako Egi, A-Michael Nuevo, and Ya-Chin Tsai. (2003) The Roles of Textual Enhancement and Type of Linguistic Items in Adult L2 Learners' Comprehension and Intake. *Applied Language Learning* 13: pp. 93–108.

Lyster, Roy, and Hirohide Mori. (2006) Interactional Feedback and Instructional Counterbalance. *Studies in Second Language Acquisition* 28: pp. 269–300.

Lyster, Roy, and Kazuya Saito. (2010) Oral Feedback in Classroom SLA: A Meta-analysis. *Studies in Second Language Acquisition* 32: pp. 265–302.

Markee, Numa. (2000) *Conversation Analysis.* Mahwah, N. J.: Lawrence Erlbaum.

Namba, Kosuke. (2010) Formulaicity in Code-Switching: Criteria for Identifying Formulaic Sequence. In Edward D. Wood (ed.) *Perspectives on Formulaic Language in Acquisition and Communication,* pp. 129–150. London: Continuum.

Nunan, David. (1991). *Language Teaching Methodology.* Hertfordshire, UK: Prentice Hall International.

Ohta, Amy Snyder. (1999) Interactional Routines and the Socialization of Interactional Style in Adult Learners of Japanese. *Journal of Pragmatics* 31: pp. 1493–1512.

Ohta, Amy Snyder. (2001) *Second Language Acquisition Process in the Classroom: Learning Japanese.* Marwah, NJ: Lawrence Erlbaum Associates.

Oxford, Rebecca L. (2001) Language Learning Styles and Strategies. In Marianne Celce-Murcia (ed.) *Teaching English as a Second or Foreign Language,* Third Edition, pp. 359–366. Boston: Heinle and Heinle/International Thomson.

Pica, Teresa, and Doughty, Catherine. (1985a) Input and Interaction in the Communicative Language Classroom: A Comparison of Teacher-Fronted and Group Activities. In Susan M. Gass and Cecil G. Madden (eds.) *Input in Second Language Acquisition,* pp. 115–136. Rowley, MA: Newbury House.

Pica, Teresa, and Doughty, Catherine. (1985b) The Role of Group Work in Classroom Second Language Acquisition. *Studies in Second Language Acquisition* 7: pp. 233–248.

Richards, Jack.（2006）*Communicative Language Teaching Today.* Cambridge, UK: Cambridge University Press.

Robinson, Peter.（2007）Task Complexity, Theory of Mind, and Intentional Reasoning: Effects on Speech Production, Interaction, Uptake of Premodified Input and Perceptions of Task Difficulty. *IRAL* 45: pp. 195–215.

Robinson, Peter.（2011）Task-Based Language Learning: A Review of Issues. *Language Learning* 61 (Supplement 1): pp. 1–36.

Schmidt, Richard.（1983）Interaction, Acculturation and the Acquisition of Communication Competence. In Nessa Wolfson and Elliot Judd (eds.) *Sociolinguisitcs and Second Language Acquisition,* pp. 137–174. Rowley, MA: Newbury House.

Segalowitz, Norman.（2010）*Cognitive Basis of Second Language Fluency.* New York: Routledge.

Shimizu, Takafumi.（2009）Influence of Learning Context on L2 Pragmatic Realization: A Comparison between JSL and JFL Learners' Compliment responses. In Naoko Taguchi (ed.) *Pragmatic Competence,* pp. 167–198. Boston, MA: Walter de Gruyter.

Swain, Merrill.（1985）Communicative Competence: Some Roles of Comprehensible Input and Comprehensible Output in its Development. In Susan M. Gass and Carolyn Madden (eds.) *Input in Second language Acquisition,* pp. 235–253. Rowley, MA: Newbury House.

Swain, Merrill, and Sharon Lapkin.（1982）*Evaluating Bilingual Education: A Canadian Case Study.* Clevedon, UK: Multilingual Matters.

Tateyama, Yumiko.（2009）Requesting in Japanese: The Effect of Instruction on JFL Learners' Pragmatic Competence. In Naoko Taguchi (ed.) *Pragmatic Competence,* pp. 129–166. Boston, MA: Walter de Gruyter.

Thompson, Geoff.（1996）Some Misconceptions about Communicative Language Teaching. *ELT Journal* 50: pp. 9–15.

van Lier, Leo.（1988）*The Classroom and the Language Learner.* London: Longman.

Wilkins, David.（1976）*Notional Syllabuses.* Oxford: Oxford University Press.

Williams, Jessica.（1999）Learner Generated Attention to Form. *Language Learning* 49: pp. 583–625.

Wray, Alison.（2001）*Formulaic Language and Lexicon.* Cambridge: Cambridge University Press.

Wray, Alison.（2008）*Formulaic Language: Pushing the Boundaries.* Oxford, UK: Oxford University Press.

石田浩二（2005）「ニュージーランド人日本語学習者の相づち「ええ」についての知識―母語話者はと学習者の解釈の比較―」『日本語教育』127: pp. 1–10.

大関浩美（2010）『日本語を教えるための第二言語習得論入門』くろしお出版.

小柳かおる(2005)『日本語教師のための新しい言語習得概論』スリーエーネットワーク．
畑佐由紀子・藤原ゆかり(2011a)「外国語としての日本語の授業におけるタスクタイプと学習者の発話と焦点化の分析」『広島大教育学研究科紀要』第二部，60: pp. 163–172．
畑佐由紀子・藤原ゆかり(2011b)「初級・中級・中上級の授業における教師主導型活動とペア・グループ活動における学習者の意味と形式への焦点化と発話の特徴」2011年日本語教育学会秋季大会口頭発表．

日本語能力試験 N2 受験準備のための講座
―実践とその意義―

ハドソン遠藤陸子

要 旨

　本稿では 2011 年秋学期に筆者の大学で開講した「日本語能力試験 N2 受験準備のための講座」の実践報告をし、講座の意義を考察する。まず、講座の内容・方法を説明し、模擬試験の結果と学期末アンケート調査の結果を報告する。その後、2008 年の同種の講座の経験を踏まえた上で当講座の意義および改善策を考える。この種の講座は自律的学習を促し、合格という短期目標が生涯学習への一歩となり得る。アンケート調査では、講座全体に関しても受験準備という目標に関しても肯定的な評価が得られた。また、講座期間中に実施した模擬試験の結果が実際の試験合否の予測にかなり役立つことも判明した。講座の存在価値としては(1)学習者のニーズに応える、(2)教えただけの効果がある、(3)学習者が自分の実力に関してより現実的な認識を持つように指導できる、などが挙げられる。

キーワード：日本語能力試験、受験準備、生涯学習、自立的学習、JLPT、N2

1. はじめに

　本稿では 2011 年秋学期にミシガン州立大学において開講した「日本語能力試験 N2 受験準備のための講座」の実践報告をし、この種の講座の意義を考察する。当講座は、学生の要請に応えて 2008 年に特別講座として出発し、2011 年より隔年に開講される[1]。
　本論に入る前にまず日本語能力試験(以下、JLPT)について簡単に説明しておく。JLPT 受験者の目的は、自分の日本語能力を知ることに加え、就職、昇給、昇格、資格認定への活用など多岐にわたる[2]。JLPT は 1984 年に

始まり、2010年に試験の内容、形式が改訂された。「新試験」の主な特徴は以下の2点である。

(1) コミュニケーション能力を重視
　①日本語の文字や語彙、文法についてどのぐらい知っているかだけではなく、②その知識を実際のコミュニケーションで使えるかも大切だと考え、①を「言語知識（文字・語彙・文法）」②を「読解」と「聴解」という試験科目によって測る（下線原文）。

(2) レベルを5段階設置（難度最高のN1からN2、N3、N4、N5まで）
N2認定の目安：
・幅広い話題について書かれた新聞や雑誌の記事・解説、平易な評論等、論旨が明快な文章を読んで文章の内容を理解することができる。
・一般的な話題に関する読み物を読んで、話の流れや表現意図を理解することができる。
・日常的な場面に加えて幅広い場面で、自然に近いスピードの、まとまりのある会話やニュースを聞いて、話の流れや内容、登場人物の関係を理解したり、要旨を把握したりすることができる。

　JLPT合格には、総合得点が合格点以上、かつ3区分の各得点が基準点以上であることが必要とされる（表1）。

表1　日本語能力試験（JLPT）N2

N2	得点区分別得点			総合得点
	言語知識（文字・語彙・文法）	読解	聴解	合格点 90/180 (50%)
	基準点 19/60	基準点 19/60	基準点 19/60	
	所要時間 105 分		所要時間 50 分	計 155 分

2. 講座の内容

講座の概要は表2に示す。学期開始前から講座登録者にはJLPTのウェブサイト、実施日、試験場、受験登録などに関する情報をメールで送った。その年の12月に実際の試験を受けることは強制しなかった。また、過去の成績にかかわらず、希望者には全員受講を許可した。表3は受講生に関する情報である。

表2　講座の概要

名称	Advanced Japanese for Japanese Language Proficiency Test (JLPT) Preparation（日本語専攻の選択科目の1つ、3単位）
主目標	1. N2レベルの日本語の学習・復習 2. 学習ストラテジー・受験ストラテジーの会得 3. 試験の形体、時間配分、解答用紙記入の習熟 4. 日本事情・文化の知識増大
受講資格	「3年の日本語」履修済み
期間	秋学期（8月下旬～12月上旬の15週間）
授業	週1度（水曜日の3：00－5：40 pm）
評価基準	授業参加(10%)、宿題(15%)、小テスト(5%)、模擬試験3度(25%)、中間試験(20%)、期末試験(25%)

表3　受講生（学期末アンケート調査の質問1～7への回答より）

1. 性別など	男14名、女4名(計18名) 2年生2名、3年生5名、4年生9名、卒業生(社会人)2名 N1受験志望6名、N2受験志望12名
2. 母語	英語16名(継承話者2名)、韓国語1名、タイ語1名
3. 日本語学習歴	「4年の日本語」履修中3名、履修済み15名
4. 日本滞在経験	2週間4名、2～3ヶ月5名、5.5～7ヶ月3名、1～1.5年4名、2～3年2名
5. 授業以外で日本語を話す週平均時間	0～1：5名、1.5～2：4名、4～5：4名、10～20：3名、40：2名(クラス平均8.3時間)
6. それ以外の日本語使用の週平均時間	0：1名、2～3：8名、4～5：4名、7：3名、9～10：2名(クラス平均4.5時間)
7. 当講座の勉強に費やした週平均時間	1～2：5名、2～3：3名、3～4：3名、4～5：2名、5～6：2名、6～：2名無回答1名(クラス平均3.4時間)

使用教材は以下の通りである。(1)は受講生全員に購入させ、(2)–(4)は教師のみが所持した。教科書の『漢字』『語彙』『文法』は 8 週間分、『読解』は 6 週間分の内容がテーマ別に分かれている。いずれも自分で 6 日間「練習」をし、7 日目に「実践問題」(解答付き)をするという形体である。

(1) 佐々木・松本(2010)『「日本語能力試験」対策　日本語総まとめ N2』(『漢字』、『語彙』、『文法』、『読解』の 4 冊)
(2) JLCI 新試験研究会(2011)『実力アップ！日本語能力試験 N2「聞く」』
(3) 新 JLPT 研究会(2010)『日本語能力試験　模試と対策 N2』
(4) 浅倉他(2010)『合格できる日本語能力試験 N2』

　授業は週に 1 度、2 時間 40 分である。第 1 週の初回には、講座内容、JLPT、勉強法を説明し、成功の鍵を握るのは「自習」であることを強調した。その後、JLPT のホームページに掲載されている N2 の問題例(聴解を含む全分野)を全員で試した。第 2 週は模擬試験の第 1 回を行った。第 3 週からの授業は概ね以下のように進行した。

小テスト(約 7 分)→『読解』(約 50 分)→休憩(12–13 分)→
聴解練習(約 30 分)→『漢字』『語彙』『文法』中の 2 分野(約 60 分)

　小テストは『読解』を除く 2 分野の「実践問題」から出題し、教科書、つまり JLPT の問題形式に準じた。小テストの後は、宿題の内容に関する質疑応答をした。全ての分野を網羅する時間はないので、読解に最も時間を割いた。これは当校の場合、模試の読解点が比較的低く、また教師の助けを最も必要とするからである。聴解は、従来からさほど問題がないので、宿題には入れず授業で練習するだけにしたが、これは気分転換の役割も果たした。

　授業は週 1 度であったが、受講生の負担を軽減するために宿題は 2 回に分けて提出させた。具体的には指定範囲(計約 40 頁)の内容に関する質問を日本語で書き、1 回につき 5 問メールで提出するというものである。内容

は、教科書中の不明な事柄や類似表現との相違点の説明を求める、或いは新しい文型・語彙を使って短文を作りその正誤を問うなどの類である。例えば、受講生は、ある週には日曜までに『読解』と『漢字』、火曜までに『語彙』関連の質問を送り、翌週は日曜までに『読解』と『漢字』、火曜までに『文法』関連の質問を送る。『読解』の宿題だけは毎週あったが、教科書の「1週間分」ではなく半分ずつとした。このペースで学期末に4冊ともちょうど終えることができた[3]。授業では受講生からの質問にできるだけ多く答えたが、コース管理サイトにすべての解答を掲示した。宿題の主な狙いは、進度予定表通りに進むようにし向けること、および多数の受講生にとって難しかった事柄を授業で説明することであるが、お互いの質問から学び合うことができるという利点もあった。

　講座目標の1つである「ストラテジー会得」に関しては、学期始めから折に触れて受講生が各自の方策を紹介し、全員で話し合った。「学習ストラテジー」は漢字・語彙の意味、漢字の形、文法項目の覚え方、読解力を伸ばす方法、困った時の方策など、「受験ストラテジー」は解答時の時間の割り振り、解答順序、用紙の書き込み方法、4択問題の解決法、聴解のイラスト問題の対処などである。

　評価基準は表2に示したが、中間・期末試験とも教科書の「実践問題」に手を入れて出題し、全問選択問題で、解答記入法もJLPTに準じた(但し、聴解はなし)。模擬試験が実力測定(proficiency test)であるのに対して、中間試験(20%)・期末試験(25%)および小テストは達成度測定(achievement test)である。3度の模擬試験の比重が計25%と比較的少ないのは、「3年の日本語」を修了しただけの受講生が「4年の日本語」修了の受講生に比べて不利になることを最小限にするためである。

　JLPT新試験は、知識の有無のみならず言語使用、つまり「課題遂行のための言語コミュニケーション能力」を測る[4]。そのため、文化的要素が増え、それ自体は歓迎すべき事であるが、米国で勉強する当校の受講者、特に日本滞在経験が限られている者にとってはチャレンジである。文化的知識が特に要求されると感じたのは読解の「情報検索」の問題である(例：ホテル情報、アパート情報、銀行からの通知などの生もどき教材)。「海の日」が祝

日だと知らなかったので文章が分からなかったということもあった。一方、彼らにとって比較的易しい聴解が旧2級では全体の1/4であったのに対し、N2では1/3に増えたこと、最難関である読解・文法の比重が1/2から1/3に減ったことは励みになる。但し、聴解でも、分譲マンションやラーメンに関する説明・夫婦の会話などは難しかったようである。なお、聴解の本では日本の男女のステレオタイプ的な状況が多いように感じられた。

3. 模擬試験の結果

　12月初旬のJLPTに向け、模擬試験は9、10、11月の計3度行った。第1回、第2回は新JLPT研究会(2010)、第3回は浅倉他(2010)の試験を使った。言語知識(文字・語彙・文法)、読解、聴解とも全て規定の時間に従い、所定の解答用紙を用いた。これらの教科書は、書かれた時点では新試験がまだ実施されていなかったと思われる。よって、過去の問題を含む以前の参考書と比べてどのぐらい信憑性があるのかは定かではない。また、上記2冊の問題の難易度が同程度なのかも不明である。しかし、後述するように、少なくとも当校の学生の場合は、模試の結果が非常に参考になった。

　クラス平均値は、模試1から模試2にかけて読解および総合得点が著しく向上したが、模試3は模試2とさして変わらなかった(表4)。合格点達成者数も同様の動きを見せたが、基準点・合格点には3回とも達していた。

表4　模擬試験1〜3のクラス平均値

	言語	読解	聴解	総合得点	基準点・合格点達成者数
満点	60	60	60	180(100%)	
基準点・合格点	19	19	19	90(50%)	
模試1平均	29.7	25.7	41.8	97.2(54.0%)	10名(55.6%)
模試2平均	28.8	40.3	37.3	106.4(59.1%)	15名(83.3%)
模試3平均	33.5	32.0	42.9	108.4(60.2%)	12名(66.7%)

　表5では、模試1から模試3への総合得点の変化を個人別に%で表わす。

かなりの開きはあるが、18人中12人が向上し、全体の平均値は6.2%上昇した。

表5　模試1から模試3への総合得点の個人的変化

ID	変化	ID	変化	ID	変化	ID	変化
N	+18.2	E	+13.5	J	+2.3	F	-4.6
Q	+18.2	L	+11.0	O	+1.7	P	-5.7
I	+17.7	B	+9.4	K	+0.2	C	-5.7
D	+15.5	A	+5.8	R	+0.2		
M	+15.0	G	+3.9	H	-4.5	全体平均	+6.2

表6は、全体的、特に読解で大幅な成長を遂げたNの結果の推移である。

表6　受講生Nの模試の結果の推移

受講生N	言語	読解	聴解	合計	50%?
模擬試験1	33.6	24.2	39.6	97.4(54.1%)	○
模擬試験2	27.5	47.4	35.6	110.4(61.3%)	○
模擬試験3	39.7	39.0	51.4	130.1(72.3%)	○
模試1→模試3	+6.1	+14.8	+11.8	+32.7(+18.2%)	

　表7は12月に実際のJLPTを受験した受講生の模試3回の平均値と受験の結果である。

　N2は9人が受け、5人合格した[5]。平均点が50%に達していれば合格の見込みが強く、達していない者は不合格と予測されたが、9人中7人に関して的中した。的中しなかったM(52.8%)とF(48.8%)は元々合否の境目である50%に非常に近い得点で、予想が難しかった。N1を受験した3人(H、J、N)はすべてN2の実力は優にあると思われるが、N1は不合格であった。いずれにしても、模擬試験3度の結果から本番での結果がかなり予測できるということが判明した。なお、JLPTの受験手続きは9月中にしなければならなかったため、受験レベルを決める段階では模試1の結果しか参考に

表 7　JLPT 受験者の模試 1、2、3 の平均値（○＝合格、×＝不合格）

	分野 基準点・合格点	言語 19/60	読解 19/60	聴解 19/60	総合得点 90/180(50%)	50%？	JLPT N2
1	H	52.2	59.4	54.4	165.9(92.2%)	○	－(N1)
2	R	44.7	41.8	49.8	136.3(75.7%)	○	○(N2)
3	J	39.7	41.4	46.1	127.1(70.6%)	○	－(N1)
4	N	33.6	36.9	42.2	112.7(62.6%)	○	－(N1)
5	I	30.5	39.8	36.3	106.6(59.2%)	○	○(N2)
6	L	29.2	31.6	44.3	105.0(58.3%)	○	○(N2)
7	D	29.2	30.5	44.0	103.6(57.5%)	○	○(N2)
8	M	29.2	30.1	35.8	95.0(52.8%)	○	×(N2)
9	C	25.1	25.7	38.3	89.1(49.5%)	×	×(N2)
10	F	28.1	29.6	30.1	87.8(48.8%)	×	○(N2)
11	B	23.4	23.7	38.0	85.1(47.2%)	×	×(N2)
12	G	21.4	10.1	30.7	62.1(34.5%)	×	×(N2)

できなかった。

4. 学期末アンケート調査の結果

4.1 自己評価の質問

　学期末アンケートは英語の記述式で行った（n＝18）。以下の数値は回答者全員の平均値である。まず、講座を受ける前と比べ、自分の日本語が向上したと思うかをスキル別に評価してもらった（5＝大いに向上、4＝向上、3＝無変化、2＝悪化、1＝大いに悪化）。図1が示すように、8f「日本文化・事情知識」（3.9）以外の全ての分野で4.0以上、つまり「向上」との評価が得られた。最も高かったのは、8h「受験ストラテジー」（4.4）で、8d「読解」（4.3）、8b「漢字」（4.2）、8c「文法」（4.2）がそれに次ぐ。

　向上の原因（複数回答）のトップは、9a「充分な漢字・語彙知識」（77.8%）、9c「充分な背景知識」（72.2%）、9g「質問形式に慣れた」（66.7%）であった（図2）。

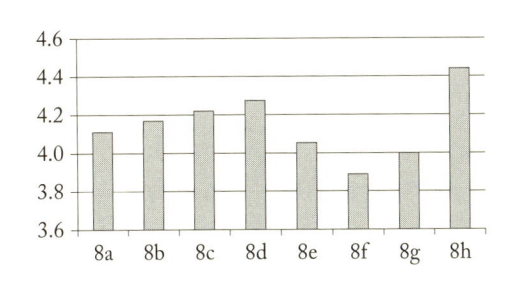

日本語能力試験N2受験準備のための講座　121

8a.	語彙
8b.	漢字
8c.	文法
8d.	読解
8e.	聴解
8f.	日本文化・事情知識
8g.	学習ストラテジー
8h.	受験ストラテジー
8i.	その他（書き込み）

図1　スキル向上に関する自己評価

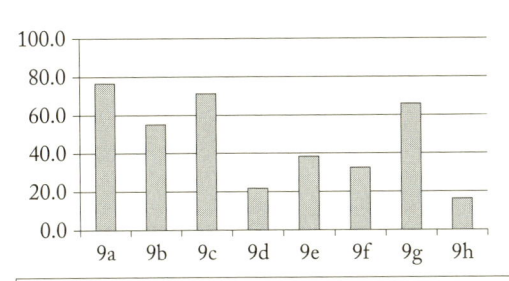

9a.	充分な漢字・語彙知識
9b.	充分な文法基盤
9c.	充分な背景知識（日本的考え方、日本事情等）
9d.	長時間の勉強
9e.	教科書をよく勉強
9f.	教科書以外の教材も勉強
9g.	質問形式に慣れた

9h. その他（書き込み）	・日本語母語話者の同僚と働いていること。 ・授業が日本語で行われたこと。母語話者との交流。 ・教師の教え方。クラスが怖れずに交流できる場だったこと。

図2　スキル向上の原因

表8　スキルが向上しなかった原因

10a	10b	10c	10d	10e	10f	10g	10h
22.2%	11.1%	0%	50%	33.3%	33.3%	5.6%	22.2%

10a. 漢字・語彙知識が不充分		10d. 勉強時間が不充分	
10b. 文法基盤が不充分		10e. 教科書をあまり勉強せず	
10c. 背景知識（日本的考え方、日本事情等）が不充分		10f. 教科書以外の教材を勉強せず	
		10g. 質問形式に不慣れ	

10h. その他（書き込み）	・文法はいつまでたっても理解できない（どの言語でも） ・病気と準備不足→自分のせい ・授業以外で思うように勉強する時間を取れなかった ・働きながら授業を取るのは大変

向上しなかった原因の中で一番多かったのは 10d「勉強時間が不充分」(50.0%) である (表 8)。

4.2　講座に関する質問

1人の受講生はアンケートの2ページ目を見なかったため、これ以降は最多回答者数17である。質問11「講座全体」の評価は4.5とかなり高い。質問12「コースのスケジュール」は3.9であるが、1学期の進度を指すのか、授業が週に1度というスケジュールを指すのか書き方が曖昧であった (後述)。質問13–15の「コースの難易度」3.6、「コースのペース」3.5、「模擬試験の頻度」3.1はいずれも「OK 4」と「丁度良い3」の間で問題なかった (表 9)。

表9　コースに関する評価のクラス平均値

11. コース全体	12. コーススケジュール	13. コースの難易度	14. コースのペース	15. 模擬試験の頻度(3度)
4.5	3.9	3.6	3.5	3.1
11. 非常に価値あり5	価値あり4	中立3	価値なし2	全く価値なし1
12. 非常に良い5	良い4	中立3	悪い2	非常に悪い1
13. 難しすぎる5	難しいがOK 4	丁度良い3	易しいがOK 2	易しすぎる1
14. 速すぎる5	速いがOK 4	丁度良い3	遅いがOK 2	遅すぎる1
15. 多すぎる5	多いがOK 4	丁度良い3	少ないがOK 2	少なすぎる1

質問16「小テスト」は平均値が3.9、質問21「聴解練習」は4.1で、ともに大多数には有益であったようである。教科書に関する評価17–20は全て4.0を上回り、好評であったことが分かる (表 10)。

表10　小テスト、教科書、聴解練習に関する評価の平均値

16. 小テスト	17. 教科書：漢字	18. 教科書：語彙	19. 教科書：文法	20. 教科書：読解	21. 聴解練習
3.9	4.4	4.1	4.4	4.2	4.1
16〜21.　非常に有益5　有益4　中立3　無益2　非常に無益1					

質問22「宿題の量」は平均値3.2でほぼ「丁度良い」という評価である。23の「宿題の有益度」は3.3(3＝中立)であまり良くない(後述)。質問24「この講座がJLPTを受ける準備になったか」は本講座の主目的で、平均値4.3ということはいちおう達せられたと言えよう(表11)。

表11　宿題、講座の主目標に関する評価の平均値

	多過ぎる	多いがOK	丁度良い	少ないがOK	少な過ぎる
22. 宿題の量(3.2)	1(5.9%)	4(23.5%)	11(64.7%)	0(0%)	1(5.9%)
	非常に良い	良い	中立	悪い	非常に悪い
23. 宿題の有益度(3.3)	3(17.6%)	3(17.6%)	8(47.1%)	2(11.8%)	1(5.9%)
	大いになった	なった	中立	ならなかった	全くならなかった
24. JLPTの準備になったか(4.3)	5(29.4%)	10(58.8%)	1(5.9%)	0(0%)	0(0%)

質問24に「中立」を選んだ受講生は、質問25「本講座をJLPT受験を将来予定している人に薦めるか」にも「いいえ」と回答している。理由は、講座が本人希望のN1向けではなくN2向けであるからとのことで、後の質問26bにも同様のコメントを書いている。

表12　コースに関する評価[6]

25. 本講座をJLPT受験を将来予定している人に薦めるか。「いいえ」の場合は理由も書いて下さい。	
はい：16(94.1%)	いいえ：1(5.9%) このコースは受講生にN1ではなくN2受験の準備をさせる。N2は卒業後さほど役に立たず、特典もあまりない。N2の代わりに実生活で実際に役に立つN1を教えるべきだと思う。

質問26では講座を改善するための提案を募った。26a「コース」に関しては11人からコメントがあり、うち7人が「週1度、3時間の授業は長過ぎて集中できないので、週2度にしてほしい」と書いている。つまり、前述の質問12「コースのスケジュール」は「進度のスケジュール」ではなく「授業のスケジュール」と解釈したと思われる。他の意見は「ペースも教材

も適当であった」「授業時間を増やす」「グループワークを増やす」「内容をN1用に変える」という内容である。26b「教科書」の項では、「非常に良いので将来も使いたい」など肯定的意見が3人、「文法編が使いにくい」という意見が2人から出された。26c「宿題」に関するコメントは、「もっと深く考えさせる類を増やす」「良かった」「現在の形態も良いが、他の種類も加える」「授業で扱う質問を絞り各々にもっと時間をかける」などであった。26d「模擬試験」に関しては、「良かった」「1つ減らす」「5度にする」「模試はクリティカルなので、1つ増やすなり復習にもっと時間をかける」という意見が出た。26e「その他」の欄には、「N2のための準備は充分だったが、N1受験希望者には準備の機会が不充分だった」「この講座の受講およびJLPT受験を日本語専攻者に義務づけるべき、この講座は毎年開講すべき」という意見が出された。その外、宿題やN2向け内容に不満を表明した受講生を含め、感謝の言葉が3名から寄せられた。

　学期末アンケート調査というのは、講座改善への示唆はさることながら、受講者が日本語学習について自省する機会になるという利点がある。どのスキルが向上したか、しなかったか、その原因は何か、今後改善するには何をすれば良いかなどについて考えさせることは重要である。教師にとっては、自校の学生がどの時点でJLPTのどのレベルにあるかなどの情報がプログラム・アセスメントなどに役立つであろう。

5. 考察

　以下、模擬試験の結果、およびアンケート調査の回答などを参考に、講座の反省点・改善策、この種の講座の意義について考察する。第一の反省点は授業時間の問題である。学部生にとって、続けて2時間40分の授業は確かに辛かろう。しかし、模擬試験をするためには3時間弱が必要であり、その時間外にも受講生全てが出席できる日時を見つけるのは至難の業である。また、社会人の2名にとっては週1度は好都合であった。2008年の講座(受講生17名)では、一斉授業は初日、模擬・中間試験、最終日などの7回のみで、残りの9回は月～木に1人20分の個別授業をしたが、実際には受講

生の大半にそれ以上の時間がかかったため、教師にとって時間的負担が大きかった。受講生が自習をしてきて質問をするのが狙いであったが、その結果、教師は同じことを何度も説明する破目になった。しかし、やる気のある学生には理想の形態である。また、個々の受講生の能力や興味に即した内容の授業が行われるのはお互いにとって満足感があるし[7]、自律的学習態度の促進にもなる。2008年には最終日に一斉授業をし、文法の質問に答えた直後にアンケート調査をしたためか、合同授業を望む声がかなり多かった。お互いの質問から学ぶことができるからである。2度の講義経験から、次回は、グループワークを増やすとともに、2種の形態の折衷案を考案したい。

　第二の反省点は宿題である。学期後半に入って、N1をめざしていた受講生のうち3人(2人は継承話者)が、質問を作るより、新しい文型などを使ってまとまった文章を書いた方が勉強になると言い始めた。筆者は、どうせ教科書を勉強しなければならないのであるから、自習時の質問を教師に送るというのはいとも合理的、且つ受講生にとって楽な課題だと思っていた。また、受講生に「勉強の責任」を持たせるという含みもあった。受講生間で現状維持派と反対派に分かれて日本語による活発なメールでの討議が行われ、その結果、宿題の質問数を計10問から6問に減らした。そして、希望者は作文提出も可とした(短文作成は質問形式の1つとして元々含まれていた)。結局、作文を書いたのは主唱者3人、しかも1度だけという経緯もあったが、次回は最初から2つのオプションを与えることを考えている。

　講座の内容をN2向けではなく、N1向けにしてほしいとの要望があったことは前述した。しかし、当校では受講生が1クラス10数人以上いないと講座が開けないので、現実的には難しい。また、「N2は卒業後さほど役に立たず、特典もあまりない」という意見は言い過ぎであろう。その他、教科書の選択は良かったと思う。過去のJLPT受験対策の教材とは比べものにならないほど進歩しているように思うし、受講生の評判も良かった。

　講座の意義、存在価値としては、以下が考えられる。
　1. 学習者のニーズに応えられる。
　2. 試験準備、および能力向上の効果がある。
　3. 学習者に自分の実力に関してより現実的な認識を持たせることができる。

まず、「学習者のニーズに応えられる」という点では3つの側面がある。

(1) 日本関連企業への就職のため、能力試験N1或いはN2受験希望者が多く存在し、準備講座を求める。
(2) 自分の実力がどのぐらいなのか知りたい。
(3) 「4年の日本語」の後も日本語を勉強し続けたいが、当校では「5年の日本語」という講座がない。

　上記(1)、(2)はかなり普遍的な傾向であろう。JLPTのウェブサイトには、受験者数は1984年の開始当初は全世界で7,000人ほどであったのが、2009年には約77万人にも上ったと書かれている。筆者の大学でも、JLPTに対する学生の関心は強い。実際、2008年の講座の翌年にも開講してほしいと署名運動が起こったほどであるが、人手不足のため実施できなかった。(3)に関して言うと、最近、当校では5年レベルの講座の需要が増えており、今回の講座でも「4年の日本語」履修済みが18名中15名いた[8]。

　第二に「効果」についてであるが、前述のように、模試1と3を比べると、総合得点では18名中12名が向上し(うち7名は10％以上)、クラス全体でも6.2％上がった(表5)。N2合格には満点の50％あれば良いということを考慮すると、これはかなりの上昇と言える。受験準備は独学でも可能であるが、以下のように、講座を受講するが故の利点がある。

・成績のプレッシャーがあるため、真剣味が増すし、途中でやめられない。
・スケジュールに沿って体系的に勉強することができる(新試験になって、コミュニケーションに役立つ内容が増え、勉強のし甲斐もある)。
・授業中でも授業外でも、質問・疑問点を気兼ねなく教師に訊ける。
・他者の発言・質問などから自分1人では気づかないことに気づかされる。
・お互いに分野別の勉強のコツをシェアしたり、心理的サポートが得られる。

- 協同学習がし易く、楽しい雰囲気で勉強ができる。例えば、冗談を言い合いながら聴解の答え合わせをしたり、読解の会話文をスキット風に読むなど。
- 仲間がいることが健全な競争心を煽り、動機促進につながる。
- 他の受講生とともに受験シミュレーションをして場数を踏むことができる。
- 受験勉強が単位取得につながる。

　講座存在価値の第三は、学習者に自分の実力に関してより現実的な認識を持たせることができるということである。自学自習でも模擬試験を試み、自分の強み・弱みを診断することは可能である。しかし、講座を履修することにより、教師からプロフェッショナルな診断（そして、助言）が得られる。また、クラスの分野別平均値などから自分の得点パターンが一般的なのか特異なのかなどが判明し、より客観的な評価が可能になる。学習者が自分の力を過大・過小評価することなく受験レベルを決定する、あるいは本番に臨むということは、経済的・感情的側面からも重要である。

6.　おわりに

　N2は「旧試験の2級とほぼ同じ」であるが[9]、2級は「日本語を600時間程度学習し中級日本語を修了したレベル」と定義されていた[10]。筆者の大学では「3年・4年の日本語」修了時には、各々420時間、510時間学習したことになる。レベルを時間数で定義することは間違いであるが、いちおうの目安にはなる。また、N1、N2に不合格だった学生に、学習時間数が少ないのだからがっかりすることはないなどと励ますことができる。実際、JLPTは1度不合格でも再受験が可能なため、卒業後に受かったという報告が入ってくることも少なくない。能力試験準備講座は学習者のニーズに応え、しかも彼らの日本語力向上に貢献し、加えて、自律的学習を促す。「試験のために勉強するのは良くない」などとは一概には言えないのではないだろうか。試験が生の言語を反映しており、質の高いものなのであれば、その

準備のための勉強が実生活での読解・聴解にも役に立つはずである。JLPTは多くの学習者にとってモチベーション維持の原動力となり、合格という短期目標が生涯学習への最初の1歩にもなり得る。当校のアンケート調査でも、受講生の講座に対する評価は2008年4.2、2011年4.5(4「有益」、5「非常に有益」)と肯定的だった。事情が許せば、この種の講座の開設をお薦めしたい。

注

1　実際には2008年以前から希望者にJLPTの模擬試験を随時受けさせてきた(Hudson (2005)、ハドソン(2007, 2009)参照)。
2　http://www.jlpt.jp(2012年5月アクセス)。詳細はホームページを参照のこと。
3　講座のシラバス、進度予定表は http://www.msu.edu/~endo に掲載。
4　http://www.jlpt.jp/faq/index.html(2012年5月アクセス)。
5　2011年の試験では海外の受験者の34.6%がN2の認定をされた。http://www.jlpt.jp/e/statistics/archive/201102.html(2012年5月アクセス)。
6　N1の模擬試験には石崎他(2010)を使った。
7　区別化した(differentiated)授業に関しては、片岡(2012)を参照。
8　これは、高校時代に日本語を数年学習していたり日本に留学した経験がある新入生、大学1～2年生の夏に留学して集中講座を受ける学生、専攻が2つある等の理由から大学に4年以上残る学生などが増えたためである。
9　http://www.jlpt.jp/about/comparison.html(2012年5月アクセス)。
10　2008年にアクセスした www.jlpt.jp/j/about/content.html からの情報であるが、このリンクは現在は無効である。

参考文献

Hudson, Mutsuko Endo. (2005) Short Stories in Japanese: An Intermediate/Advanced Course. Seiichi Makino (ed.) *Proceedings of the 13th Princeton Japanese Pedagogy Forum*, pp. 28–38. Princeton University.
浅倉美波・瀬戸口彩・山本京子(2010)『合格できる日本語能力試験N2』アルク.

石崎晶子・井江ミサ子・歌原祥子・木山三佳・三輪充子(2010)『合格できる日本語能力試験 N1』アルク.
片岡裕子(2012)「日本語のクラスでの区別化した指導」*CAJLE Newsletter* (44): pp. 4–5. Canadian Association for Japanese Language Education.
佐々木仁子・松本紀子(2010)『「日本語能力試験」対策日本語総まとめ N2：文法，語彙，漢字，読解』アスク出版.
JLCI 新試験研究会(2011)『実力アップ！日本語能力試験 N2「聞く」』ユニコム.
新 JLPT 研究会(2010)『日本語能力試験 模試と対策 N2』アスク出版.
ハドソン遠藤陸子(2007)「話し言葉中心・書き言葉中心の 2 本立て上級講座」In Susumu Kuno, Seiichi Makino, and Susan Strauss（eds.）*Aspects of Linguistics: In Honor of Noriko Akatsuka,* pp. 285–309. Tokyo: Kurosio Publishers.
ハドソン遠藤陸子(2009)「日本語能力試験 1、2 級準備のための上級講座」Mutsuko Endo Hudson（ed.）*Proceedings of the 21st Central Association of Teachers of Japanese Conference,* pp. 99–113. Michigan State University.

翻訳法の復権をめざして

牧野成一

要 旨

　翻訳がいかに名訳であっても、もとの言語を目標言語に翻訳する時に失われるものはたくさんある。翻訳は言語にとって基本的な音と意味の連合体から音を抹殺せざるを得ない。表記法の全く異なる言語の間では視覚的な表記も完全に失われる。さらに、語義の一部やシンタックス(とりわけ、語順)や、小説などの登場人物の会話の部分に出てくる方言の持つ音と含意も失われる。(日本語で書かれた)文芸作品では、認知的に何が失われるのかという問題もあり、とりわけ、時制、フォーマリティ、数、人称詞などのシフト現象が見られる。本稿ではこのシフト現象の考察を通して上級日本語教育の読解の中に翻訳の作業を積極的に取り入れることを提案する。

キーワード：シフト、時制、人称、フォーマリティ、読解教育

1. はじめに

　翻訳は言語Aを言語Bに移し換えてコミュニケーションを可能にする方法である。言語Aが母語であれば、その言語を全く理解できない人、あるいはほとんど理解できない人の言語Bに移し換えることであるし、言語Aが非母語であれば、それを母語の言語Bに移し換えることである。普通、翻訳というと書かれたものの翻訳を指して、話されたものの場合は通訳と言って区別をするが、基本的には同じ移し換えの行為である。さらに翻訳はいつも日本語と英語のように異質の2つの言語間の翻訳だけではなく、1つの言語の中の方言Aから方言Bへの翻訳も考えなければならないし、同じ

言語の中の古代語を現代語に翻訳するような場合も考えなければならない。

　言語Aを言語Bに翻訳する場合、A、Bの言語が類型論的に近似しているか、歴史的に同族関係にあれば、比較的易しい。しかし、日本語と英語のように類型的にも異なり、歴史的にも関係がない場合は相対的に翻訳が難しくなる。さらに翻訳されるもののジャンルによっても難易度が異なる。自然科学的、社会科学的、学問的論文などは比較的翻訳が容易であることが知られている。本稿では翻訳が最も難しいとされている文芸作品（特に小説）を日本語から英語に翻訳する場合を中心として考察し、翻訳がたとえ名訳であっても、なおかつ失われるものがあることを前提にして、それが何かを考えていく。つまり、翻訳の技術的な問題を論ずるのではなくて、翻訳が技術的に、芸術的にいかに優れていても、失われてしまう認知的な問題について論じていく。しかし、断っておきたいことは、翻訳に限界があるからと言って、翻訳の存在意義を疑っているのではないということである。むしろ、翻訳の認知上の限界を知ることによって翻訳者には努力の限界が示唆されるだろうし、日本語を読む日本人も外国語として日本語を学ぶ学生も原典をぎりぎりまで読み取る努力の大切さを学ぶことができるだろう。

　翻訳で失われるのは韻文の聴覚的な部分、表記の持つ視覚的かつ心理的な側面、小説の会話の部分に現れる方言、言語に特化された慣用的な比喩表現などがあるが、本稿では紙面の都合で、認知言語学的なシフト現象のみを議論することにする。シフト現象といっても、時制のシフト（牧野1983）、数のシフト（牧野2007）、フォーマリティのシフト（牧野1996：第10章）、人称のシフト、モダリティー「のだ」のシフトなど色々あるが、英語に対応するシフトがないと、当然、翻訳は不可能になり、日本語の持つ認知的な問題は失われてしまう。本稿では時制、フォーマリティ、人称のシフトの3つだけを簡潔に説明したい。翻訳によって何が失われるかに気づくことが日本語教育、あるいは言語教育一般――とりわけ、読解教育――にどのような意味があるのかを論じたいと思う。

2. 翻訳で失われるシフト現象

　どの言語にもディスコースの文脈・脈絡の中で文法的な要素が広義の認知的な理由でその形を変える現象がある。日本語はこのシフト現象が豊かなので、それが翻訳の目標言語(この論文では英語)にない場合はその大事な認知が失われることになる。この喪失は日本語の持つ認知のまなざしが訳出できないということで、翻訳にとっては微妙に深い損失になってしまう。

2.1　時制のシフト

　物語の文章の中で過去のことを物語りながら、過去時制の述部の時制が現在形にシフトすることがあることは、日本語学の中では早くから気づかれている。ただ、それがどのような時に起きるかとなると言語学者によってその説明は異なる。認知言語学では、ある事柄に認知的な注意が払われている前景的(foreground)な部分を「図」(figure)と言い、注意が払われていない背景的(background)な部分を「地」(ground)と言う。いずれも認知論的な概念だが、「図」と「地」を最初に区別したのはTalmy(1978)で、「前景」と「背景」を最初に区別したのはHopper(1979)である。おもしろいのは、TalmyとHopperの2人がほぼ同じ頃に認知言語学の1つの重要な概念に到達している点である。それぞれの2つの対の概念は白黒が明確なのではなく、それぞれどちらに腑分けするかはその時の書き手の認知的な範疇化による。さらに特筆すべきことは、2人の言語学者の対の概念は、文章の中で前景と後景を区別するマーカーが言語によって異なるが、その存在自体は普遍的だということを明らかにするものであって、物語の文章の時制のシフトを説明するために提出されたものではないということである。それが時制のシフトの説明にも有効だと筆者が気づいたのが1980～1990年代だった(牧野1996: 109–118, 1983)。筆者はこの2つの区別を踏まえた上で、もう1つの対の概念として［＋出来事性］と［－出来事性］の対立項を立てて物語の中の時制のシフトを説明したい。「出来事性)はこれも他の対立概念と同じく連続の概念で、［＋出来事性］から［－出来事性］までは連続体である。［＋出来事性］というのは物語の文章中で作者が書いている文単位の内容を出来事とし

て捉えている場合で、登場人物の動作が叙述される場合が多い。それに対して［－出来事性］というのは作者が叙述内容を出来事とはとらえず、何か状態的なものとしてとらえている場合である。

　「時制」と「出来事性」との関係を調べるために次の例1を見られたい。

(例1)
［1］八月の十日前だが、虫が鳴いている。［2］木の葉から木の葉へ夜露の落ちるらしい音も聞こえる。［3］そうして、ふと信吾に山の音が聞こえた。［4］風はない。［4］月は満月に近く明るいが、しめっぽい夜気で、小山の上を描く木々の輪郭はぼやけている。［5］しかし、風に動いてはいない。［6］信吾のいる廊下の下のしだの葉も動いていない。［7］鎌倉のいわゆる谷の奥で、波が聞こえる夜もあるから、信吾は海の音かと疑ったが、やはり山の音だった。［8］遠い風の音に似ているが、地鳴りとでもいう深い底力があった。［9］自分の頭の中に聞こえたようでもあるので、信吾は耳鳴りかと思って、頭を振ってみた。［10］音はやんだ。［11］音がやんだ後で、信吾ははじめて恐怖におそわれた。［12］死期を知らされたのではないかと寒けがした。［13］風の音か、耳鳴りかと、信吾は冷静に考えたつもりだったが、そんな音などしなかったのではないかと思われた。［14］しかし、確かに山の音はきこえていた。　　　　　　　　（川端康成(1954)『山の音』岩波文庫、p. 12. 岩波書店）(下線は筆者。各文に番号を付けてあるが、英文では［11］と［12］のように原文の2文を1文にまとめている場合がある)

[1] Though August had only begun autumn insects were already singing. [2] He thought he could detect a dripping of dew from leaf to leaf. [3] Then he heard the sound of the mountain. It was a windless night. [4] The moon was near full, but in the moist, sultry air the fringe of trees that outlined the mountain was blurred. [5] They were motionless, however. [6] Not a leaf on the fern by the veranda was stirring. [7] In these mountain recesses of Kamakura the sea could sometimes be heard at night. Shingo wondered if he might have heard the sound of the sea. But no—it was the mountain. [8] It was like wind, far away, but with a depth like a rumbling of the earth. [9] Thinking that it might be in himself, a

ringing in his ears, Shingo shook his head. [10] The sound stopped, and [11] he was suddenly afraid. [12] A chill passed over him, as if he had been notified that death was approaching. [13] He wanted to question himself calmly and deliberately to ask whether it had been the sound of the wind, the sound of the sea, or a sound in his ears. [14] But he had heard no such sound, he was sure. He had heard the mountain.　　　　　(Translated by Edward Seidensticker (1970)
The Sound of the Mountain, pp. 7–8. NY: Alfred A. Knopf)

　例11を読んでみると、下線の引いてある現在形の述部はすべて「地」の部分で、背景的であり、出来事性はゼロではないにしてもゼロに近いということが分かる。出来事性が高いのはどこかと言うと、[3]、[7]–[14] の叙述である。そこでは62歳の主人公の信吾が山の音を通して死期を自覚するという心理的な出来事がクレッシェンドで描かれている。この文章の中ですべての出来事性が同じレベルではないが、[1]–[2]、[4]–[6] と比べると出来事性ははるかに高い。もう少し詳しく見ていくと、主文の述部が過去形になっている文([3] と [7]–[14])の中で、[7]–[9] は等位接続詞の「が」か、従属接続詞の「から」「ので」によって繋がれた複文になっているが、従属節の方は現在形で、主節の述部だけが過去形になっている。[11] も複文だが、従属接続詞の「〜後で」は常に過去形をとるのでここでは無視しなければならならない。[13] は等位接続詞の前後とも過去形になっていて、[＋出来事性] を強く打ち出している。

　読者を [－出来事性] の状況描写でその場に引き込み、それからそこでの出来事描写にシフトし、また状況描写に戻り、また出来事描写にシフトするという形をとっている。このような物語の進展の仕方は別に日本語だけではなく韓国語にもあるが、英語にはこのような二重構造がないので、サイデンステッカーの訳ではすべてが過去形(あるいは大過去形)になっていて、原文のような認知のシフトは捨象されている。

　しかし、例2の村上春樹の『アフターダーク』のように一貫して夜を自在に舞う鳥の現在形の視点で描かれている小説になると、翻訳者のルービンは原文通り現在形で翻訳をしている。つまり、英語では視点をめまぐるしく

シフトすることを嫌うのであって、シフトしないかぎり過去形でも現在形であってもかまわないということになる。

(例 2)
　目にしているのは都市の姿だ。
　空を高く飛ぶ夜の鳥の目を通して、私たちはその光景を上空からとらえている。広い視野の中では、都市はひとつの巨大な生き物に見える。あるいは幾つもの生命体がからみあって作りあげた、一つの集合体のように見える。無数の血管が、とらえどころのない身体の末端にまで伸び、血を循環させ、休みなく細胞を入れ替えている。新しい情報を送り、古い情報を回収する。新しい消費を送り、古い消費を回収する。新しい矛盾を送り、古い矛盾を回収する。身体は脈拍のリズムにあわせて、いたるところで点滅し、発熱し、うごめいている。　　　（村上春樹(2004)『アフターダーク』pp. 3-4. 講談社）
　Eyes mark the shape of the city.
Through the eyes of a high-flying night bird, we take in the scene from midair. In our broad sweep, the city looks like a single gigantic creature—or more like a single collective entity created by many intertwining organisms. Countless arteries stretch to the ends of its elusive body circulating a continuous supply of fresh blood cells, sending out new data and collecting the old, sending out new consumable and collecting the old, sending out new contradictions and collecting the old. To the rhythm of its pulsing, all parts of the body flicker and flare up and squirm.（Translated by Jay Rubin (2007) *After Dark,* p. 3. NY: Alfred A. Knopf)

2.2　フォーマリティ・シフト

　フォーマリティ・シフトというのは、ディスコースの中で、動詞なら「－ます／－ました」(行きます／行きました)、形容詞なら「です／かったです」(大きいです／大きかったです)、形容動詞だったら「です／でした」(静かです／静かでした)、および、それらの否定形のようにフォーマルな長い形が、それぞれ「た／だ」(行った／飲んだ)、「い／かった」(大きい／大きかった)、「だ／だった」とそれらの否定形のようにインフォーマルな短い形

にシフトすることである。長い形をフォーマルと呼び、短い形をインフォーマルと呼ぶことにする。シフトの方向性としてはフォーマルからインフォーマル、あるいは逆にインフォーマルからフォーマルがある。この分野は90年代から話しことばを中心に研究されてきている。牧野(1996: 100–108)の結論は、シフトが起こる場合のコミュニケーションの方向性は、フォーマルな形へのシフトは聞き手(あるいは読み手)向けで、インフォーマルな形は話し手(あるいは書き手)向けではないか、ということだった。次の例3は村上春樹のエッセイから採ったものだが、全体としてはインフォーマルな形で書かれているのに急に最後で「そう思いませんか」と、ソト向きのフォーマルな長い形にシフトさせている。こうしたシフトを翻訳者のSteinbachは、例3では原語とは逆にインフォーマルに読者に話しかけるように"Know what I mean?"(分かるだろう？)と訳している。

(例3)
だいたいアカデミー賞で、リチャード・ギアだのエリザベス・テーラーだのにえらそうに説教なんかされたくない。たとえそれが正論であるにせよだ。いや、正論であるからこそされたくないのだ。そう思いませんか。
(村上春樹(1994)『やがて哀しき外国語』p.205. 講談社)
(I don't want to be harangued during the Academy Awards show by some pompous star like Richard Gere or Elizabeth Taylor. Even if they're right. In fact, because they're right. Know what I mean? (Kevin Steinbachの未刊行試訳)

読者はそれまではなんとなくモノローグ的に村上のウチなる考えを読んできたのに、急に虚をつかれた感じを覚える。例4は座談会という、いわば読む会話と言っていいようなジャンルのディスコースから採ったものである。

(例4)
[1] うちでは、おふくろがお饅頭をふかしたり、柏餅を作っていたし、味噌や醤油は村で共同で作るんですよ。[2] またお客さんが来ますと、おやじがそば打つ。[3] そして必ずその日には、鶏が一羽いなくなる。[4] あ

れはうちのおやじのごちそうだったんですね。　　　　　　　　（座談会「家庭で伝えたい食卓の文化」『婦人之友』1992 年 10 月号、p. 22. 婦人之友社）
[1] At our house, Mom would make *manju* (steamed buns) and *kashiwamochi* (rice cakes wrapped in oak leaves), and the village would come together to make *miso* and soy sauce. [2] When a visitor came, Father would make *soba* noodles. [3] And on those days, a chicken was sure to die. [4] It was Father's way of offering a feast, you see. 　　　　　　　（Kevin Steinbach の未刊行試訳）

　この話し手(男性)は自分の家族の料理のことを話していて、[1] の文では座談会の他の人たちに直接話を向けているが、[2] と [3] の文では自分の頭に浮かぶなつかしい昔の父親の、凍結したようなイメージを独り言的に話している。[4] ではまた聞き手を意識してフォーマルな形にシフトしている。おそらく [2] と [3] の文は [1] と [4] の文と比べると、イントネーションもよりなだらかで、速度も早いのではないか、と考えられる。
　[1] と [2] の文では動詞の辞書形に過去の習慣を表わす would をつけていて、[3] の文も「必ずその日には、鶏が一羽いなくなる」というのを過去形で訳しているに過ぎない。これは誤訳ではなく、フォーマリティ・シフトで起きる話し手／書き手の認知的なシフトは英語ではどうしようもないのである。

2.3　人称とそのシフト

　日本語の人称代名詞は数が多いことで世界の言語の中でも極めて目立つ存在である。鈴木(1971)は「自称詞」と「他称詞」に分けて本来の機能とシフト機能を合わせた範疇を考えている。つまり「自称詞」は自分をどう呼ぶかの人称だから、当然本来の 1 人称の代名詞を含むが、それだけではなく、本来 3 人称として使う自分の名前とか自分の親族名称をシフト形として使う場合も含めたものを指す。「他称詞」は自分以外の人に使う代名詞と名詞で、本来の 2 人称と 3 人称用の代名詞だけではなく、「ぼく」のように 1 人称代名詞が 2 人称、3 人称にシフトして使われる場合もある。表 1 と表 2 に英語と日本語のそれぞれの本来の機能(◎)、転移のケース(○)、不可能の

ケース(X)を示す。この表は鈴木(2001: 142)の英語の人称詞に関する表を筆者が改訂したものである。

表1　英語の人称のシフト

指す人＼人称	1人称	2人称	3人称
話し手	◎	○	○
聞き手	○	◎	X
他の人	X	X	◎

表2　日本語の人称の転移

指す人＼人称	1人称	2人称	3人称
話し手	◎	X	○
聞き手	○	◎	○？
他の人	X	X	◎

　この表だけ見ると日英語ではっきり違うのは次の2点である。(1)英語では話し手が自分のことを"you"と言えるのに対して日本語では言えない。(2)日本語では俗語的には聞き手のことを「彼」、「彼女」を使うことができるのに、英語ではそれはできない。日本語では、母親かそれに近い女性が男の子に共感をこめて「ぼく」と言うことがある。英語ではこのような用法はないので、この日本語のシフトはもちろん翻訳で失われてしまう。日本語でも英語でも話し手が自分の親族名称、あるいは職場での地位名称を使って上の者が下の者へ話すことがある。自分の名前を1人称代わりに使うのは英語では幼児のみだが、Vaage(2010)によると、日本人の20歳ごろまでの女性の中には自分のファーストネームを使い続ける傾向もあるようである。

　例5は村上春樹の小説『1Q84』からの引用である。

(例 5)

［1］<u>彼女</u>はふと思い出してコットンパンツのポケットの中を探り、二枚のチューインガムをそこに見つけた。［2］細かく震える手で包装紙をはぎとり、口に入れてゆっくり噛んだ。［3］スペアミント。［4］懐かしい香り。［5］それがなんとかうまく神経をなだめてくれた。［6］顎を動かしているうちに、口の中の嫌なにおいも少しずつ薄らいでいった。［7］<u>私</u>の身体の中で何かが実際に腐っているわけではない。［8］恐怖が<u>私</u>をおかしくしているだけだ。　　　　　　　（村上春樹 (2009)『1Q84』Book 2, p. 321. 新潮社）
［1］It suddenly occurred to her to search in her pants pocket, where she found two sticks of chewing gum. [2] Her hands trembled slightly as she tore off the wrappers. She put the sticks in her mouth and began chewing slowly. [3] Spearmint. [4 & 5] The pleasantly familiar aroma helped to quiet her nerves. [6] As she moved her jaw, the bad smell in her mouth began to dissipate. [7] *It's not as if I actually have something rotting inside me.* [8] *Fear is doing funny things to me that's all.*
(Translated by Jay Rubin and Philip Gabriel (2011) *1Q84*, p.489. NY: Alfred A. Knopf)

　ここでは「青豆」という若い女性がチューインガムを噛んでいる。［1］の文では青豆は「彼女」と3人称で呼ばれていて客観描写になっている。［2］の文も客観的な描写と解釈できる。［3］では、「スペアミント」だけで、青豆の味覚と嗅覚を指すかのように名詞をむき出しで使っている。［4］まで来ると「懐かしい」という「〜しい」で終わる情意形容詞が出てきて、作者が青豆の中に入ってきているな、という感じになる。

　［5］では「くれた」という青豆を共感の焦点として明示する助動詞が使われている。［6］では「きた」ではなく「いった」ということで多少青豆からの距離感が出てきたと思いきや、［7］と［8］では最初の「彼女」がなんと「私」にシフトしているではないか。英訳が出ない前は、筆者はこの部分がどのように翻訳されるかに非常に興味を持っていた。ひょっとして失われてしまうのではないかと思ったが、翻訳者はこの部分をイタリックにして人称を3人称の she から1人称の I にシフトさせることに成功している。

以上、日本語から英語に翻訳をした場合に失われるものについて考えてきた。次に翻訳を日本語教育に復権させることの意味について考えたいと思う。

3.　翻訳と日本語教育(特に、読解教育)

　もともと印欧古典語(特にギリシャ語、ラテン語、サンスクリット語)の教育ではいわゆる文法・翻訳中心のいわば「音なし」の語学教育が行われていたが、それが19世紀後半ごろから現代語の教育にも Grammar-Translation Method(「文法・翻訳法」)として導入されて使われるようになった。この語学教育法の特徴を Hadley (2000: 107) は次のようにまとめている。
(1) 学習者はまず文法規則とその課の読みと関係している2か国語並記の語彙表を学ぶ。微に入り細にわたる、長い説明を通して演繹的に文法を学ぶ。すべての文法規則は例外や不規則性を含めて文法用語を使って学ぶ。
(2) 文法規則と語彙を学んだら学習者は文法の説明の後に与えられている練習問題の翻訳法を学ぶ。
(3) 学習者は文法規則の理解と読解力とを(目標言語から母語へ、あるいはその逆の)翻訳を通してテストされる。文章をうまく訳せれば言語は学んだということになる。
(4) 学習者は母語と目標言語を絶えず比較する。教育目標は必要があれば辞書を使って目標言語から母語、あるいはその逆に移し換えることである。
(5) この教育方法は読みと翻訳に集中しているので、(文章の音読を除くと)聞いたり、話したりする機会は非常に少ない。授業時間の大半は目標言語についての説明に費やされ、目標言語を話す時間は実質ゼロである。

　このように話し言葉によるコミュニケーションが除外されている文法・翻訳法が現在のプロフィシェンシー中心の外国語教育と相容れないことは疑い

のないことである。筆者はこのような外国語教育を擁護したり、時代錯誤的にそのような教育法に逆行させようという意図は全くない。しかし、本稿で考えてきた主要テーマの「翻訳で何が失われるか」に照らして、今後の外国語教育では、プロフィシェンシー・アプローチを堅持しつつ、翻訳を通してL1(母語)とL2(異言語)およびC1(母文化)とC2(異文化)の深層の差に気づかせるような教育を上級の外国語教育の一隅に復権してもいいのではないか、いや、そうするべきではないかと主張したいのである。そのような翻訳の教育効果として考えられることについて過去3年間の経験に基づき以下に6つの点を挙げておく。

3.1　学習者／教師が翻訳の限界を知る

　上級かそれ以上の学習者には翻訳を積極的にさせて、ここで日本語から学習者の母語(あるいは学習者の母語から日本語)へ移行させる時に起きる様々な問題に気づかせることができる。

3.2　学習者／教師は翻訳を通して外国語学習の目標に挑戦する

　アメリカの外国語教育協会(American Council on the Teaching of Foreign Languages = ACTFL)が提唱している外国語学習の5つの目標、すなわち、Communication、Culture、Connection、Contrast、Communityの中で特に、Contrast(対照)を中心に他の4つのC、すなわち翻訳によるCommunication、翻訳に関わるCultureの移行の問題、翻訳をベースにContent-based Instructionを実践して、日本語語教育者と日本学専門家とが連携するConnectionの問題、通訳も視野に入れたCommunityとの関わりなど、様々なことに気づかせることともつながる(詳しくはNational Standards in Foreign Language Education Project(1999)を参照されたい)。この5つのCの学習目標と翻訳との関わりについて以下に記述しておく。詳細は紙面の都合でできないので項目として書き出しておく。

　(1) 学習者も教師も翻訳を通してL1とL2の対照を試みる。
　(2) 学習者も教師も翻訳を大事なコミュニケーションの手段としてとらえる。

(3) 学習者も教師も目標言語に出てくる文化の翻訳可能性について吟味する。
(4) 教師は翻訳を軸にした連携を内容本位の語学教育（Content-based Instruction）という形で考え、例えば、翻訳の経験のある英語母語者と組んで日本語の上級のクラスを持つという形で、実行する（トムソン木下・牧野編(2010)参照）。
(5) 学習者も教師もL2のコミュニティーにとって意義のある翻訳を考える。
(7) 学習者も教師も翻訳の面白さと難しさを味わう。
(8) 翻訳をすることによって母語での表現力に反省が加わる。
(9) 副産物として翻訳者を生む。
(10) 教師は学習者に原語で読むことの意義を分からせる。

4. まとめ

　英語から日本語へ翻訳する場合、何が翻訳で失われるか、ということを日本語で書かれた小説を中心に認知言語学の一環として考えてきた。一言でまとめると、失われるものの中で一番目につきにくいために素通りしてきたような深層の認知の違いが白日にさらされたということになるだろうと思う。翻訳で何が失われるかはどの言語を目標言語としているか、どの言語が母語なのかによって違うが、原理的にはどの2つの言語間でも同じ分析ができるはずである。
　やり残したことはたくさんある。まず、英語の小説を日本語に翻訳する場合に何が失われるかも研究しなければならない。さらに、翻訳で得られるものもある。英語から日本語への翻訳では、英語にはないもの、例えば人称詞とかシフトとかが加わる。文末に「のだ」をつけるかつけないかも日本語への翻訳で得られるものだ。さらには、1つの言語内で書かれた古い文芸を現代語に翻訳をするという単一言語内での翻訳（mono-lingual translation）でも失われるものと得られるものが多いはずだ。次に認知的な問題としてこの論文では取り上げられなかったシフト現象、例えば、省略、新情報・旧情報

(「は」と「が」)、くり返し、などなど無限に出てくる。翻訳の限界があるにもかかわらず、いや、だからこそ可能なぎりぎりの上質の翻訳を生み出すことに力を注がなければならないだろう。そのためには翻訳を上級の日本語教育に復権させることが必要だろう。

参考文献

Greenberg, Joseph. H. (ed.) (1978) *Universals of Human Language 4: Syntax.* Stanford: Stanford University Press.

Hadley, Omaggio Alice (2000) *Teaching Language in Context.* 3rd ed. Boston: Heinle & Heinle.

Hasegawa, Yoko (2012) *The Routledge Course in Japanese Translation.* London/New York: Routledge.

Hopper, Paul J. (1979) Aspect and Foregrounding in Discourse, *Syntax and Semantics,* Vol. 12. *Discourse and Syntax.* New York: Academic Press.

Jespersen, Otto (1924) *The Philosophy of Grammar.* London: G. Allen and Unwin, Ltd. and New York: H. Holt and Company.

Kamio, Akio (1997) *Territory of Information.* Philadelphia: John Benjamins Publishing Company.

Kuno, Susumu (1973) *The Structure of the Japanese Language.* Cambridge: MIT Press.

Makino, Seiichi (2007) The Japanese Pluralizer–*tachi* as a Widow into the Cognitive World. In Susumu Kuno, Seiichi Makino, and Susan G. Strauss (eds.) *Aspects of Linguistics: In Honor of Noriko Akatsuka,* pp. 109–120. Tokyo: Kurosio Publishers.

Makino, Seiichi (2009a) What Will be Lost in Translation: A Cognitive Linguistic View. An Invited Lecture at *Donald Keene Center Lecture Series,* Columbia University, November 5, 2009.

Makino, Seiichi (2009b) Review Article on *Bunka, Kotoba, Kyoiku: Nihongo/Nihon no "Hyojun" wo Koete* [Culture, Language, and Education: Beyond "Standard" in Japanese/Japan's Education] Shinji Sato and Neriko Doerr (eds.) (2008) *Japanese Language and Literature* 43 (2), pp. 461–486. Tokyo: Akashi Shoten.

Miura, Akira (1974) The V-u Form vs. the V-ta Form. *Papers in Japanese Linguistics* 3, pp. 95–121.

National Standards in Foreign Language Education Project (1999) *Standards for Foreign*

Language Learning in the 21st Century. Yonkers, NY: National Standards in Foreign Language Education Project.

Talmy, Leonard (1978) Figure and Ground in Complex Sentences. In Joseph H. Greenberg (ed.) *Universals of Human Language 4: Syntax*, pp. 625–649. Stanford: Stanford University Press.

Talmy, Leonard (2000) *Toward a Cognitive Semantics I: Concept-structuring Systems.* Cambridge: MIT Press.

鈴木孝夫(1971)「言語における人称の概念について」『慶応義塾大学言語文化研究所紀要』2, pp. 141–156. 慶応義塾大学言語文化研究所.

鈴木孝夫(2001)『教養としての言語学』鈴木孝夫著作集 6, 岩波書店.

トムソン木下千尋・牧野成一編(2010)『日本語教育と日本研究の連携：内容重視型外国語教育に向けて』ココ出版.

ハドソン遠藤陸子(2008)「短編を通して『日本』を教える：5 技能融合・5C 実践の短編講読講座」畑佐由紀子編『外国語としての日本語教育：多角的視野に基づく試み』pp. 103–118. くろしお出版.

牧野成一(1983)「物語の文章における時制の転換」月刊『言語』12 月号, pp. 109–117. 大修館書店.

牧野成一・畑佐由紀子(1989)『読解―拡大文節の認知』外国人のための日本語例文・問題シリーズ 18, 荒竹出版.

牧野成一(1996)『ウチとソトの言語文化学―文法を文化で切る』アルク.

村上春樹・柴田元幸(2000)『翻訳夜話』文春新書, 文藝春秋.

村上春樹・柴田元幸(2003)『サリンジャー戦記　翻訳夜話 2』文春新書, 文藝春秋.

柳父章(1982)『翻訳語成立事情』岩波新書, 岩波書店.

ラウンドテーブル2の総括

筒井通雄

テーマ：日本語教育と第二言語習得・教授法

パネリスト(発表順)：坂本正(南山大学)、畑佐由紀子(広島大学)、ハドソン遠藤陸子(ミシガン州立大学)、畑佐一味(パデュー大学、ミドルベリー大学日本語学校)、牧野成一(プリンストン大学)

司会：筒井通雄(ワシントン大学)

1. 明示的学習／知識と暗示的学習／知識

　ラウンドテーブル2の討論では、最初に坂本論文(本書所収)のテーマである「明示的学習」と「暗示的学習」を取り上げた。
　坂本論文では、言語習得における明示的学習(＝学習対象の項目に注意を向ける学習、つまり、指導を受ける、参考書を読むなどして意識的に学ぶ学び方)と暗示的学習(＝学習対象の項目に注意を向けない学習、つまり、多くの現実の使用例に接することで無意識に学ぶ学び方)、および、その結果獲得される暗示的知識と明示的知識をいろいろな観点から比較している。しかし、明示的学習と暗示的学習の効果については諸説あり、どちらが効果的かについてはまだ決定的な説はない。どちらが効果的かは規則の複雑さによって違うとする説もある。
　坂本論文でもう1つ興味深いのは、明示的知識と暗示的知識のインターフェイスの問題である。坂本によれば、第二言語習得の分野では両者がインターフェイスするとする説としないとする説があるが、脳科学を含む最近の

研究によると、両者はインターフェイスしないという説が有力である。

この点について、坂本は、2種類の知識は別物で脳内で収まる部分も違うという説は受け入れるが、明示的知識でも、いろいろなコンテキストで何度も練習すればこの知識へのアクセスが速くなり、見た目には暗示的知識へアクセスしているのと同じように見えるとし、さらに、2種類の知識はあくまでもそれぞれ別々の形で残るとする。

一方、畑佐由紀子は、宣言的知識（言葉で記述できる知識。坂本論文6.参照）と明示的知識は必ずしも同じ概念ではないし、明示的に指導されたものでも、項目によって学習のされ方が違う可能性（例えば、暗示的知識になる可能性）もあるなど、明示的・暗示的知識についてはまだよく分かっていないことが多いので、これらを画一的に議論することに疑問を呈している。

2. 明示的指導と暗示的指導

第二言語を指導する場合、明示的指導が不可欠だという点については教師の間で異論はなさそうである[1]。しかし、第二言語習得が明示的指導だけで達成できるとは考えにくい。それは、通常、説明をいくら繰り返してもなかなか正しい文が産出できるようにはならないという事実からも窺える。また、運用能力の促進に有効とされるコミュニケーション活動は、学習者の意識が言葉の正確さより目的の達成に向かっていることを考えると、明示的学習よりむしろ暗示的学習により強く結びついているらしいことも、暗示的学習の重要性を示唆している。

そして、授業を通して学習している場合でも、すべての学習が明示的に行われているというわけではない。文法や単語の説明を聞いたり、その説明について考えたり、考えながら文を産出したり、指摘された間違いを直したり、といった意識的作業をしているのは授業全体の一部であり、無意識的に教師や他の学生が発話する文を聞いて理解したり、無意識的に文を産出するといった行為を行っている時もかなりあるのが普通である。つまり、教室内でも明示的学習と暗示的学習は並行的に起こっていると考えられる[2]。したがって、教室で明示的に教えた結果、運用ができるようになったのだから、

明示的学習は運用能力を伸ばすとは言い切れないことになる。運用能力の向上は明示的学習をしている間に起こった暗示的学習の結果だという議論もできるからである。もし仮に、第二言語の運用能力も第一言語と同じように暗示的知識に依存するとするならば、我々は暗示的知識を積極的に構築する手段、すなわち暗示的学習を促す手段をもっと取り入れるべきだということになる。

しかし、問題は、第二言語学習者のほとんどは、暗示的学習からその言語を自然に習得できる臨界時期を過ぎているのと、暗示的学習の時間数に関しても、第二言語学習の場合は一般的に第一言語学習より圧倒的に少ないので、第一言語を学習した時と同じようにはいかないことである。それでは、教師の立場として、明示的指導と暗示的指導はどう考えるべきなのか。この2つをどう使い分ければいいのか[3]。

これについて、坂本は、暗示的学習は時間が必要なので、時間の限られたクラスで暗示的指導をやるには無理がある。そして、クラスでは機械的ドリルのようなものより、いろいろなコンテキストや状況に埋め込まれた練習をする必要があり、これを数多くやることで自動化に繋がるとする。坂本によれば、第二言語の場合、明示的学習から出発しても、発話練習を繰り返すことで自動化が起こり、これがプロフィシェンシーの向上につながるという[4]。

畑佐由紀子はこの点について、明示的学習と暗示的学習はどちらも必要なものだと考える。文法指導について言えば、明示的指導の効果を否定する人はいないが、問題は教えたことがそのまま定着しないことで、それをどう定着させるかは別の課題だとする。例えば、ある文法項目がうまく定着するかどうかは説明の仕方そのものより、後の練習の仕方でも変わってくる。また、全ての項目を必ずしも同じように教える必要はない。むしろ、対象項目、学習環境、学習者のレベルなどによって教え方は変わってしかるべきだとする。そして、練習については、それがどれだけ認知的な処理を要求するかが重要で、教師は単に自分の考えだけをベースに指導するのではなく、学習者に何が起こっているかをしっかり検討して教育活動を行うべきだと主張する。

ちなみに、畑佐一味によると、Total Immersion方式で知られるミドルベリー大学の夏期日本語学校では、学期中は日本語以外は使わないという規則があるが、授業の文法説明では媒介語として英語を使うことが行われているという。しかし、教室外では日本語しか使えないので、教師は学生から文法などの質問を受けた場合、時間がかかっても日本語で説明するという。

3.　フォーミュラ能力

　討論では次に畑佐由紀子論文(本書所収)で述べられているフォーミュラ(定型表現)能力をトピックに取り上げた。フォーミュラとは「手が出ない」「シャワーを浴びる」のような慣用句や共起関係を持つ定型表現を指し、フォーミュラ能力とは、こうした表現が正しく産出できる能力のことである。これは、言語能力、談話能力、社会言語能力などとともにコミュニケーション能力を構成する能力の1つとされているが、畑佐由紀子によると、他の能力と違ってCommunicative Language Teachingで効果的に達成できない能力である。では、どうすればこの能力を伸ばすことができるのか。

　フォーミュラ能力を高める方策として、畑佐由紀子は「塊表現の早期導入」や「(ある種の表現は)文法として扱わず、語彙か連語として導入すること」などを提唱している。しかし、文法化・文型化は、「なぜそう言うのかの理屈を分からせる」アプローチであり、「少しの努力でたくさん言えるようにする」方策であると言える。ゆえに、学習項目を個別化すると丸暗記部分が多くなり学習負担が増える、単発的な知識になり応用が効きにくい、などの問題が出るのではないかという疑問が出てくる。

　この点について、畑佐由紀子は、上に提唱したようなアプローチは文法化・文型化と対極をなすアプローチではないとする。畑佐によれば、初級ではある程度の定型表現の先出し導入が必要であり、文法的説明を後でする方が、学習者の情報処理からするとむしろ楽な場合がある。また、言語学的にシンプルでエレガントなルールであっても、それを学習し適用することが必ずしも認知処理的にシンプルであるかどうかは分からない。文法から入ることで学習者がより困難を覚え、問題が起こりやすいのなら、違うアプローチ

を取るべきではないかと述べている。

これに関して遠藤は、Mizutani and Mizutani(1977)の初級教科書は、後に出てくる文法を塊表現として先の課に出しておき、後で説明を加えるという方法を取っており、これが非常に有効であるとコメントしている。

4. 翻訳

最後に牧野論文のテーマである翻訳についての討論内容について触れる。翻訳練習は言わば「二言語の対照学習」で、典型的な明示的学習と言えよう。では、これははたして第二言語の運用能力向上に関わるのであろうか。

これについて牧野は、自身が上級クラス(受講者6人)で行った小説の翻訳指導に関するアンケート結果によると、学生は「翻訳によっては読解能力が上がったとは思わないが、文の分析力がついた」と自己評価していることから、回答数は少ないが、一般に翻訳は読解力を伸ばすものではないのではないかとコメントしている。この問題は読解力をどのように定義するかにもよるが、文の分析力も読解力の一部と考えるなら、翻訳は少なくともある種の読解能力の向上に関わると言えそうで、学生の回答は一見矛盾するようにも思える。

これについて筆者の私見を述べると、翻訳は言語の基本4技能とは別の第5の技能ではないかと考える。翻訳が話し言葉に関する能力とは関係しないことは明らかである。もし4技能のどれかに関わるとすれば、最も関係していそうなのは読解力だが、これも決定的に関わっているかどうかはっきりしない。結局、翻訳練習によって確かに伸びる能力があるとすれば、それは翻訳能力そのものではないだろうか。

次に、仮に翻訳が基本の4技能に直接的影響を与えないとしても、このことが、翻訳練習が無益な作業であることを意味するものではないことを指摘しておきたい。事実、ビジネスや科学技術などの分野で日本語能力を仕事に生かす際には、翻訳能力は非常に価値の高い能力である。しかし、現状は、多くの学習者は授業で翻訳の練習をすることはあまりなく、実社会に出てから必要があれば自己流で翻訳する場合が多いのではないかと思われる。

筆者の経験から言えば、翻訳のストラテジーやノウハウは明示的に教えることができ、その知識が翻訳の際に有益であることは疑いない[5]。

　また、牧野からは、文章は最終的には翻訳させないと本当に理解しているかどうか分からないというコメントがあったが、これは筆者の経験とも一致する。例えば、関係節や従属文の訳し方、名詞の単数・複数、定冠詞の使い方などから、学習者が原文をどのように解釈したかが明確に分かる。このように、読解質問などではチェックできない細かい部分の理解チェックには、翻訳は極めて有効な手段である。ただし、この手段は、クラスの学生全員が翻訳対象語の母語話者かそれに近い者でなければ使えないという決定的な問題がある。

注

1　「教える」ことは常に明示的であるという含みがあるので、ここでは「指導」という用語を使う。例えば、プロジェクトワークの課題を与えるのは指導ではあるが、文法や単語について説明するというような意味での明示的指導ではない。

2　教室外作業では、文法の練習問題などでは明示的学習が、プロジェクトワークなどでは暗示的学習が起こると考えてよいだろう。

3　暗示的学習は無意識的に起こるのであるから、教師は暗示的指導をできないというのは当たっていない。例えば、暗示的学習に導くコミュニケーション活動をさせることは暗示的指導と言える。

4　プロフィシェンシーについては、本書所収の坂本論文の定義を参照。筆者は、坂本の「明示学習―自動化―プロフィシェンシー」説とは違った仮説を考える。すなわち、明示的知識と暗示的知識の間にインターフェイスが起こらないということが事実なら、そして、無意識的な言語運用は、第一言語、第二言語を問わず暗示的知識に依存しているとするなら(事実、ある程度のプロフィシェンシーを有する第二言語使用者は無意識に言語運用をしている場合が多い)、この暗示的知識は、教室内外の活動を通して構築されたものと考えざるを得ない。つまり、坂本の言う、繰り返し練習することで自動化するというのは、その練習過程でのいろいろな機会や教師が知らないそれ以外の状況を通して暗示的学習が行われ、暗示的知識が構築された結果だという説明も成り立つのではないだろうか。

5　筆者は大学院レベル（学部なら 5 年目に相当）の専門日本語を教えているが、翻訳は、読み作業でのスポットチェックと翻訳ストラテジーの指導を目的として行っている。

参考文献

Mizutani, Osamu and Nobuko Mizutani. (1977) *An Introduction to Modern Japanese.* Tokyo: The Japan Times.

第 3 部
日本語教育と OPI

ACTFL プロフィシェンシー・ガイドライン（話技能）
― 2012 年改訂版について―

牧野成一

要旨

　本稿では 13 年ぶりに改訂された *ACTFL Proficiency Guidelines 2012 — Speaking* を検討する。一番目立つ点はプロフィシェンシーのレベルとして従来の超級の上に "Distinguished Level"（「超超級レベル」）を加えたことであろう。このレベルの分析だけではなく、それ以外のレベルの記述に関し、1999 年版と本改訂版における 10 のレベルの異同（ただし、中級と初級は省略）を比較し、従来一番高いレベルであった超級の上に超超級レベルを作ることによって直下の超級に 2 つか 3 つの下位レベルが必要になってくることと、それぞれの下位レベルの記述を準備することを提案している。なお本稿では、Interagency Language Roundtable（ILR）と EU の『欧州言語共通参照枠組み』（*CEFR*）との比較もしている。

キーワード：超超級、基準記述、ILR（Interagency Language Roundtable）、待遇表現、OJAE（Oral Japanese Assessment Europe）

1.　はじめに

　本稿では 13 年ぶりに改訂がなされた口頭能力評価基準である *ACTFL*[1] *Proficiency Guidelines 2012 — Speaking*（ACTFL 外国語運用能力評価基準 2012 ―話技能、以下 *PGS*）を検討し、筆者の考えを述べたいと思う。*PGS* を土台にした Oral Proficiency Interview（OPI）は外国語学習者の口頭能力を測るテストとして 80 年代の後半から ACTFL の主導のもと米国で始まり、OPI テ

スターを養成するワークショップが始まった。筆者はOPIのデモンストレーションを当時夏期集中日本語学校の校長を務めていたアメリカ北東部にあるミドルベリー大学で見たのが最初だった。そのあと、筆者は、すでにテスターの資格を持っていたキヨ・ヤマダ・スチーブンソン氏のワークショップでテスターの資格を取り、その後、当時ACTFL所属のDavid Hyple氏の指導でOPIトレーナーになった。OPIが日本にはじめて導入されたのは1989年のクリスマスの日、場所は東京の(株)アルク、担当者は筆者と鎌田修氏（本書編者の1人）であった。以後日本でのOPIワークショップはACTFL／アルク主催で開かれるようになった。日本でのOPIワークショップは1990年3月1日〜4日に第1回目が開催され、その後の発展の経過については日本語OPI研究会(2010)に村野良子、文野峰子、深谷久美子、齋藤真理子、嶋田和子、萩原稚佳子、堀井恵子、西川寛之、金庭久美子の諸氏が書かれた報告があるので、参照されたい。

　2012年11月現在世界には65以上の言語のためのOPIテスターがいるとACTFLは報告している。日本でのOPIワークショップは2012年12月に鎌田修氏が行うもので90回を迎えることになり、2、3年後には100回を超えるのではないかと予想される。テスターの数も2012年11月現在300人を超えていると言われている。筆者はテスト法の研究者ではないのでOPIの弱点について本稿では一切述べないが、Liskin-Gasparro(2004)がその点で大変参考になると思う[2]。彼女は客観的にOPIを熟視しながらも、OPIがどうして外国語の教師に魅力があるかについても詳細に書いている。筆者自身もOPIはプロフィシェンシー・アプローチを教えてくれるものとして利用している。OPIのような観察者参加型のテストは客観性を欠いていることは事実だが、OPIのおかげで筆者は実に多くの学生や学習者と接し、さらに日本、韓国、フランス等で最前線に立って日本語を教えている先生方に出会え、OPIを媒介として日本語教育を語り合うことができた。OPIに惹かれる日本語の教師が多いだけに、今回の改訂版*PGS*についてどこがどのように変わったのか、その変化はOPIの被験者とOPIテスター養成のワークショップにどういうインパクトを持つかについて検討をすることは大切な問題だと思われる。

2. *PGS* のどこがどう変わったのか

　OPI の主要レベルは 1986 年以降、大きな改訂の行われた 2012 年版が出るまで、超級(Superior Level)、上級(Advanced Level)、中級(Intermediate Level)、初級(Novice Level)という 4 つのレベルであった。しかし、ACTFL の評価基準が基盤とした Interagency Language Roundtable Scale(以下、ILR)の最高レベル 5 との関連でかねてから 4 つのレベルで良いのかが議論され、2012 年からそれに対応するレベルとして *PGS* に Distinguished Level(「超超級」[3])をたてる方向に踏み切った。その理由として、ACTFL にて長年 *PGS* に携わってきた Elvira Swender 氏は OPI テスター／トレーナーの会議(11/19/2011)でその理由として次の 5 点を挙げた。

超超級：
（1） 教育界と卒業後の専門職の世界との連携を創る(職場で要求されるプロフィシェンシーに繋がる)。
（2） より高い言語プロフィシェンシーを教育の目標として据えることができる。
（3） 政府機関が使っている最高のプロフィシェンシー・レベルの定義とつなげられる[4]。
（4） *Common European Framework of Reference*(『欧州言語共通参照枠組み』、以下、*CEFR*)の最高のレベル C2 との対応がすっきりする。
（5） 超級と超級を超えた「超超級」の区別が鮮明になる。

　これら 5 点に筆者のコメントを加えると次のようになる。(1)については今までは大学教育で 4 年間日本語を学んでも超級に到達することは無理なので、「超超級」などは縁遠いという印象だった。しかし、現在では、卒業後の専門職との繋がりなどはあまり考えていなかったのではないだろうか。たしかに、大学の日本語の教師は(2)にあるように、より高い外国語プロフィシェンシーを教育の目標に据えることが必要だと思われる。「超超級」のレベルを立てることによって、(3)は先に触れたアメリカの政府機関の

ILRの最高のプロフィシェンシー・レベルと、(4)はEUで2001年にでき上がった*CEFR*の最高のプロフィシェンシー・レベルとの突き合わせができ、対応関係がはっきりしたというのだが、Swender氏のコメントの(4)とは違って、*CEFR*との関係はそうではないと思う。実はCEFRの最上のレベルはC2ではなくてその下位レベルのC2–2である。C2–2はたしかに最上のレベルではあるが、その下に来る下位レベルをすべて並べると、C2–1、(C1–2、C1–1)、(B2–2、B2–1)、(B1–2、B1–1)、(A2–2、A2–1)、(A1–2、A1–1)といったレベルがあり、少なくともC2(C2–2)とC1(C1–2、C1–1)、そして、おそらくはB2の下位レベルB2–2あたりまでは「超超級」と対応しているのではないかと思う。超超級とC2との突き合わせが大事なので、もう少し先でもっと詳しく検討する。(5)は問題がないと思う。

それでは「超超級」のレベル記述自体を見てみよう。以下のレベルの基準記述は*PGS*と*CEFR*もすべて英語で出しておく。

Distinguished Level

Speakers at the Distinguished level are able to use language skillfully, and with accuracy, efficiency, and effectiveness. They are educated and articulate users of the language. They can reflect on a wide range of global issues and highly abstract concepts in a culturally appropriate manner. Distinguished-level speakers can use persuasive and hypothetical discourse for representational purposes, allowing them to advocate a point of view that is not necessarily their own. They can tailor language to a variety of audiences by adapting their speech and register in ways that are culturally authentic.

Speakers at the Distinguished level produce highly sophisticated and tightly organized extended discourse. At the same time, they can speak succinctly, often using cultural and historical references to allow them to say less and mean more. <u>At this level, oral discourse typically resembles written discourse.</u>

A non-native accent, a lack of a native-like economy of expression, a limited control of deeply embedded cultural references, and/or an occasional isolated language error may still be present at this level.

（ACTFL *PGS* の Distinguished Level からの引用。下線は筆者）

　この超超級レベルは教育のない母語話者は、なかなか到達できないレベルである。なぜならば、このレベルはただの言語能力だけではなく、相手を説得し、ディベートをし、知的な対話をするだけの蓄積された知識を使いこなす能力が必要だからである。話者の言語能力は知の技能と論理の技能と密接に繋がっている。第2段落の最後の文は「このレベルでは、話す談話（ディスコース）は書く談話に似ているのが普通である」とあるがこの意味がよく分からない。ただ単に語彙やフレーズの選択について言うのなら、そう言うべきである。書くように話すのは、書かれたものを準備して読み上げる場合はその通りだろうが、普通はこの2つの談話構造はかなり違っているのではなかろうか。もし話す談話が書く談話と同じように統括性（cohesion）があるという意味だとするとそれには疑問符を打ちたくなる。例えば、一般的に、著名な作家が話す時は書く時の談話構造とは大きく変わるというのが筆者の通常の体験である。

　もう一度レベルの記述を使って超超級がC2とどう違うかを見てみよう。*CEFR* におけるC2–2 とC2–1 を含む主要レベルのC2の記述は以下の通りである。

C2 Level (*CEFR*)

Level C2, whilst it has been termed 'Mastery', is not intended to imply native-speaker or near native-speaker competence. What is intended is to <u>characterize the degree of precision, appropriateness and ease with the language</u> which typifies the speech of those who have been highly successful learners. Descriptors calibrated here include: *<u>convey finer shades of meaning precisely by using, with reasonable accuracy, a wide range of modification devices; has a good command of idiomatic expressions and colloquialisms with awareness of connotative level of meaning; backtrack and restructure around a difficulty so smoothly the interlocutor is hardly aware of it.</u>*

（*CEFR* Framework, p. 36「Content Coherence in Common Reference Levels」からの抜粋。元々イタリック。下線は筆者）

C2をよく理解するためには CEFR の記述にある "Qualitative Aspects of Spoken Language Use"(話し言葉の使用に見られる質的側面)という部分に目を通さなければならない。下に引用したような5つの参照範疇(すなわち範囲、正確さ、流暢さ、相互作用、統括)にある Can-do Statements[5] を読むと C2 のレベルの学習者のできることが何であるかがよく分かる。

Range: Shows great flexibility reformulating ideas in differing linguistic forms to convey finer shades of meaning precisely, to give emphasis, to differentiate and to eliminate ambiguity. Also has a good command of idiomatic expressions and colloquialisms.

Accuracy: Maintains consistent grammatical control of complex language, even while attention is otherwise engaged (e.g. in forward planning, in monitoring others' reactions).

Fluency: Can express him/herself spontaneously at length with a natural colloquial flow, avoiding or backtracking around any difficulty so smoothly that the interlocutor is hardly aware of it.

Interaction: Can interact with ease and skill, picking up and using non-verbal and intonational cues apparently effortlessly. Can interweave his/her contribution into the joint discourse with fully natural turn-taking, referencing, allusion making, etc.

Coherence: Can create coherent and cohesive discourse making full and appropriate use of a variety of organizational patterns and a wide range of connectors and other cohesive devices.

(*CEFR*, p. 28)

　ACTFL の超超級と *CEFR* の C2 はほぼ似たような定義になっているが、

前者はディベート向きの議論と抽象的な話題に関するディベート的な対話、説得力のある議論、文化行動上の適切さに焦点が置かれているのに対して、後者は言語的な正確さ、細かい意味の把握、ターン・テーキングなどに焦点が置かれているようである。両方とも最高のレベルは母語話者レベルではないことを強調しているが、母語の概念は定義づけるのが非常に難しい概念なので「母語話者」という表現も慎重に使う必要があろう。

　ここで PGS の超級レベルの記述に移る。2010 年版と 1999 年版とではレベルによっては語句の違いぐらいの場合もあるが、その異同は以下の新旧基準の記述比較で明らかになる。省略は [[xxx]] で、加筆は [xxx] で示し、xxx (yyy) は xxx が yyy を置き換える場合である。つまり、xxx が yyy にとって変わったという場合である。なお、以下の引用はすべて ACTFL Proficiency Guidelines 2012 のホームページ（http://actflproficienyguidelines2012.org）からの引用である。

Superior Level

Speakers at the Superior level are able to communicate with accuracy and fluency in order to participate fully and effectively in conversations on a variety of topics in formal and informal settings from both concrete and abstract perspectives. They discuss their interests and special fields of competence, explain complex matters in detail, and provide lengthy and coherent narrations, all with ease, fluency, and accuracy. They <u>present</u> (explain) their opinions on a number of <u>issues</u> (topics) of <u>interest</u> (importance) to them, such as social and political issues, and provide structured arguments to support these opinions. They are able to construct and develop hypotheses to explore alternative possibilities. When appropriate, <u>these speakers</u> (they) use extended discourse without unnaturally lengthy hesitation to make their point, even when engaged in abstract elaborations. Such discourse, while coherent, may still be influenced by [the Superior speaker's own] language patterns <u>rather</u> (other) than those of the target language.

　Superior-level speakers <u>command</u> (employ) a variety of interactive and discourse strategies, such as turn-taking and separating main ideas from supporting information through the use of syntactic, lexical [and phonetic] devices [as well as intonational features such as pitch, stress and tone.]. They（Speakers at the Superior level）demonstrate no pattern of error in the use of basic structures, although（.However,）they may make sporadic errors, particularly in low-frequency structures and in [some] complex high-frequency structures（more common to formal speech and writing）. Such errors, if they do occur, do not distract the native interlocutor or interfere with communication.

超級の基準記述には重要な差はない。唯一、注意を要する点は6行目の"explain"が"present"に置き換えられている点である。なぜなら、名詞形の"presentaion"は *National Standards for Foreign Language Learning*（1996）（以下、*NS*）に記述されている聴衆へのプレゼンテーション・モード（presentational mode）と響きあう表現の選択と相通じるかもしれないからである。ただしこれは筆者の読み込みすぎかもしれない。もしそうだとすると、「超超級」と「超級」のどこかにプレゼンテーション・モードでの話す能力について記述があるべきだろう。NSでプレゼンテーション・モードと対照して導入されているインターパーソナル・モード（interpersonal mode）についてもどこかのレベルで記述されるべきだと思う。

　ここで、初めの方で触れた米国政府機関であるILRとPGSとにもう少し詳しく触れたい。ILRの基準記述の詳細については本稿では一切触れないので、詳しくは次のウェブ・サイトを利用されたい。http://www.govtilr.org/Skills/ILRscale2.htm（2012.11.03）

　まず、ACTFLのレベルと*ILR*レベルの対応関係は下の通りである。

表1　ACTFL/ILRレベルの対応関係

ACTFL	ILR
超超級	5
超級	4/4+/3/3+
上級（上・中・下）	2/2+
中級（上・中・下）	1/1+
初級（上・中・下）	0/0+

ACTFL は 1980 年代に ILR の能力基準を基にしながらも、独立して教育界での外国語口頭能力のレベル記述を 1986 年に完成した。たしかに ILR の 5 レベルに対応するものとして超超級を立てたのはいいが、超級は下位レベルを入れると 4 つのレベルの ILR に対応することになる。すでに述べた *CEFR* との対応関係も超級に対してどこまでが超超級でどこからどこまでが超級に対応するのか不明である。超級を ILR のように 4 つのレベルにする必要はないと思うが、少なくとも 2 つの下位レベルを設けるべきではないだろうか。特に日本語の場合、インフォーマルとフォーマルの待遇表現の両方ができないと基本的に超級とは認めないという日本語トレーナーの間で決めた判定基準が今まではあり、何らかの待遇表現に問題があれば、それ以外は問題がない場合でも自動的に上級の上と判定した。もし超級が上と下の 2 つの下位レベルになれば、上記のような場合は超級の下とすることができる。

　次に上級レベルである。1999 年版にはなかった記述だが、2012 年版には上級、中級、初級といった主要レベルの総括的な記述が冒頭についている。本稿でも下位レベルの検討に入る前にこの総括的記述を示すことにする。ただし、OPI テスターの 1999 年版のマニュアルには総括的な記述が書かれている。

Advanced Level

Speakers at the Advanced level engage in conversation in a clearly participatory manner in order to communicate information on autobiographical topics, as well as topics of community, national, or international interest. The topics are handled concretely by means of narration and description in the major times frames of past, present, and future. These speakers can also deal with a social situation with an unexpected complication. The language of Advanced-level speakers is abundant, the oral paragraph being the measure of Advanced-level length and discourse. Advanced-level speakers have sufficient control of basic structures and generic vocabulary to be understood by native speakers of the language, including those unaccustomed to nonnative speech.

この部分は比較ができない部分ではあるが、全体としては 1999 年版の上級レベルの記述から総括できる内容である。上級の上の記述は次のようになっている。

Advanced-High Level
Speakers at the Advanced-High [sub]level perform all Advanced-level tasks with linguistic ease, confidence, and competence. They are consistently able to explain in detail and narrate fully and accurately in all time frames. In addition, Advanced-High speakers handle the tasks pertaining to the Superior level but cannot sustain performance at that level across a variety of topics. They may (can) provide a structured argument to support their opinions, and they may construct hypotheses, but patterns of error appear. They can discuss some topics abstractly, especially those relating to their particular interests and special fields of expertise, but in general, they are more comfortable discussing a variety of topics concretely.

Advanced-High speakers may demonstrate a well-developed ability to compensate for an imperfect grasp of some forms or for limitations in vocabulary by the confident use of communicative strategies, such as paraphrasing, circumlocution, and illustration. They use precise vocabulary and intonation to express meaning and often show great fluency and ease of speech. However, when called on to perform the complex tasks associated with the Superior level over a variety of topics, their language will at times break down or prove inadequate, or they may avoid the task altogether, for example, by resorting to simplification through the use of description or narration in place of argument or hypothesis.

この記述には、さして重要でない加筆(1 行目)と置き換え(5 行目)があるだけである。特に、最初の level を sublevel にした理由は sub がなくてもそれが下位レベルであることは歴然としているので不可解である。同じような置き換えがこの先、「初級の下」まで続く。

上級の典型的なレベルである「上級の中」は次のように記述されている。

Advanced-Mid

Speakers at the Advanced Mid [sub]level are able to handle with ease and confidence a large number of communicative tasks. They participate actively in most informal and some formal exchanges on a variety of concrete topics relating to work, school, home, and leisure activities, as well as [topics relating to] events of current, public, and personal interest or individual relevance.

Advanced-Mid speakers demonstrate the ability to narrate and describe in all (the) major time frames of past, present, and future by providing a full account, with good control of aspect [[as they adapt flexibly to the demands of the conversation]]. Narration and description tend to be combined and interwoven to relate relevant and supporting facts in connected, paragraph-length discourse.

Advanced-Mid speakers can handle successfully and with relative ease the linguistic challenges presented by a complication or unexpected turn of events that occurs within the context of a routine situation or communicative task with which they are otherwise familiar. Communicative strategies such as circumlocution or rephrasing are often employed for this purpose. The speech of Advanced Mid speakers performing Advanced-level tasks is marked by substantial flow. Their vocabulary is fairly extensive although primarily generic in nature, except in the case of a particular area of specialization or interest. [[Dominant language discourse structures tend to recede, although]] Their discourse may still reflect the oral paragraph structure of their own language rather than that of the target language.

Advanced-Mid speakers contribute to conversations on a variety of familiar topics, dealt with concretely, with much accuracy, clarity and precision, and they convey their intended message without misrepresentation or confusion. They are readily understood by native speakers unaccustomed to dealing with non-natives. When called on to perform functions or handle topics associated with the Superior level, the quality and/or quantity of their speech will generally decline. [[Advanced-Mid speakers are often able to state an opinion or cite conditions; however, they lack the ability to consistently provide a structured argument in extended discourse. Advanced-Mid speakers may use a number of delaying strategies, resort to narration, description, explanation or anecdote, or simply attempt to avoid the linguistic demands of Superior level tasks.]]

　この記述には省略部分が8行目と26行目から30行目にかけて2箇所ある。1つ目の省略は問題がないと思うが、2つ目の省略は問題である。典型的な上級話者が超級のレベルのパフォーマンスができるという部分を改訂委員会の委員は省略したのだろうか。トレーナーとしての筆者の経験では上級の中の話者は「上級の上」の話者ほどではなくても、この省略部分にあるように超級への突出を示すことがある。したがって、この部分の記述の骨子は生かすべきだと思うがどうだろうか。

　「上級の下」の基準記述の新版(2012年版)はそれ以前の旧版(1999年版)とはかなり違う。その差をまず見ていただきたい。

Advanced-Low
Speakers at the Advanced Low [sub]level are able to handle a large number (variety) of communicative tasks [[, although somewhat haltingly at times]]. They [are able to] participate [[actively]] in most informal and some (a limited number of) formal conversations on activities (topics) related to school, home, and leisure activities [[and, to a lesser degree, those related to events of work, current, public, and personal interest or individual relevance]]. They can also speak about some topics related to employment, current events, and matters of public and community interest.

　　Advanced-Low speakers demonstrate the ability to narrate and describe in all (the) major time frames of past, present, and future in paragraph-length discourse with some control of aspect (but control of aspect may be lacking at times). In these (their) narrations and descriptions, Advanced Low speakers (they) combine and link sentences into connected discourse of paragraph length [, although these narrations and descriptions tend to be handled separately rather than interwoven.] They can handle appropriately the [essential] linguistic challenges presented by a complication or an unexpected turn of events [[that occurs within the context of a routine situation or communicative task with which they are otherwise familiar, though at time their discourse may be minimal for the level and strained]].

<u>Responses</u> (Their utterances) [[produced by Advanced Low speakers]] are typically not longer than a single paragraph. The speaker's (Structure of the) dominant language <u>maybe</u> (is still) evident in the use of false cognates, literal translations, or the oral paragraph structure of <u>that</u> (speaker's own) language. [At times their discourse may be minimal for the level, marked by an irregular flow, and containing noticeable self-correction. More generally, the performance of Advanced Low speakers tends to be uneven.

Advanced-Low speech is typically marked by a certain grammatical roughness (e.g., inconsistent control of verb endings), but the overall performance of the Advanced-level tasks is sustained, albeit minimally. The vocabulary of Advanced Low speakers often lacks specificity. Nevertheless, Advanced Low speakers are able to use communicative strategies such as rephrasing and circumlocution.] [6]

Advanced-Low speakers contribute to the conversation with sufficient accuracy, clarity, and precision to convey their intended message without misrepresentation or confusion. <u>Their speech</u> (it) can be understood by native speakers unaccustomed to dealing with non-natives, even though this may require some repetition or restatement. When attempting to perform functions or handle topics associated with the Superior level, the linguistic quality and quantity of their speech will deteriorate significantly.

たしかに表面的にはずいぶん違うが、本質的には旧版と変わっていないので、異同については何も指摘することはない。その代わり、絶えず繰り返し起きてくるインフォーマルとフォーマルの問題の記述に注意を向けたい。3行目から4行目に "They are able to participate in most informal and some formal conversations" とあるが、大学での日本語教育ではまずフォーマルな「です／ます」体を教えている。その理由は学習者が日本人の大人に話す時にはフォーマルに話す方が悪い感じを与えないということと、動詞・形容詞のような用言の活用がフォーマルの方が簡単だということである。もし「上級の下」の PGS でいくと、インフォーマルな話し方のレベルは「上級の下」でほぼ完成していることになる。ここの記述は They are able to participate in either informal or formal conversations（インフォーマルかフォーマルの会話のどちらか一つができる）とすべきではないかと思う。

　以下、中級と初級に関しては、紙数の関係で省略する。

3.　まとめ

　ACTFL の話技能の基準の 2012 年版と 1999 年版とを突き合わせて、その異同を指摘し、必要な場合はコメントをつけた。全体を通して一番インパクトの大きいものは、新版に導入された新しい超超級レベル（Distinguished Level）の導入である。大学での外国語教育が様々な研究を土台にして進展している現在、大学卒業後、専門職について、さらに自律的に学習して口頭能力を伸ばしていく外国語習得者には大きな刺激にもなり、在学中に、はるかかなたのレベルを仰ぎ見ることは学習者には刺激的であるだろう。また、日本語教育者にも学習者が初級、中級、上級、超級を超えて超超級のレベルまで迅速に到達する教育方法を編み出すという大きなチャレンジになるだろう。

　本来、筆者が OPI に最初に興味を持ったのはその汎用性であった。例えば、「中級の中」の学習者が基本的にできることはどの言語を学習していても基本的には同じだというのは外国語教育者としては、日本語なら日本語という言語の境はなく、共通の基準を持っている限り、共通の外国語教育のコミュニティに属しているというすばらしい帰属意識が出てくる。それだけではなく、中国語教師ともスワヒリ語の教師とも、言語の境を超えて、共通の枠組みで口頭能力の問題が話せるのである。言語に特化している現象は共通枠組みの外に言語別の特化事項として記述するとよいだろう。

筆者はCEFRの基準については2001年以来ずっと強い関心を持ってきた。CEFRはPGSと比べると背後の言語理論や外国語習得理論が多少異なるために当然外国語能力基準が異なっているところがあるが、根本的な差はないと思う。CEFRに基づいた口頭能力測定のためにはOral Japanese Assessment Europe(日本語口頭産出能力評価法。通称、OJAE)を、かつてはOPIのテスターだったベルリン在住の山田頼子氏を中心とするグループが開発中である。すでにできている部分のビデオは見たことがある。おそらくやがてはテスターを養成するワークショップも始まるだろう。近い将来同じ被験者たちにOPIとOJAEのテストを受けさせて、判定がどう違って出てくかを調べることができたらと思う。日本語教育を世界中に広めるにはOPIに匹敵するような口頭能力試験と突き合わせ、よりよいものにしていくことが肝心であろう。

注

1　American Council on the Teaching of Foreign Languages(米国外国語教育協会)の略。
2　本書の執筆者の1人でもあり、ここでの彼女の論文も参照されたい。
3　*ACTFL Proficiency Guidelines 2012 — Speaking*の日本語訳はまだ出版されていないため、ここで使用している訳語「超超級」は公的なものではなく、筆者の判断による用語である。
4　ILRのスケールには6つのレベルがある。上から5、4+、4、3+、3、2+、2、1+、1、0+、0となっている。下位レベルの+を加えると11のレベルになる。
5　どのような言語活動が行えるかを記述したもの。
6　この段落は追加部分であるが、すべて新しいわけではない。旧版の語句の言い換えが多いに過ぎない。

参考文献

ACTFL (2012) ACTFL *Proficiency Guidelines — Speaking, Writing, Listening, and Reading*, Alexandria, VA.［PDFフォーマットにてダウンロード可能］
　　http://actflproficiencyguidelines2012.org/

Liskin-Gasparro, Judith（2004）"The ACTFL Guidelines and Oral Proficiency Assessment in the 21st Century" *Proceedings of the 3rd International Symposium on OPI/The 12th Princeton Japanese Pedagogy Forum*, pp. 5–30.

National Standards in Foreign Language Education Project.（1996, 1999）*National Standards for Foreign Language Learning: Preparing for the 21st Century.* Yonkers, NY: Author.

Swender, Elvira（ed.）（1999）*ACTFL Oral Proficiency Interview Tester Training Manual*, Yonker, NY: ACTFL.

金庭久美子・奥村佳子・西部由佳・萩原孝恵・水上由美編(2010)『日本語 OPI 研究会 20 周年記念論文集・報告書』日本語 OPI 研究会.

牧野成一(1991)「ACTFL の外国語能力基準およびそれに基づく会話能力テストの理念と問題」『世界の日本語教育』(*Japanese-Language Education around the Globe*)1: 15–32. 国際交流基金.

牧野成一・鎌田修・山内博之・齊藤真理子・萩原稚佳子・伊藤とく美・池﨑美代・中島和子(2001)『ACTFL-OPI 入門―日本語学習者の「話す力」を客観的に測る』アルク.

牧野成一(2008)「OPI、米国スタンダード、CEFR とプロフィシェンシー」鎌田修・嶋田和子・迫田久美子編『プロフィシェンシーを育てる―真の日本語能力をめざして』pp. 18–39. 凡人社.

牧野成一(2010)「これから 20 年後の OPI のあるべき姿」金庭久美子・奥村佳子・西部由佳・萩原孝恵・水上由美編『日本語 OPI 研究会 20 周年記念論文集・報告書』日本語 OPI 研究会, pp. 2–7.

牧野成一(2012)「非母語文学の分析をめぐる諸問題―言語学のまなざしから」(報告文)国際日本文化研究センター主催　シンポジウム『日本語で書く―非母語文学の成立』2012 年 1 月 27 日～ 28 日.

OPIにおける"維持(sustain)"の概念に関する一考察

鎌田　修

要　旨

　本稿はOPIによるプロフィシェンシー判定の根幹とも言えるグローバルタスク(機能及びタスク)の遂行を維持するとはどういうことかについて、これまで刊行された3つのテスター養成マニュアルを中心に考察を行う。まず、プロフィシェンシーの判定は点的なものではなく、いくつかの要素からなる「範囲(range)」で決まり、その「範囲」を固定させるために「維持」という概念が使われたことを見る。しかし、グローバルタスクの遂行能力に切れの良いレベル分けを行うのは至難の業であり、結果、グローバルタスクの言語的具現化を示す言語形式(テキストタイプ)の分析に頼らざるを得なくなっている。いわば、範囲を示す液状的なものと線的なもののつばぜり合いが主要境界線を越える下位レベルの誤差をも許容することになったのではないかという結論に至った。

キーワード：プロフィシェンシー、主要境界線、下位区分、維持、グローバルタスク

1. はじめに

　米国外国語教育協会(ACTFL)がその重要な事業の1つとして行っている面接式口頭能力測定(Oral Proficiency Interview、以下OPI)のテスター養成をはじめて30年になる。OPIテスターになるためには、OPIワークショップを受講し、その後、2つの厳しい関門を通過しなければならない。1つは、「練習ラウンド(Practice Round)」と呼ばれ、8つのインタビュー録音とそれらのレベル判定資料をトレーナーに提出しなければならない。その後、トレーナーからの評価を受け、「認定ラウンド(Certification Round)」という

段階に入る。この段階でも新たなインタビュー録音(6本)を提出し、それらに付けたレベル判定がトレーナーによるものと一致すれば、めでたく正式のテスターとしての資格が与えられることになる。しかし、このレベル判定の一致については、次のように下位レベル(sub-level)の誤差が認められる。そのことに関してテスター養成マニュアル(日本語版 ACTFL OPI Tester Training Manual)第9章には次のように書かれている。

> …試験官志願者の下した判定とトレーナーの下した判定が最低50％のインタビューで完全に合致し、残り50％では下位レベル1つだけの違いに収まっていなければならない。また、判定不可能なサンプルがあってはならない。　　　　　　　　　　　（牧野監修1999, p. 131、下線筆者）

下線部の「下位レベル1つだけの違い」というのは、例えば、ある話者が中級レベルだとすれば、テスター志願者が「中級―中」と判定し、トレーナーが「中級―下」あるいは「中級―上」と判定した場合の誤差は許容できるという意味である。

　しかし、かつてこの下位レベルの誤差の容認については、主要レベル(major level)内[1]の誤差のみであり、主要レベルの境界(major border、以下「主要ボーダー」)をまたぐ誤差は認められないとなっていた。つまり、例えば、「中級―上」と「中級―中」の誤差は認められるが、「中級―上」と「上級―下」の誤差はたとえ下位レベルの誤差とはいえ、主要ボーダーをまたいでいるので容認できない。そのことは、被験者をどの主要レベルの枠に入れるのかということについて、間違いがあってはいけないという強い意味を持っていた。ところが、最近、それが主要レベルを超えても認められるという規定になっている。以下は、この件に関する ACTFL Professional Development 部門[2]とのメール交信による確認である。

> Ratings must agree at least 50 percent of the time and be within 1 contiguous sublevel (whether within the level or across the major borders) to be acceptable.

(2012.3.28 下線筆者。同レベル内、あるいは、主要境界線を越える場合も、隣接する下位レベル内において最低50％の判定の一致がなければならない）

　OPIは測るべき能力を直接測っているという点で高い妥当性(validity)を持つことは一般によく知られている。しかし、同時に、レベル判定については、ここに統計的データを持ち合わせていないが、下位区分の誤差がかなり頻繁に出るためテストとしての信頼性(reliability)の低さがしばしば問題となる。下位レベルの誤差が主要レベル内ならまだしも、主要境界線を超えても許されるとなると、一体主要レベルで規定されている能力(プロフィシェンシー)とは何かという疑問が湧いても不思議ではないだろう。

　本稿はOPIにおける主要レベルの判定にとって重要な概念である「あるレベルで要求されているタスクを終始一貫して行うことができて初めて、そのレベルにあると判定される("Only sustained performance of the tasks required at a level qualifies for a rating at that level.")」(*The ACTFL Oral Proficiency Interview Tester Training Manual 1999*, p. 21、下線筆者)とは何かを改めて考え直すことを目的とする。OPIのレベル判定は、当該の被験者が、まず、どの主要レベルの「グローバルタスク(global task)」と呼ばれる「機能／タスク(function/task)」を「終始一貫して行う(to sustain)」ことができるかを判断し、それから、その主要レベルに隣接するもう一段上の主要レベルにどれほど食い込むかを見て、下位レベルの判定を行う。したがって、主要レベルを跨ぐ下位レベルの誤差も許容するということは、そもそも根本的なレベル判定の方法のみならず、各主要レベルに要求されているプロフィシェンシー、とりわけ、当該の主要レベルの最低限の条件である「機能／タスク(グローバルタスク)が遂行できる」とはどういうことかという根本的な問題を改めて考えなければならない。このことは、最近の外国語教育においてとみに注目を浴びる『欧州共通言語枠組み』(*Common European Framework for References*, 以下CEFR)やそれをモデルにした国際交流基金作成の『JF日本語教育スタンダード』の基本概念であるCan-do statementsとは何か、ということにも深く関わる問いかけである。

2. 背景

　周知のごとく、現行の *ACTFL Proficiency Guidelines 2012*（以下、*2012 Guidelines*）は何度かの改訂を経て、今の形になった。もともと米国政府の外事関係機関である U.S. Foreign Service Institute（以下、FSI）で使用されていた Interagency Language Roundtable（ILR）Skill Level Description の評価基準を中等および高等教育機関での使用に適応した形に改正されたものである。まず、1982 年に暫定的な *ACTFL Provisional Proficiency Guidelines*（以下、*1982 Provisional Guidelines*）が発行され、その試行を経て、1986 年に *ACTFL Proficiency Guidelines*（以下、*1986 Guidelines*）として公式に使用されるようになった。その後、1999 年に *ACTFL Proficiency Guidelines –Revised–*（以下、*1999 Guidelines*）が発行され、それがさらに改訂され *2012 Guidelines* として現在の形となっている。なお、改訂されたばかりの *2012 Guidelines* を除く *1986 Guidelines* と *1999 Guidelines* には日本語翻訳版も発行されているが、本稿では、基本的にオリジナルの英語版を参照して考察を進める。

　四半世紀に及ぶ改訂プロセスの詳述はここでは行わないが、その主要な点は次の通りである。

(1) *1982 Provisional Guidelines, 1986 Guidelines*：

　ILR のスケール（0; 0+; 1; 1+; 2; 2+; 3; 3+; 4; 4+; 5）を次のような教育機関用のスケールに移した。ILR の下位区分「+」と ACTFL の下位レベル "-High" はその上のレベルにかなり入るが、それを維持する程ではない、という意味を持つ。

ILR	⇒	ACTFL
0, 0+	⇒	Novice-Low, -Mid, -High
1, 1+	⇒	Intermediate-Low, -Mid, -High
2, 2+	⇒	Advanced, Advanced Plus
3〜5	⇒	Superior

(2) *1999 Guidelines*：

1986年版でAdvancedの下位区分はAdvancedとAdvanced-Plusであったが、Novice、Intermediate同様、3つに分割された。
  2, 2+ ⇒ Advanced-Low, -Mid, -High

(3) *2012 Guidelines*：Superiorの上にDistinguishedを追加
  3〜5 ⇒ Superior, Distinguished

ここまでをまとめると、最新の*2012 Guidelines*におけるレベル設定は以下の通りになる。なお、*1999 Guidelines*からレベルの配列は上から下へとなった。それは上から下を見て、下は上を「維持していない」という否定的証拠を出すことで判定に厳しさを加えることが目的であった。

Distinguished
Superior
Advanced-High/Mid/Low
Intermediate-High/Mid/Low
Novice-High/Mid/Low

以下、ここまでの背景知識をもとに、本稿の課題である「主要レベル（major level）の決定にとってその根拠たる機能／タスク（グローバルタスク）を終始一貫して遂行できることとはどういうことか」を追求する。そのために拠り所となる資料はOPIテスターにとってバイブルのようなテスター養成マニュアルである。マニュアルには*1982 Provisional Guidelines*と*1986 Guidelines*の運用のために使われた最も古い*ETS Oral Proficiency Testing Manual*（1982、以下*1982 Manual*）がある。さらに1989年にはそれをACTFL独自で改良した*The ACTFL Oral Proficiency Interview Tester Training Manual*（1989、以下*1989 Manual*）が発行され、*1999 Guidelines*が発行されるまで使用された。さらに、*1999 Guidelines*の運用のために*The ACTFL Oral Proficiency Interview Tester Training Manual*（1999、以下*1999 Manual*）が出版され、今日に至っている。最も新しい*2012 Guidelines*の運用のためにも新た

なマニュアルが作成されつつあり、ACTFL OPI TESTER TRAINING MANUAL MANUSCRIPT 5.29.12 と題された草案もすでにトレーナー間に配布されているが、本稿執筆中にはまだ、公式のものとはなっていなかったため、それに言及することはできない。したがって、ここでは 1982 年版、1989 年版、1999 年版の 3 つのマニュアルを主たる資料として考察を進めることにする。また、*1999 Manual* については日本語版も発行されているが、ここでは原則英語オリジナル版を参照する。

3. 問題点―プロフィシェンシーとグローバルタスク

　OPI が口頭面のプロフィシェンシー(proficiency)を測定するための面接試験であることはいうまでもない。さらにここで詳述する必要はなかろうが、OPI が測定の対象とする言語能力は、当該の言語に含まれる文法知識ではなく、言語が果たす機能(function)を遂行する言語運用能力である[3]。どのような文法をどれほど知っているかを測るのではなく、どのような機能がどれほど遂行できるかを測ろうとするのである。この点は OPI が米国の学校教育機関に採りいれられるようになった 1970 年代後半から終始一貫して変わらず、テスター養成マニュアルにおいても次のように同じような表現で表わされている(下線は筆者による)。

> ・The interview is a test of <u>functional language ability</u>, not passive skills or knowledge about the language. …[It is] the evaluation of <u>functional foreign language ability</u> ….
> 　　　　　　　　　　　　　　　　　　　　　　　(*1982 Manual*, p. 2)

> ・The OPI assesses language performance in terms of <u>the ability to use the language effectively and appropriately in real life-situations</u>.
> 　　　　　　　　　　　　　　　　　　　　　　　(*1989 Manual* 1-1)

> ・… OPI, as it is often called, is a standardized procedure for the global assessment of <u>functional speaking ability</u>; … The OPI assesses language

proficiency in terms of <u>the ability to use the language effectively and appropriately in real-life situations</u>.　　　　　（*1999 Manual*, p. 1）

下線部が示すように、「機能的外国語能力」「機能的発話能力」「現実生活において効果的かつ適切に言語を使用する能力」がどれほどできるのか、つまり、それらの「程度(extent)」を測るという表現が用いられ、OPI がいかに現実の生活面における言語の運用面に重きを置いているかがよく分かる。

次に、プロフィシェンシーの判定において、まずしなければならないことはインタビューで採集された発話サンプルが評価可能なものであるかどうか (ratable or unratable) を見定めることである。そこで評価可能なものだと判断されたら、「絞り込み(bracketing)」という手法で、当該の話者の機能的言語能力がどの主要レベルに収まるかを判断する。それは、例えば、中級レベルだと思われる話者なら、まず、超級ではあり得ない、次に上級でもない、さらに初級でもない、したがって中級だという結論に達し、それから、下位区分の判定を始める、といった方法である。その際、主要レベルが中級だと判断するための要件が以下に記す「機能／タスク(グローバルタスク)の終始一貫した遂行」という点である。

Only <u>sustained performance</u> of the tasks required at a level qualifies for a rating at that level.
　　　　　（*1999 Manual*, p. 11「あるレベルで要求されるタスクを<u>終始一貫して行うこと</u>ができて初めて、そのレベルにあると判定される」）

ここで主要レベルが決定すると、Superior を除く Advanced、Intermediate、Novice の場合、3つの下位区分(-High/-Mid/-Low)のどこに属するかを判断しなければならない。*1989 Manual*（7-5）、*1999 Manual*（p. 76）のどちらでも使用されている Advanced に関与する中級の下位レベルを例にした次の図を使ってこの点を説明する。

これによると Intermediate-High（中級－上）は "considerable but unsustained performance at the Advanced Level and extremely strong performance of

```
ADVANCED LEVEL
Sustained performance of Advanced Level global tasks
MAJOR BORDER
Intermediate High: considerable but unsustained
performance at the Advanced Level
and extremely strong performance of
Intermediate Level global tasks

Sustained performance of
Intermediate Level global tasks
INTERMEDIATE LEVEL
```

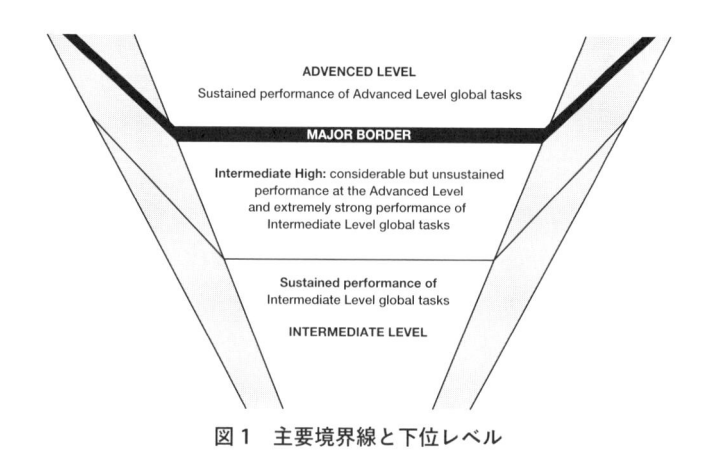

図 1　主要境界線と下位レベル

Intermediate Level global tasks"(上級レベルをかなりできるが、しかし、それが維持できない遂行能力、さらに中級レベルのグローバルタスクについては非常に高い能力を発揮する)とある。この点に関連して *1999 Manual* は評価の重要な概念として使われる主要境界線(Major Border)や境界線(thresholds)の役割を強調する。それは主要境界線こそ当該の主要レベルに規定されるタスクを終始一貫して遂行できる能力の存在を示す線であり、話者の能力レベルを未決定にはしておけない境界線となるからだと説く(p. 17)。

　このようにある主要レベルを維持し、それに隣接する上位の主要レベルにどれほど関与し、どれほどそのレベルを維持できるかという考えは、*1982 Manual* が発行される前からしっかりと育まれたもののようだ。実際、前述したように ACTFL Proficiency Guidelines は政府機関で使用している ILR スケールをモデルに考え出されたもので、ILR は「0, 0+; 1, 1+; 2, 2+; 3, 3+; 4, 4+; 5」というようにそれぞれの主要レベルが 2 段階(「+」のあるなし)になっており、ここでの「+」規定には、その上位レベル(「0+」のばあい、「1」)が維持できない("unable to sustain")という条件が付けられている。そして、「0」は ACTFL スケールでは Novice-Low に、「0+」は Novice-Mid/High に、また、「1」は Intermediate-Low に、そして、「1+」は Intermediate-Mid/High に宛てがえられた。一方、*1999 Manual* が出るまで、Advanced の下位区分は Advanced と Advanced Plus でまさしく ILR の「2, 2+」と平行

し、「3」以上はすべて Superior とされた。ここでいう「維持(to sustain)」という概念について、*1982 Manual* は次のように記しているので、ここでそれを確認しておきたい。

> The level descriptions are <u>not points</u> on a scale---they are <u>ranges</u>. ... Within an interview a candidate's performance usually varies, showing both areas of strength and areas of weakness. The tester's job in each interview is to find the highest <u>sustained level</u> at which the candidate can speak.　　(p. 15)

OPI におけるレベル規定は点的なものではなく、「範囲(range)」を示すものだという。さらに、被験者はインタビューの中で変容する強い面、弱い面を持つ。そこでそれぞれのインタビューでテスターがしなければならないことは、被験者が一貫して話せる最高のレベルを見つけ出すことであり、点ではなく、面だからこそ、それを維持できる範囲がその人の能力であると考えるわけだ。さらに、以下の記述も確認しておきたい。

> In the ILR system, <u>plus levels</u> are used when a candidate's performance substantially exceeds the requirements of a given level and when the candidate produces speech at the next higher level but does not sustain it at this higher level.　　(p. 16)

ここでは、ILR システムにおいて、"Plus" は当該のレベルを実質的に超え、その一段上のレベルの発話が行えるがそのレベルを維持できない時に与えられるものだという考えが述べられている。能力が「点」ではなく「範囲」に及ぶものであり、したがって、1つ上位のどれほどの「範囲」に及ぶかということ、それがそのレベルいっぱいに及べば、そこを完全に維持したことになり、一段上のレベルに収まるということだ。

　ACTFL のスケールで Advanced が3区分ではなく、2区分であり、また、Superior が ILR の「3, 4, 5」に該当するという極めて大雑把な区分けになっている理由は当時、中等教育、高等教育機関においてそのような上位の能力

に達する外国語学習者は極めて少なく、細分化の必要がなかったからだったようである。ただ、ここで興味深いのは、前述したように主要ボーダーを跨ぐ下位レベルの誤差が許容されるようになってきたのは、*1999 Guidelines* において Advanced が Novice と Intermediate レベルと同様、3つの下位区分に分けられ、Intermediate-High と Advanced-Low の間の下位区分にテスター間の齟齬が頻繁になってきたことに端を発していることである。この場合、Advanced の上にある主要レベルは Superior だが、それは ILR の「3, 4, 5」という広範囲をカバーし、Advanced-High が Superior にかなり関わるが、それを「維持できるほどではない」とは言えないことに起因するのではなかろうか。さらに *2012 Guidelines* では Superior が2つ、あるいは、3つに下位区分されるのではなく、新たにその上に、Distinguished という主要レベルが加えられた。ただし、その理由が何であるのか、とりわけ、「維持」という概念からすると大変興味深い点であるが、明らかではない。

　能力記述は「点」的なものではなく「範囲」を示すものだという考えから、当然、プラス・マイナスがはっきりしたものではなく、また、誤差が生じるということは理解できる。言語能力とはそもそもダイナミックなものであり、まして、非母語話者の中間言語となるとさらに流動性、可変性も加わり、測定が一層難しくなるのは当然であろう。しかし、だからといって主要境界線を越える誤差まで認めてしまうと、ある「範囲」の「維持」という概念が全くぼやけたものになってしまう。逆にいうと、「範囲」という概念に判定上の縛りを加えたのが「維持」という概念なのだろうから、主要境界線を超える誤差を生じてしまう要因はこのような概念上のものではなく、別のところにあるとも考えられる。実際、「範囲」と「維持」の概念はしっかり考えられてはいるが、プロフィシェンシーの「何が」それらに関与するのかという点は極めて曖昧である。

　OPI が言語知識を問うものでなく、言語運用を問うものであること、また、プロフィシェンシーとは実際生活上の適切、かつ、効果的な言語運用能力を測定するものであることも何度も述べてきた。この点は、ILR スケールからも、また、それをアカデミック仕様に変えた *1982 Provisional Guidelines* 以降のどのガイドラインにおいても継承され、今日に至ってい

る。また、どのマニュアルにおいても、プロフィシェンシーレベルの決定、つまり、評価において最初にしなければならないことは、グローバルタスクがどのレベルで維持されているかを、判断することだと強調している。それから、どのような「場面／内容(context/content)」における言語運用なのか、どのような「正確さ(accuracy)」を持つ発話なのかを見極めるという段取りである。

　興味深いことに、*1999 Manual* が発行されるまでレベル判定にとって大切な要素はまず「機能／タスク」「場面／内容」、それから「正確さ」の3つであり、それ以降追加された「テキストタイプ(談話の形)」も軸とすることについての言及はなかった。このことは「機能／タスク」「場面／内容」「正確さ」という軸だけでは十分に差別化されたレベル判定が難しく、さらに「表面的な」テキストタイプを見ないことには、はっきりとした判定が無理なのではないかという、ある意味、機能重視の能力測定というより、結局、形式重視、正確さ重視の能力測定とみなされても仕方のない方向に向かったと言えないだろうか。OPI が、結局、言語表現重視の評価であるということはいろいろなところで指摘されているが、そもそも、「機能／タスク」あるいは、グローバルタスクというもの、「場面／内容」というものは評価可能なのであろうか。また、そもそもグローバルタスクとは何なのであろう。この用語が使われはじめたのは *1989 Manual* からで *1982 Manual* にはなかった。

> In evaluating a speech sample, the following criteria are considered: the **functions or global tasks** the interviewee performs, the **social contexts and specific content areas** in which the interviewee is able to perform them, the **accuracy or precision** with which these tasks are accomplished, and the **type of oral text or discourse** the interviewee is capable of producing. ... The terms **global tasks and function** refer to what speakers are able to do with the language.　　　　　　　　　　　　　　　　(*1989 Manual* 3-1)

同様の記述が *1999 Manual* にもあるが、はっきりしていることはグローバ

ルタスクとは「言葉を使ってできること」であり、評価においては、それが総合・全体的評価であるとはいえ、他の3つのカテゴリー(「場面／内容」「正確さ」「テキストタイプ」)とは区別されるものとなっている。前にも述べたように OPI の評価は、実施された OPI そのものが評価可能なものであるかどうかを判断し[4]、評価可能なものと判断できるなら、まず、グローバルタスクにおいてどの主要レベルに位置づけるかを見極めなければならない。いわゆる「絞り込み作業(bracketing)」の最も大切な最初の作業が「正確さ」や「テキストタイプ」の分析ではなく、言葉を使って何ができたかを調べる「機能／タスク」面での評価なのである。

　詳述は避けるが、それぞれの主要レベルにおけるグローバルタスクの中身は右の表のような機能とタスクがあげられている。興味深いのは Novice の記述が「機能的な能力がない」とある点だ。これはどうやら、ILR スケールで Novice が 0、0+ に該当するからではないかと思われるが、確かに、0 だと何もないということになり「能力がない」となる。Intermediate から上になると、実際、言葉を使って何ができるかが記述され、それを具体化したものがタスクとなる。例えば、「お店の前に並んでいる果物を取り上げ、それが何か、いくらか、どんなものかを尋ね、できれば、必要としているだけ

表1　各レベルの機能・タスク(牧野他、2001: 18)

	機能・タスク
超級 (Superior)	裏付けのある意見が述べられる。仮説が立てられる。言語的に不馴れな状況に対応できる。
上級 (Advanced)	詳しい説明・叙述ができる。予期していなかった複雑な状況に対応できる。
中級 (Intermediate)	意味のある陳述・質問内容を、模倣ではなくて創造できる。サバイバルのタスクを遂行できるが、会話の主導権を取ることはできない。
初級 (Novice)	機能的な能力がない。暗記した語句を使って、最低の伝達などの極めて限られた内容が話せる。

買う」というのがタスクとなろう。それがグローバルタスクと言われるものだが、問題は、そのような機能を遂行する能力を点的であれ、面的であれ、Novice, Intermediate, Advanced, Superior というようにはっきり分けられるのであろうか。それぞれのレベルの機能能力の区分けについては、それなりに納得の行く原理がある。例えば、日々繰り返し行われ、パターン化したストレートな意味交渉を遂行する機能能力は中級レベル、一方、予期しない出来事も言語的に処理でき、よじれた意味交渉も遂行できる能力は上級というようにである。しかし、それらについてどういう「範囲」が「中級レベル」、あるいは、「上級レベル」というように判断できるのだろうか。グローバルタスクの遂行能力の評価に加え、「場面／内容」、「正確さ」、「テキストタイプ」の側面からの評価が加わり、総合的判定がなされるが、これらのカテゴリーで最も棲み分けがはっきりしているのは、やはり、「テキストタイプ」となり、どうしても表現形式優先とならざるを得ないのであろうか。

　OPI によるプロフィシェンシー判定の基盤になっているグローバルタスクの遂行能力とは、結局、何なのか。そして、主要レベルを決定する当該のレベルにおいて終始一貫してグローバルタスクを遂行するとはどういうことなのだろうか。主要レベルを超えたサブレベルの誤差を認めることは、あるいは、認めざるを得ない現状は、どうやら、この疑問に妥当な解答が得られない限り続くのであろう、か。

4. おわりに

　本稿は OPI によるプロフィシェンシー判定の根幹とも言えるグローバルタスクの遂行を維持するとはどういうことかについて、これまで刊行された3つのテスター養成マニュアルをもとに考察を行った。グローバルタスクの遂行能力が主要レベルを決め、さらに、そのレベル内の下位レベルの決定へと続く。そのような手順に至った背景をまず明らかにした。そして、プロフィシェンシーは決して点的に決まるものではなく、「範囲」で決まるものであるが、その「範囲」を決定するために「維持」という概念が使われたことを見た。その大役を担ったのがグローバルタスクの遂行能力であるが、実

のところ、その能力に切れのよいレベル分けを行うのは至難の業であり、グローバルタスクを行う際に発話される言語形式(「テキストタイプ」)の分類に頼らざるを得ないのが現状ではないかという結論に至った。

　ここでの考察は、実は、*1999 Guidelines* においてそれまで2区分しかなかった Advanced が3区分された際、その上位レベルである Superior を維持する能力とは何かがはっきり定められていたわけではなく、また、新たに発行された *2012 Guidelines* において追加された Distinguished というレベルが従来の Superior とどう関わるのか、むしろ、Superior に3つの下位区分を設け、Superior-Low/-Mid/-High とすべきではないかとも考えられる[5]。いずれにせよ、グローバルタスクを維持するということがどういう意味かがはっきり規定されない限り、主要ボーダーラインを跨ぐ下位レベルの誤差は解消されないであろう。近年とみに注目を浴びている *CEFR* (*Common European Framework of References for Languages*) や『JF日本語教育スタンダード』で重要な概念となっている Can-do Statements も同様の問題を含んでいると言えよう。「ことばができる」とはどういうことか、その機能的能力とは何なのか、さらなる追求が必要である。なお、手元にある新しいマニュアルの草案にここで指摘した維持に関する問題点に対する解答を目にすることはできない。更なる改正が求められるところである[6]。

＊本研究は2012年度南山大学パッヘ研究奨励金 I-A-2 を受けたものである。記してここに感謝の意を表する。

注

1　1999年の ACTFL Proficiency Guidelines では、4つの主要レベル (Novice, Intermediate, Advanced, Superior) と Superior を除くそれぞれに下位レベルの「一上／中／下」(-Low/-Mid/-High) がある。2012年にはさらに Distinguished が追加された。

2　ACTFL 本部における専門家養成等を促進する部門。

3　*1982 Manual* は "... the oral interview is a test of usage, not of knowledge." (p. 42) とはっきり記している。ただ、"knowledge" とは何かを考えると問題はそう簡単ではない。

4 そのための条件はいくつかあるが、最も大切な点は採取された発話データに被験者の能力の上限と下限をしっかり示すものが含まれているかということである。
5 牧野(本書)も同様の提案をしている。
6 本書の完成が近づいた時期に *2012 Manual* が出版されたが、本稿で問題提起をしたことに対する解決案はそこには見受けられなかった。

参考文献

American Council on the Teaching of Foreign Languages. (1982) *ACTFL Provisional Proficiency Guidelines*. Yonkers, NY: ACTFL.

American Council on the Teaching of Foreign Languages. (1986) *ACTFL Proficiency Guidelines*. Yonkers, NY: ACTFL.

American Council on the Teaching of Foreign Languages. (1999) *ACTFL Proficiency Guidelines-Revised*. Yonkers, NY: ACTFL.

American Council on the Teaching of Foreign Languages. (2012) *ACTFL Proficiency Guidelines 2012*. Alexandria, VA: ACTFL.

Buck, Kathryn, Irene Thompson, and Heidi Byrnes. (1989) *The ACTFL Oral Proficiency Interview Tester Training Manual*. Yonkers, NY: ACTFL.

Council of Europe. (2001) *Common European Framework of Reference for Languages: Learning, Teaching, Assessment*. Cambridge: Cambridge University Press.

Liskin-Gasparro, Judith. (1982). *ETS Oral Proficiency Testing Manual*. Princeton, NJ: Educational Testing Service.

Liskin-Gasparro, Judith (2004a) The ACTFL Proficiency Guidelines and the Oral Proficiency Interview: A Brief History and Analysis of their Survival, *Foreign Language Annals* 36 (4): pp. 483–490.

Liskin-Gasparro, Judith. (2004b) The ACTFL Guidelines and Oral Proficiency Assessment in the 21st Century. Oral presentation at *The 3rd International Symposium on OPI*, Princeton, NJ, May 2004.

Swender, Elvira. (ed.) (1999) *The ACTFL Oral Proficiency Interview Tester Training Manual*. Stanford, CT: ACTFL.

Swender, Elvira and Robert Vicars (2012) *The ACTFL Oral Proficiency Interview Tester Training Manual 2012*. Alexandria, VA: ACTFL.

鎌田修(2005)「OPIの意義と異議」鎌田修・筒井通雄・畑佐由紀子・ナズキアン富美子・岡まゆみ編『言語教育の新展開―牧野成一教授古稀記念論集』ひつじ書房.

鎌田修(2009)「ACTFL-OPI における"プロフィシェンシー"」鎌田修・山内博之・堤良一編『プロフィシェンシーと日本語教育』ひつじ書房.
国際交流基金(2010)『JF 日本語教育スタンダード』.
牧野成一監修(1999)『ACTFL-OPI 試験管養成用マニュアル(1999 年改訂版)』アルク.
牧野成一・鎌田修・山内博之・齊藤真理子・荻原稚佳子・伊藤とく美・池﨑美代子・中島和子(2001)『ACTFL-OPI 入門―日本語学習者の「話す力」を客観的に測る』アルク.

OPIから学べること
―コンテクストと談話に基づいた指導の重要性―

渡辺素和子

要 旨

　本稿では、OPI試験官養成での経験から、コンテクストと談話に基づいた指導の重要性を訴える。ACTFL外国語運用能力基準の上級レベルでは、段落レベルのナラティブや描写ができなくてはいけない。一方、テスター訓練生は、上級レベルでも、閉鎖的質問(closed question)を連発するため、段落レベルの抽出に失敗してしまう。具体的な談話の失敗例を検証しながら、談話構成能力を含めた語用論的能力が上級レベルで重要な鍵となることを示し、さらに、そのような能力を開発するための対策を提案する。

キーワード：ACTFL運用能力基準、コンテクスト、談話、語用論的能力、OPI(Oral Proficiency Interview)

1. はじめに

　American Council on the Teaching of Foreign Languages(以下、ACTFL)による運用能力基準が外国語教育の分野に紹介されて久しい(ACTFL 1982, 1986)。渡辺(2005: 343)は、OPIを使った先行研究を概観し、運用能力基準とOPIには解決されていない問題はあるものの、ある程度高い妥当性と信頼性があると結論づけている。この運用能力基準に基づいて、ACTFLでは、積極的に口頭能力試験官養成のための4日間にわたるワークショップを始め、口頭能力試験・ライティング試験を紹介する1日のみのワークショップなどを行ってきている。活発なワークショップ活動が展開されては

いるものの、運用能力試験の実施については、毎日の教室内での評価に使用されることはほとんどない。これは、いわゆるアチーブメントテストとの対比の中で、プロフィシェンシー(運用能力)テストの持つ典型的な特徴である。アチーブメントテストは、特定のカリキュラムで、学習した内容について習得できているかどうかを評価するためのテストとして実施するが、プロフィシェンシーテストは、特定の学習内容とは無関係に言語能力を測定するのが目的だからである(Swender et al. 1999: 2, Hughes 2003: 11–13)。したがって、Oral Proficiency Interview(OPI)は、日々の教室指導の中でのテスト、あるいは、学期末試験というよりは、プログラムが終了した段階での評価や留学などの特異な学習体験の効果を調査するといった場合に使われることが多い。

　しかし、OPIワークショップに参加して、試験を実際に見たり経験したりすることによって、言語指導についての考え方を大きく転換させられたという教師達も多い。運用能力基準の知識と試験官養成ワークショップでの経験を直接教室内の指導へ適用する可能性は大いにあるものの、ワークショップでは試験官養成や試験実施の紹介が主目的であるため、教室内指導への応用について詳細に示される機会がなかなかないのが現状だ。本稿では、どのように運用能力基準の知識、試験官養成での経験が教室内指導に活用されるかについて、その一側面を上級レベルにおける語用論的能力に焦点を当てて紹介する。上級での主な機能は、個人的または一般的な関心事について積極的に会話に参加し、ナラティブや描写が各時制においてでき、予測できない複雑な状況に対応できる、と要約できるであろう(Swender et al. 1999)。学習者がこのような上級に到達するためには、何が不足しているのだろうか。それを明らかにすることにより、運用能力基準とOPIから教室指導へ活用できることを探る。

2. 問題の検証

2.1 学習者の失敗例

　まず、学習者の発話の問題点を提示するために、上級レベルでの失敗の具

体例を見る。以下に示す例は、実際に採取したインタビュー中の発話を整理して多少変えたものである。筆者は、所属する大学の日本語プログラムで公式のOPIテストではなく、簡略化されたOPIテストを実施した。対象者は、会話中心の四年生レベルの日本語コース受講者で、実施したのは二学期目の第1週である。簡略OPIでは、1人7分程度、ほとんどウォームアップをせずに、OPIの中級レベルの質問をし、上級レベルへの突き上げを行うという方法をとった。このようにトピックも質問内容も決まっていないインタビューは、学生にとって、まったく初めてであった。上級を狙った質問では、質問とずれた答え、一般的な話題の回避、語彙に捕われるというような失敗が目立った。例1は、質問の要点からずれた答えをした例である。

例1
（1） テスター：その初めての日、成田に着いたあとはどうしたんですか。どんなことしましたか。
（2） 被験者：友達が空港に来ました。友達は車がありました。僕を助けました。いろいろな所に行きました。東京や京都を見ました。お寺は、とてもきれいですね。

この例で、テスターの質問の要点は、日本に到着したその日は、どんなことをしたのかということである。これに対し、被験者は「東京や京都を見ました」と言っているが、日本に着いたその日のうちに東京と京都を回るのは無理だということから、おそらく、被験者は、旅行全体のことを話しているということが分かる。

次の例2は、一般的な関心事の話題を回避する例である。

例2
（1） テスター：今キャンペーンとかやってますけど、オバマ大統領もいろいろやってきましたね。今までの3年間、オバマ大統領は、どうですか、いい仕事をしたと思いますか。スミスさんは、オバマ大統領、どう思いますか。

（2） 被験者：　　えーと、えーと、私、政治のことは、興味がありません。
　　　　　　　　　えーと、…かまいません。

被験者は、政治について興味がないということで、会話が発展しなかった。このように、「知らない」や「興味がない」ということを理由に答えを回避する学習者がしばしば見られた。
例3は、語彙にこだわり、課題を達成できなかった例である。

例3
（1）　テスター：アメリカの経済は、どうして悪くなったんですか。
（2）　被験者：　　えーと、3年ぐらい前に、derivative
（3）　テスター：デリベティブって何ですか。
（4）　被験者：　　デリベティブ…えーと、英語でも説明できません。
（5）　テスター：あ、そうですか、じゃ、いいですよ。あのそれで、そのデリベティブがどうしたんですか。
（6）　被験者：　　…デリベティブが、えー？　説明できません。デリベティブは本当に説明むずかしいです。

例3では、一般的な話題について質問した時に、日本語の語彙がわからないために、質問の要点に対応することを忘れてしまった、あるいは、あきらめてしまっている。

　このように、質問の要点がきちんと解釈されないまま自分の答えを話してしまうことによって、質問と答えが噛み合わないという場合もあれば、話題についての興味がないということで答えを回避する場合もあった。これらは、文法を直せばいいという問題ではない。問題は、上級レベルで要求される、モノリンガルと対等の立場で会話に参加できる会話力、あるいは、談話能力が不足しているという点である。言い換えれば、文をどのように作るかという文法能力ではなく、語彙や統語を包括する言語をコミュニケーションのためにどのように使用するかという、談話構成能力をも含めた語用論的能力が不充分なのである。上級レベルでの会話を円滑に行おうとすれば、質問

の解釈をコミュニケーションという枠組み、または、人との対話という枠組みでとらえ、相手の知りたいことを察知して、それに関連する情報や相手の要望に応える内容を談話に取り入れて、効果的な談話構成を組み立てて、答えることが必要となってくる。また、そのためには、文法のみを文レベルで局所的に練習するのではなく、相手の必要を察知し、その必要を満たすためにどのような説明、描写、叙述を組み立てていくかを、既習の文法や語彙を駆使して、再編成しながら練習していく必要がある。

2.2 テスターの失敗例

次に、テスターが上級の発話サンプルを引き出そうとする時によく見られる失敗例を示す。この失敗例は、実際のものではなく、筆者が作成したものだが、トレーナーとして評価した試験官資格認定用に提出されたインタビューに顕著な失敗に基づいたものである。問題点は、段落レベルの談話の可能性をつぶしてしまう質問方法で、開放的質問(open question)に反して、閉鎖的質問(closed question)を多用することが原因と言える。

例4

（1）　テスター：日本に初めて行ったということですけど、<u>どうでしたか</u>。
（2）　被験者：　とっても楽しかったです。いい経験でした。寮に住んで、いろいろ友達ができました。
（3）　テスター：それはよかったですね。じゃぁ、日本の学生寮とアメリカの寮と<u>どう違いますか</u>。
（4）　被験者：　そうですねぇ。日本のは、アメリカの寮より狭いです。
（5）　テスター：ああ、そうなんですか。<u>家具とかはないんですか</u>。
（6）　被験者：　あ、それは同じだと思います。日本の寮もアメリカの寮も家具はついていますね。
（7）　テスター：そうですか。じゃ、<u>お金は</u>？
（8）　被験者：　うーん、いくらだったかな。ちょっと忘れてしまいました。

まず、(1)の質問「どうでしたか」でテスターは、日本についてのおおま

かな印象を引き出し、(3)の質問「どう違いますか」で、上級の描写を引き出すために、寮について日米でどう違うか聞いている。しかし、被験者の答え(4)は、文レベルの単なる日本の寮の方が狭いという答えである。これは、中級レベルの答えで、段落レベルで詳細を含む答えを要求している上級レベルではない。そのため、テスターは、次にフォローアップをしなければならない。しかし、(5)でのフォローアップは、「家具とかはないんですか。」という肯否を聞く制限的質問になってしまっている。そのため、被験者はその返答(6)として、再び中級レベルの２つの文で短くまとめてしまうことになる。さらに、(7)の質問では、テスターは、寮の費用という面に絞って聞いている。例４では、(3)の開放的な質問の後、(5)と(7)は、閉鎖的な質問が連続した形になっている。

試験官養成中に提出された練習用のインタビューを聞いていると、この例のように、始めは上級を狙っていたのにもかかわらず、その後のフォローアップが閉鎖的質問の連続で、中級に下がってしまうという効率の悪い流れをよく聞く。最初におおまかに描写するという課題を与えているのに、それに失敗すると、テスターが課題を噛み砕いてやり、細かい点についての閉鎖的質問を連続して聞くことによって、最初に聞かれた内容についての全体像を浮かび上がらせるという構図である。

　フォローアップの質問としては、テスターがどういう情報を要求しているかを明確に示すべきであろう。そうすれば、表面的な短い答えでは不充分で、詳細を含むような答えが適切だということが被験者に明確になる。例えば、例４の寮については、次のようなフォローアップの質問が挙げられる。例えば、「もうちょっと詳しく教えてもらえますか。寮の部屋の中とか建物とか、それから、アメリカと違うところや、逆に同じだなぁと思うようなところとか、詳しく教えてもらえますか。」というような質問の仕方が考えられよう。

　もう１つのテスターの失敗の原因としては、質問の動機や背景を明らかにしないで、型通りに質問をしていることが考えられる。「Ｘはどうですか。」「Ｘについて教えて下さい。」「ＸはどんなＹですか。」などの開放的質

問表現を使ってはいるが、型通りに使われている場合、テスターの頭の中に、どういう答えを期待しているかイメージが構築されていない。そのため、詳細を欠いた中級レベルの答えが返ってきても、何が不充分なのかがわからず、何となくその不充分な答えを受け流してしまうのである。また、被験者から見た場合、表面的に型のように聞かれると、社交辞令的に答えればいい、というように受け止めかねない。しかし、テスターが、固有の人間として被験者に向き合い、その人特有の情報に興味を示せば、被験者も相手を納得させようという態度で話しだすのではないだろうか。

例えば、寮の描写を要求するとしても、次のような例はどうだろうか。

「私が大学生だった時は自宅からだったので、学生寮って経験がないんですけど、日本の大学の寮って、どんなふうになってるんですか。部屋とか、あの寮生活とかってどんな感じなんですかね。それと、アメリカの寮や寮生活とどんなふうに違いますか。」

この例では、テスターは日本でも寮生活をしたことがないことを示して、どのような情報を提供したらいいかを被験者に理解させようとしている。テスターがなぜ聞いているか動機のようなものに触れて、描写をさせると、被験者も、テスターを納得させるように、関係のある情報を盛り込んで、少し興味深く情報を提供する努力をするのではないだろうか。この場合の「納得させる」というのは、Distinguished レベルの「説得」ではなく、あくまでも上級レベルに見合う、牧野(1999: 94)に書かれているような、「関連のある事柄や裏付け事実をつなぎ合わせたり、織り交ぜたりして」会話に参加できるという意味である(Distinguished レベルについては *ACTFL Proficiency Guidelines 2012* のホームページ http://actflproficiencyguidelines2012.org/speaking を参照)。

ここでさらに指摘したいのは、テスターの上級レベル発話抽出失敗例は、教師が教室内で習慣的に行っている質問のパターンを映し出しているのではないかということである。普段、私達教師は、閉鎖的質問ばかりをしていないだろうか。開放的質問をしたとしても、中級レベルの答えで満足してしま

い、上級レベルの発話を引き出すことをあきらめていないだろうか。そして、常に何でも知っている話し相手、一と言えば十まで分かる、もの分かりのいい理解者として学生に接していないだろうか。この点で、OPI の示唆する問題は教室内指導に重要な意義を持つ。

3. 上級話者と語用論

3.1 上級話者の定義

　試験官養成マニュアルに、上級話者について、次のような特徴が記されている。「多くのコミュニケーションタスクを、楽に、また自信を持って扱うことができる。…会話の流れに柔軟に対応しながら、…詳細に叙述したり描写したり…関連のある事柄や裏付け事実をつなぎ合わせたり、織り交ぜたりして、段落の長さの連続した談話の形でなされる傾向がある」(牧野 1999: 94)。中級と違って上級では、信頼できる会話のパートナーということが要求される。楽に、安心して会話をしていられる、ということは、誤解なども少なく、意味交渉が手間取ることもそれほどない。これは、質問をきちんと把握し、質問のポイントに的確に対応した答えを出すことができるからである。中級レベルでは、ポイントからずれていても、外国人話者に同情的な聞き手なので、辛抱強く何度も聞き返す、または、意思疎通が図れないのは仕方がないとして、聞き流して次の話題に進むということになる。しかし上級レベルでの聞き手は、同情的ではない。試験官養成マニュアル(牧野 1999: 58)には、上級レベルの効果的な試験官の態度として、「あまり知識がなくて(naïve)、外国語がわからないような振りをして、わからないことを詳しく説明してくれるように食い下がること」と書かれている。この点で、中級レベルのテスターの態度とは異なるのである。

3.2 会話をするという行為の意味

　Crystal(2008: 379)は、広義の語用論の分野を次のように定義している。

> … the study of LANGUAGE from the point of view of the users, especially

of the choices they make, the CONSTRAINTS they encounter in using language in social interaction, and the effects their use of language has on the other participants in an act of communication.
（言語使用者の見地から見た言語研究で、特に、社会的相互作用の場面で言語を使用する際の使用者の言語選択や彼らに課せられる制限、また、コミュニケーション行為において彼らの言語使用が他の参加者に与える効果などを研究する。） （筆者訳）

　コミュニケーション、または、会話という行為を、母語話者は自動的かつ反射的に行っているが、水面下において複雑なメカニズムが営まれて、初めてコミュニケーションや会話が成立する。従来では、話者が発した情報を聞き手が耳に入れ、処理解釈をするといったコミュニケーションモデルが当たり前とされていたが、Goffman(1981)は、この単純すぎるモデルを批判した。会話でのやりとりはそんなに単純ではない。話者は、単に情報を発信するのではなく、受け手の予備知識やその場の状態によって、情報の量、伝え方を変えるかもしれない。情報の受け手をとっても、聞き手のみならず、傍観者も含むだろうし、誰が聞き手かは、刻一刻変化する場合もある。受け手の解釈プロセスについては、言語上の情報だけでなく、言語以外の背景的な情報、その場の情報、常識等、様々な情報を駆使して、最も適切だと思われる話者の意図についての解釈を導き、その解釈に基づき、自分の発話を創造するといったように、非常に複雑なメカニズムが想定される。また、言語上、あるいは文法上一見ちぐはぐなやり取りだとしても、当事者にとってはきちんと通じ合っているというような例は、現実には無数に見られる。

　このように基本的にうまく通じ合うために会話に参加する当事者がいかに協力的に会話を行っているかについての原則を打ち出したのがGrice(1975)である。Griceの提唱したCooperative Principleは、次の4つの原則から成り立っている。

　　「量」　　必要な量の情報を提供すること。
　　「質」　　真実だと信じていないことは言わないこと。

「関連性」　関連していることを言うこと。
「伝え方」　簡潔に、曖昧なことを避け、秩序だてて話すこと。

例えば、レセプションなどで隣に座った人に、「どちらからですか」と聞かれた場合、「横浜です。」と答えるのが普通であって、その際に「横浜市野毛町○丁目○−○番地」と住所を言う人はいないであろう。どちらも質と伝え方には問題はないが、関連性において、住所はこの場合求められていないのである。また、レセプションの内容によっては、

「どちらからですか」「今日は会社が休みなもんで。」
「どちらからですか」「日本です。」
「どちらからですか」「私、家内にくっついて来ただけなんです。」

など、答えの内容は、相手との関係、相手と共有している情報、相手のプロフィール、レセプションの出席者のタイプ、発話状況設定に関連する様々な要因(参加者、場所等)などによっていろいろな答えが可能となり、Griceの原則を満たしている場合もあれば、わざと逸脱する場合もある。

　Goffman(1986)は、この会話を成立させる過程においてコミュニケーションの当事者達が拠り所とする言語使用を含めたあらゆる種類の知識、常識、コミュニケーションの環境、またそれに関する期待や憶測などをまとめてフレーム(frame)とし、社会の様々な出来事、人々の接触場面を分析している(frameについては、Tannen and Wallat(1993)も参照されたい)。例えば、小学校の教師が生徒全員に説明をしている時の話し方、そして、その途中で急に発する1人の生徒への注意(「やめなさい。」)、それぞれには、特有の語彙、口調、統語形式、内容などの特徴があって、各生徒は、今先生が誰に向かって話しかけているのかを自動的に理解しながらその場面に参加している。つまり生徒全員への説明は説明として受け入れ、ある生徒への注意に関しては、説明とはとらえず、受け流す。注意された生徒本人は、自分への注意と解釈し、反省するとともに、ふざけるのをやめる。これを、日常の会話に当てはめるとすれば、例えば、新しい美術展覧会の話しをしていて、一方

が行くという話しをし、もう一方がいつ行くのかと尋ねた場合、「いつ行くか」という質問が、単なる時の情報を求めている質問なのか、「できれば一緒に行きたい」という意思表示の前段階なのか、どちらなのかは、それまでの2人の関係や話しの流れで見極めることができるのである。もちろん、見極めを誤った場合は、その場で意味交渉が始まることもあるだろう。

　この会話の相手の意図を見極める能力は、Hymes(1972)の言うところの子どもが社会の相互作用によってコミュニカティブコンピテンスを培うのと同じように、いろいろな場面に遭遇することによって、経験を通して身につけていかなければならない。また、Gumperz(1982)は、話し手は自分の意図を読み取ってもらうために様々なサインを発話にちりばめることを指摘している。それらのサインは、コンテクスチュアライゼーション・キューと呼ばれ、その例としては、イントネーション、声のトーン、語彙、統語、談話構成やレトリックなどといったものが含まれている。これらをどのように使用するかは、語用論レベルの問題であって、言語の使い方は、社会の多様な接触場面を経験することによって培われる。

　以上のように、私達母語話者は、語彙と統語だけを駆使してコミュニケーションを行っているのではなく、聞き手の解釈能力、コンテクスチュアライゼーション・キューやフレームに含まれる様々な情報によって、メッセージすべてを言語化しなくても、お互いにきちんと解釈し合い、噛み合ったやり取りを行うことができるのである。中級レベルの話者は、語彙と統語をコントロールして発話するので精いっぱいであるのに対し、上級レベルの話者は、ある程度聞き手の意図を汲み取ってうまく噛み合ったやり取りができる段階に入っていることを要求される。したがって、現在中級レベルにいる学習者は、質問の真の意図を即座に理解し、それに対応する応答を組み立てる能力を築くことが必要であろう。

4. 対策

4.1 学習者への対策

　学習者への対策として、まず行いたいのは、質問のポイントをつかむこと

の重要性を理解させることである。そのためには、質問のポイントが掴めておらず、ずれた返答をしている例を示して、それに気づかせ、その後で、質問の正しいポイントをどのように導くかを教え、さらに、どのように答えたらいいかを考えさせるという方法が提案できる。気づきのチャンスを与えるため、質問の内容が前もってわからない OPI のようなインタビューを録音し、学生に自分の会話中の発話を文字化させて、教師とともに聞きながら、文字化されたものを見直すという方法が効果的である。

　学生は、文法や語彙の間違いばかりを気にする傾向があるようなので、教師が、鋭い観察力で、コミュニケーションが噛み合っていない部分を指摘する必要がある。この時に、牧野(1999: 58)で指摘されている上級レベルのテスターのように、教師は「あまり知識がない」日本語母語話者の立場をとり、もっと説明がなければ合点がいかない、もっと詳細がなければ何も知らない日本人にはイメージが浮かばない、学習者の住んでいる地域の事情を知らない人にとってはまず前提を説明しなければ、納得できない、などといったフィードバックを与える。学習者は、対象者をナイーブな日本語母語話者に置き換えることによって、どれだけの説明、描写が必要なのか、はっきりした目標を設定することができるであろう。そして、段落レベルの談話も自然の結果として産出するようになることが予想される。

　もう1つ、関心のないことについての発話の回避という問題への対策は、同じように文字化したものを実際の会話を聞きながら見直していくのだが、見直す時に、日本に行った時に知らない日本人と話す機会が当然あると予想され、その場面では自分の国全体について聞かれるのは当然予測できることだと指摘する。日本で遭遇する日本人の中には、例えば、アメリカ人と見れば、アメリカのことは何でも知っていると思う人や、政治経済の一般的なことや社会問題のことも知っていて当然だと思う人もいるだろう。また、日本人は、友好的な意味で、学習者の国について聞いているのであって、その時に、「興味がない」と答えたら、友好の意図で差し出された手を払いのけるようなものである。政治・経済・社会のことについて、専門家のように語る必要はないが、情報として、一般の人たちがどのような考えを持っているのか、事実は何かを知っていて、それを日本語で伝えられるようにしておくの

は、上級話者としては必須であることを指摘する。そして、未習の語彙への対策として、語彙を増やす以外に、既習の日本語を駆使して説明したり言い換えたりする練習も行うべきであろう。

さらに、段落レベルの発話を強化する対策として、学生に長い発話の課題を与え、録音したものを提出させる方法を提案する。段落レベルの談話の場合、クラスの限られた時間の中で学習者全員に課題を与え、個々の学習者にフィードバックを与えることは非常に難しい。時間も足りず、1人が話している間、他の生徒が集中力を失い、飽きてしまうという問題もある。ペアワークは、生徒全員が課題をこなすという点ではよいが、文のつなげ方、談話構成を強化するための教師の細やかな指導が1人1人にできない。最近では、音声録音のテクノロジーもかなり発達し普及したので、学習者は手軽に自分の発話を録音しそれを教師にメールで提出できるようになってきた。読み書きの授業では、長い談話を書く課題は当たり前のように課される。同じように、話す技能でも、長い談話を産出する課題を出し、それを提出させて、フィードバックを与えるという対策が必要かつ効果的だと考えられる。

4.2 教師への対策

教師養成に取り入れたい対策としては、まず、教科書の枠内、教科書に載っている字面だけで指導をしないことが挙げられる。教科書の中には、演習問題や文法の穴埋め問題、書き換え問題などがあるが、それらはたいてい文レベルの演習であって、談話レベルの演習ではない。語用論的な問題は、対話や談話レベルに持っていかないと、顕著には現れないので、設定のはっきりした会話や説明に発展させるレッスンの作り方を訓練するべきである。例えば、ある人が海外旅行から帰ってきて、その旅行について「どうでしたか」と聞いたとする。質問が同じでも、状況設定が変われば、答えも異なる。部下が部長の海外出張について聞いたのであれば、部長は、少し自慢げに話したり、びっくりしたことなどを話したりするだろう。また、病気でその旅行に行けなかった同僚が聞いた場合は、大変だったことや苦労したことを強調し、楽しんだことはあまり強調しないように話すだろう。渡辺・ウェッツェル(2010)は、敬語の練習として、コンテクストの中で、対話の

相手や話題の人物を変えることによって、形成的フィードバックを与える例を紹介している。文法・語彙は大切であるが、ある特定のコンテクスト、状況設定の中で発話応対を練習することによって、中級レベルから上級レベルへと運用能力を発展させることができる。

近年、自律学習やプロジェクトワークが盛んに導入されている(佐藤・熊谷編 2010、佐藤・熊谷編 2011)。それと同時に、コンテクストがはっきり設定された中で、学習者が他の人と日本語で対話したり、意味交渉したりする機会も確保するように教師養成の中で指導したいものだ。プロジェクトワークなどでは、成果としてできあがったものを発表することが多いが、プロジェクトが進行する過程でも、教師が介入して、語用論的能力を開発していく必要がある。あらかじめ作られた談話を読む、発表をする、ポスターを説明するという発話行為は、一方通行型の発話行為で、全米における外国語指導基準であるナショナル・スタンダーズ(National Standards in Foreign Language Education Project 2006)の中の プレゼンテーショナル・モードにあたる。一方、インターアクティブ・モードでは、会話の相手と常に意味交渉をしていかなければならず、相手の出方によって、自分の発話も調整していかなければならない。インターアクティブ・モードを補強するために、例えば、プロジェクトの発表に加えて、1対1のインタビューを取り入れることが効果的であろう。インタビューでは、学期中何回かに分けて、なぜそのトピックを選んだのか、そのトピックについて調べる時に苦労したことなどを個々の学生に聞く。学期の始めには、「おもしろいと思ったから」というような短い発話が、学期中の段落レベルの談話に伸ばす練習を経て、プロジェクト終了時には、質問のポイントをついた段落レベルでの説明ができるようになるといった進歩も可能である。

教師養成において、文法・語彙を語用論のレベルでクリティカルに分析する能力を教師の間で開発することも重要だと考える。そのために、OPIワークショップなどで、実際のインタビューを経験して、上級の発話を引き出す質問とフォローアップの質問を練習することが大いに役立つだろう。

5. 結論

　文法や語彙は重要であるが、上級レベル、さらに超級レベルに達するためには、文法以上の語用論の面での能力を開発しなくてはならない。語用論的能力とは、言語をコミュニケーションのために効果的に使用する際に必要な言語の使い方についての知識や運用能力と言えよう。上級に到達するのには、日本への長期留学や長期在住といった経験も効果的であろう。しかし、教室内の指導でも、上級への手がかりを教えることは可能だと考える。学習者に中級レベルから上級レベルへ進歩を続けさせるには、自律学習能力を伸ばすだけでなく、教師のきめの細かい指導、特に語用論レベルでの間違いに対するフィードバックは必要不可欠である。教師は、文法や語彙の知識だけではなく、語用論的な感覚を研ぎすますことが要求されよう。

参考文献

American Council on the Teaching of Foreign Languages. (1982) *ACTFL provisional proficiency guidelines*. Yonkers, NY: ACTFL.

American Council on the Teaching of Foreign Languages. (1986) *ACTFL proficiency guidelines*. Yonkers, NY: ACTFL.

Crystal, David. (2008) *A dictionary of linguistics and phonetics, Sixth edition*. Massachusetts: Blackwell Publishing.

Goffman, Erving. (1981) *Forms of Talk*. Philadelphia, PA: University of Pennsylvania Press.

Goffman, Erving. (1986) *Frame analysis: An essay on the organization of experience*. Boston, MA: Northeastern University Press.

Grice, H.P. (1975) "Logic and conversation" in Cole, P. Syntax & Semantics 9: *Pragmatics*. New York: Academic Press.

Gumperz, John. (1982) *Discourse strategies*. London: Cambridge University Press.

Hughes, Arthur. (2003) *Testing for language teachers*. Cambridge: Cambridge University Press.

Hymes, Dell. (1972) "On communicative competence." In J.B. Pride and J. Holms (eds.) *Sociolinguistics*, pp. 269–293. Harmondsworth, England: Penguin Books.

National Standards in Foreign Language Education Project. (2006) *National Standards in*

Foreign Language Learning in the 21st Century. Lawrence, Kansas: Allen Press.
Swender, Elvira, Karen E. Breiner-Sanders, Lizette Mujica Laughlin, Pardee Lowe, Jr., and John Miles.(1999)*ACTFL Oral Proficiency Interview Tester Training Manual*. Yonkers, NY: ACTFL.
Tannen, Deborah and Cynthia Wallat.(1993)"Interactive frames and knowledge schemas in interaction: Examples from a medical examination/interview." In Deborah Tannen(ed.)*Framing in discourse*, pp. 57–76. New York: Oxford University Press.
佐藤慎司・熊谷由理編(2010)『アセスメントと日本語教育―新しい評価の理論と実践』くろしお出版.
佐藤慎司・熊谷由理編(2011)『社会参加をめざす日本語教育―社会に関わる、つながる、働きかける』ひつじ書房.
牧野成一(1999)『ACTFL-OPI 試験官養成マニュアル』ACTFL, ALC Press Inc.
渡辺素和子(2005)「ACTFL-OPI の妥当性と応用に関する先行研究のまとめ」鎌田修・筒井通雄・畑佐由紀子・ナズキアン富美子・岡まゆみ編『言語教育の新展開―牧野成一教授古稀記念論集』pp. 333–346. ひつじ書房.
渡辺素和子・パトリシア＝ウェッツェル(2010)「語用論的能力の諸相とアセスメント」佐藤慎司・熊谷由理編『アセスメントと日本語教育―新しい評価の理論と実践』pp. 45–67. くろしお出版.

The OPI at Age 30
Contributions, Limitations, and a View to the Future

Judith E. Liskin-Gasparro

要 旨

　ACTFL OPI が導入されてからの 30 年は外国語教育における重要な変化が起きたことで特色づけられる。カリキュラム作り、教授法、教科書制作、テスト作成、さらに最近完成したナショナルスタンダーズも、プロフィシェンシーへの志向を高らかに唱っている。OPI は膨大なインパクトを及ぼしているが、常に批判の的にもなってきた。そのうちの 1 つは OPI で抽出される言語の性質である。相互作用能力は第二言語の能力を理解し、評価するための新たな理論的レンズと言える。口頭能力は、コミュニケーション活動の種類、ターンテイキングの型、会話の体系、言語スタイルの統制に関する知識を含み、そのようにダイナミックな面を理解することは ACTFL Guidelines と OPI に見られるオーラルプロフィシェンシーに見られる比較的静かな構成観とは対照的である。もし、相互作用能力が第二言語の口頭能力にとって重要なものならば、そこで産出されるディスコースの特質に及ぼすテスト形式の影響を詳しく調べる必要がある。

キーワード：ACTFL、相互作用能力、口頭テスト、プロフィシェンシー

Abstract

　The 30 years since the introduction of the ACTFL Oral Proficiency Interview (OPI) have been marked by major changes in foreign language education. Curricula, teaching methods, textbooks, tests and, more recently, the National Standards, prominently feature a proficiency orientation. Despite the enormous impact of the OPI, it has always been subjected to criticisms, one of which is the nature of the language elicited in the OPI. Interactional competence in a second language is a new theoretical lens through which to understand and evaluate second language ability. Its dynamic understanding of oral competence, which includes knowledge of communicative event types, turn-taking patterns, conversation organization, topic management, control of registers, and the linguistic elements required for communication, contrasts with the relatively static construct of oral proficiency presented by the ACTFL Guidelines and the OPI. If interactional competence is essential to speaking ability in a second language, then we must examine closely the influence of the testing mode on the nature of the discourse that is produced.

Keywords: ACTFL, interactional competence, oral tests, proficiency

1. Introduction

The year 2012 marks the thirtieth anniversary of the introduction of the ACTFL Guidelines and the Oral Proficiency Interview (OPI) to the foreign language profession. Over this 30-year period hundreds, if not thousands, of language professionals in a wide range of languages have been trained to conduct and rate OPIs. Even more important, the experience of conducting OPIs and learning about the strengths and weakness of students' speaking skills in terms of the ACTFL proficiency scale sparked major changes in foreign language education in the United States. These changes have been termed collectively a *paradigm shift* (Swaffar, 1989) because they occasioned fundamentally new ways of thinking about what it means to learn a language in formal classroom instructional contexts and what we as teachers can do to facilitate our students' learning. This paper begins with a brief review of how the landscape of foreign language teaching in the United States changed in the last two decades of the twentieth century. I then argue that the changes in our thinking have, perhaps inevitably, led to renewed scrutiny of the OPI and critiques of its shortcomings. The critiques signal new directions in our understanding of what it means to know a language, as well as a deeper understanding of dynamic nature of spoken interaction.

2. The ACTFL Guidelines and the OPI: The First Paradigm Shift

The two decades following the introduction of the ACTFL Proficiency

Guidelines and the ACTFL OPI, sometimes termed the *proficiency movement* (Higgs, 1984), were characterized by proficiency-related activity in a variety of areas. The first generic version of the Guidelines was published by ACTFL in 1982, the same year in which the first OPI tester training workshop—for instructors in Spanish and French—was held. By the end of the 1980s, there were language-specific proficiency guidelines for speaking in several languages, including Japanese. In addition, tester training had spread—first to German and Italian, and then to Japanese, Russian, and Chinese. Other languages soon followed as well. As the demand for tester training increased, ACTFL developed workshops to train additional trainers.

2.1 Early Impact

The OPI had an almost immediate impact on language teaching at the college level in the United States. The landscape of language teaching in the early 1980s, before the dissemination of the ACTFL Proficiency Guidelines and the OPI, was quite different from what we know today. There were no activities in which pairs of students interviewed each other or exchanged information, no group decision tasks, and no role plays—in short, none of the student-centered activities that now are normal and expected features of language instruction. One of the early discoveries by participants in the first OPI tester workshops was that students did not know how to ask questions—a crucial function of the Intermediate level—because in language classes of the early 1980s, only the teacher asked questions, and the role of the students was to answer questions, not ask them.

Within a short time, language textbooks appeared with the label "proficiency oriented." The first one was in French, and others followed in Spanish, Russian and, of course, Japanese. The innovations of these books included role plays for active speaking practice, pre-listening and pre-reading activities to help students comprehend more complex texts, and strategy instruction to make students more autonomous learners.

2.2 Institutionalization of the ACTFL Guidelines and the OPI

Finally, the ACTFL Guidelines and the OPI have been institutionalized in U.S. foreign language education through their inclusion in two major national-level initiatives: the National Standards in Foreign Language Education Project (1996, 1999) and the National Council for Accreditation of Teacher Education (NCATE), which established Advanced Low as the speaking proficiency level for entry-level language teachers in grades K–12. These two initiatives have all but guaranteed the continued place in the American foreign language educational system of the ACTFL scale, the OPI, and speaking tests derived from the OPI.

3. Early Critiques of the OPI

The ACTFL scale and the OPI were accepted enthusiastically and were disseminated widely following their introduction. A natural consequence of their popularity was a considerable amount of critical scrutiny. A review of the nature of the criticisms over the last three decades reveals a great deal about how our thinking has changed about what it means to know a language. Recent research on the OPI and similar tests has also revealed major changes in our appreciation of the fundamentally dynamic nature of oral interactions.

3.1 Validity

In the first decade following the introduction of the ACTFL Guidelines and the OPI, the criticisms fell into two broad categories. The first category concerned issues of validity, as critics charged that the ACTFL scale lacked empirical validation (Lantolf and Frawley, 1986, 1988; Pienemann, Johnstone, and Brindley, 1988). Even the strongest supporters of the ACTFL Guidelines (e.g., Lowe, 1986) acknowledged that "the essence of the proficiency scale lies not in verbal descriptions of it, but in its thirty-year-long tradition of practice" (p. 392, as cited by Fulcher, 1996, p. 165).

A second issue related to validity was the difficulty—or impossibility—of validating the ACTFL scale, because the level descriptions contained both linguistic and non-linguistic statements, thus confounding the method of measurement with the traits that were to be measured. An example of this problem can been seen in the recently published (2012) revised version of the ACTFL Guidelines. The description of the Intermediate Mid level ends with this sentence:

> Intermediate Mid speakers are at ease when performing Intermediate-level tasks and do so with significant quantity and quality of Intermediate-level language. (ACTFL, 2012)

This statement contains phrases that are impossible to operationalize, such as "at ease" and "significant quantity and quality." How does one recognize that a speaker is "at ease"? How much language at the Intermediate level is enough to be considered "significant"? What exactly is language "quality" for speakers at this level? In addition, as argued by Lantolf and Frawley (1986) more than 25 years ago, we see in this statement and many other places in the level descriptions of the ACTFL Guidelines the problem of circularity. What does it mean to say that a speaker at the Intermediate level is at ease when performing Intermediate-level tasks using Intermediate-level language? The characteristics of speech samples constitute the level descriptions of the Guidelines, and at the same time the Guidelines represent what is measured in an OPI (Chalhoub-Deville, 1997, p. 9). To build a validity argument, there has to be some external confirmation of the construct of proficiency, which is almost impossible to achieve with this kind of circularity.

A final criticism related to the validity of the rating scale concerned the invoking of the hypothetical *native speaker* as a criterion against which the proficiency of non-native speakers would be measured. This hypothetical native speaker appears in various guises in the Guidelines, even in the newly revised (2012) version[1], despite almost three decades of criticism about this point. For example, speakers can qualify for the Advanced level if, among other things, they are "readily understood by native speakers unaccustomed to dealing with non-natives" (ACTFL, 2012). In the view of the critics, the absence of data to operationalize key phrases in the descriptions like "native speakers unaccustomed to dealing with nonnatives" renders these criteria imprecise and indefensible (Barnwell, 1988; Lantolf and Frawley, 1986; Salaberry, 2000).

3.2　Language Elicited by the OPI

A second major category of criticism concerned the nature of the language elicited by the OPI, particularly in light of early claims by ACTFL that the OPI measured "language performance in terms of ability to use the language effectively and appropriately in real-life situations" (ACTFL, 1986, 1–1, as cited by Salaberry, 2000, p. 299). Critics charged that the OPI assessed only a limited range of language tasks. Savignon (1985, p. 132), for example, noted the absence of such language-use contexts as small-group discussions and games, which tapped discourse strategies that the OPI did not sample. Given that test results are meant to predict performance, promoters of the OPI were criticized for their willingness to "predict performance across [a range of] conversational contexts, interlocutors, topics, and purposes" (Kramsch, 1986, p. 358, as cited by Salaberry, 2000, p. 299) on the basis of a single discourse event; that is, the face-to-face interview.

The last category of criticism from the early years of the ACTFL Guidelines and the OPI mentioned here is particularly crucial, because it marked the beginning of a new generation of research on the OPI and similar tests; namely, the charge from a critical discourse perspective that the OPI's face-to-face interview format instantiated an unequal power relationship between interviewer and interviewee, in which the rules of interview discourse constrain the right to such discourse management moves as nominating topics, eliciting information, and interrupting (Johnson, 2001; Kramsch, 1986; van Lier, 1989 as cited in Liskin-Gasparro, 2003).

4. A New Paradigm Shift?

4.1 The Nature of the Proficiency Construct

The critique of Kramsch (1986) was the starting point for what may be yet another paradigm shift—from a cognitive understanding of speaking proficiency as a static construct that belongs to a single individual and is displayed in conversational interaction to a new socially oriented understanding of speaking proficiency as situationally bound and jointly co-constructed by the participants in an interaction. Kramsch argued that the ACTFL Guidelines did not give appropriate weight to the interactional features of conversation and, therefore, did not capture the true nature of communicative competence. Kramsch argued for a socially situated and dynamic perspective on oral interactions, in which the collaborative efforts of the interlocutors were a fundamental component of communicative competence. She further argued that an appropriate characterization of language proficiency had to take into consideration features of interaction, which she defined, following Wells (1981), as the joint construction of a "sphere of intersubjectivity"; that is, a shared understanding between the participants in the communicative event. This conceptualization of interaction suggests that communicative ability cannot be reduced to individual competencies; instead, it is constructed moment-by-moment by the participants in the interaction (Tecedor Cabrero, 2013).

4.2 Interlocutor Effects in Proficiency Tests

Kramsch's (1986) critique turned out to be the leading edge of a new generation of critical scrutiny of the OPI, along with other similar types of speaking tests that have an interview format. Building on the early theoretical work by Kramsch, researchers who use the tools of conversation analysis to conduct close examinations of oral interactions in testing contexts (e.g., Brown, 2003a, 2003b; Kasper and Rose, 2007; Ross, 2007; van Compernolle, 2011) have been building robust empirical documentation to argue that the construct of individual language ability that underlies the OPI cannot be sustained. Indeed, it is increasingly clear that OPI discourse is not a speech sample that can reflect the static state of a speaker's speaking ability, but rather an inseparable component of an interaction that is dynamically co-constructed by both participants (McNamara, 1997, as cited by Kasper and Rose, 2007, p. 2047).

4.2.1   Interviewer Impact on Interviewee Discourse

The major source of empirical evidence for this perspective comes from research on the effect of the interviewer on both the process and the product of OPI testing. Brown (2003a, 2003b) was among the first researchers to examine the "product of oral tests in terms of the *discourse* produced rather than the *scores* awarded" (Brown, 2003a, p. 254, italics in the original). In each of two studies by Brown that were published in 2003, two examiners for the International English Language Test (IELTS) tested the same student. The discourse of the two interviews with each candidate was compared with the goal of discovering whether differences in the ratings awarded to the candidate's two performances could be connected to variation in interviewer style. Although not identical to the ACTFL OPI, the conversational portions of the IELTS are similar enough that the results of Brown's studies can be assumed to apply to the OPI as well.

Brown discovered major differences in the behavior of the interviewers, which confirmed findings in other similar studies: the ways they ask questions and construct prompts, the ways they accommodate their speech to that of the candidate, and the ways in which they develop and extend topics, among others (2003b, p. 3). These data are interesting on the theoretical level, because an examination of the discourse in two oral tests of the same student can show that the resulting discourse is different in a number of ways.

4.2.2   Interviewer Impact on Proficiency Ratings

From the assessment perspective, however, the crucial question is whether differences in the interactional discourse have an impact on the raters' perceptions of a speaker's proficiency, and whether these perceptions result in different ratings. The assumption has always been that even though the OPI does not consist of a set list of questions that are posed to all examinees, ACTFL's rigorous tester training standardizes the structure of each OPI and controls interviewers' elicitation techniques to a high enough degree that differences in interviewer style will not affect the ratings. In other words, if Mary takes the OPI in Japanese with Riko on Monday and with Nanako on Tuesday, as long as Riko and Nanako are experienced, certified OPI testers, even though they may ask different questions and have different styles of interviewing, Mary will get the same rating in both OPIs.

In both of her studies, Brown found that the different styles of the interviewers did indeed result in different perceptions by the raters of the proficiency of the student, such that they awarded significantly different ratings. Brown collected verbal reports from the raters on their perceptions, and it was quite remarkable that all of them focused on the speech of the student. Even when they noted features of interviewer behavior, they tended to attribute disfluencies in the interaction to the limited proficiency of the student, rather than to how the interviewer posed her questions. Also remarkable was the high level of agreement among the raters; they appeared to have been trained to listen primarily to the examinee's discourse and to avoid inferences about what the examinee might have said if the interviewer had conducted the test differently.

Brown is not the only researcher to have examined this phenomenon. Ross (2007) also examined inter-interviewer variation in two OPIs in English conducted with the same candidate three months apart. The candidate, a middle-aged Japanese male, worked as an executive secretary for a large financial services company in Japan; he regularly traveled abroad and used English for professional purposes (Ross, 2007, p. 2018). In the first OPI he received a rating of 2 (ACTFL Advanced Low or Advanced Mid[2]); in the second, three months later, he received a rating of 1+ (ACTFL Intermediate High). The OPIs were conducted by two different testers. The researcher conducted a microanalysis of the discourse of the two OPIs to discover causes for this major difference in rating across a major border.

Ross found marked differences in interviewer behavior across the two OPIs, with one interviewer appearing to form the hypothesis early in the interview that the candidate was likely a level 2 speaker, whereas the other interviewer seemed to conduct the interview from the hypothesis that the candidate was likely not a level 2 speaker. The difference in interviewer perception seemed to be formed early in each of the interviews. These perceptions, coupled with different ways the interviewers framed their topics and presented their questions, resulted in different ratings.

5. Future Research Directions

I have been an OPI tester and trainer for 30 years, and my first impulse when reading these studies was to criticize the interviewers in the Brown (2003a, 2003b) and Ross (2007) studies. Oral proficiency testers who read the transcripts will certainly find much to criticize. However, each speech sample was rated multiple times, and the rate of agreement was above 90%. In addition, none of the raters in Ross's (2007) study found an interviewer's behavior sufficiently problematic to claim that the speech sample could not be rated. The acceptance of the interviewers' testing style invites us to look more deeply at the issues.

First, we should question the assumption, present in research such as that of Brown (2003a, 2003b) and Ross (2007), that raters, who listen to recorded oral proficiency interviews, and researchers, who examine written transcripts of those interviews, are engaged in the same task. Indeed, this is an empirical question: Would raters make different judgments about an oral proficiency interview if they had access to the written transcript rather than to the audio recording? Surely the perspective of the rater is formed, at least in part, by the type of access the rater has (audio recording vs. written transcript) to the interview discourse.

Second, experienced OPI testers would surely agree that there is inter-

interviewer variation that functions exactly the way ACTFL says it should—that there are inevitable differences in interviewer style that do not result in differences in OPI ratings. However, research on inter-interviewer variation is rare. The findings of Ross, Brown, and the few others who have done these types of analyses (e.g., Lazaraton, 1996) represent serious threats to the validity of the OPI. We need more research of this type to discover whether, given larger databases of repeated interviews to draw from, the findings reported by these researchers would be replicated.

Finally, recent studies that bring together the theoretical framework of interactional competence with the microanalytical tools of conversation analysis have opened up new avenues of thinking about what it means to speak a language. Does the theory building in the area of interactional competence invalidate the construct of oral proficiency as we have traditionally understood it? Might there be an inner core of individual proficiency that is stable, impermeable to the dynamics of interlocutor behavior, and an outer core of what we might call proficiency-in-interaction, which is what researchers like Ross and Brown focus on in their work?

I believe that we are at the leading edge of a new paradigm shift, in which our views of speaking ability and the ability of tests like the OPI to measure it will undergo major change. It will be the role of tomorrow's scholars to conduct the research that will lead the way to the next stage in our knowledge of what it means to know a second language.

Notes

1   The description of the Distinguished level, which appears for the first time in the 2012 ACTFL Guidelines for Speaking, contains this phrase: "A non-native accent, a lack of a native-like economy of expression, a limited control of deeply embedded cultural references, and/or an occasional isolated language error may still be present at this level" (ACTFL,

2012). In fact, educated native speakers of a language that is spoken widely around the world, such as English or Spanish, may have occasional miscommunication, given regional differences in pronunciation, intonation, and lexicon.

2 Note that because the OPIs used in this study were rated on the ILR scale, a rating of ILR 2 does not allow for a distinction between Advanced Low and Advanced Mid.

References

American Council on the Teaching of Foreign Languages. (1986) *ACTFL Proficiency Guidelines.* Yonkers, NY: ACTFL.

American Council on the Teaching of Foreign Language. (2012) *ACTFL Proficiency Guidelines: Speaking.* Retrieved on 24 April 2012 from http://actflproficiencyguidelines2012.org/speaking

Barnwell, David. (1988) Proficiency and the Native Speaker. *ADFL Bulletin* 20(1), 42–46.

Block, David. (2003) *The Social Turn in Second Language Acquisition.* Washington, DC: Georgetown University Press.

Brown, Annie. (2003a) Discourse Analysis and the Oral Interview: Competence or Performance? In Diana Boxer and Andrew Cohen (eds.) *Studying Speaking to Inform Language Learning,* pp. 253–282. Clevedon, England: Multilingual Matters.

Brown, Annie. (2003b) Interviewer Variation and the Co-construction of Speaking Proficiency. *Language Testing* 20, 1–25.

Chalhoub-Deville, M. (1997). Theoretical Models, Assessment Frameworks and Test Construction. *Language Testing* 14, 3–22.

Fulcher, Glenn. (1996) Invalidating Validity Claims for the ACTFL Oral Rating Scale. *System* 24, 163–172.

Hall, Joan Kelly, and Simona Pekarek Doehler. (2011) L2 Interactional Competence and Development: Introduction. In Joan Kelly Hall, John Hellermann, and Simona Pekarek Doehler (eds.) *L2 Interactional Competence and Development,* pp. 1–18. Clevedon, England: Multilingual Matters.

Higgs, Theodore V. (1984) Introduction: Language Teaching and the Quest for the Holy Grail. In Theodore V. Higgs (ed.) *Teaching for Proficiency, the Organizing Principle,* pp. 1–9. Lincolnwood, IL: National Textbook Company.

Johnson, Marysia. (2001) *The Art of Non-conversation: A Reexamination of the Validity of the Oral Proficiency Interview.* New Haven, CT: Yale University Press.

Kasper, Gabriele, and Kenneth R. Rose. (2007) Multiple Questions in Oral Proficiency Interviews. *Journal of Pragmatics* 39, 2045–2070.

Kramsch, Claire. (1986) From Language Proficiency to Interactional Competence. *Modern Language Journal* 70, 366–371.

Lantolf, James P., and William Frawley. (1986) Oral Proficiency Testing: A Critical Analysis. *Modern Language Journal* 69, 337–345.

Lantolf, James P., and William Frawley. (1988) Proficiency: Understanding the Construct. *Studies in Second Language Acquisition* 10, 181–195.

Lazaraton, Anne. (1996) Interlocutor Support in Oral Proficiency Interviews: The Case of CASE. *Language Testing* 13, 151–172.

Liskin-Gasparro, Judith E. (2003) The ACTFL Proficiency Guidelines and the OPI: A Brief History and Analysis of Their Survival. *Foreign Language Annals* 36, 483–490.

Lowe, Pardee, Jr. (1986) Proficiency: Panacea, Framework, or Process? A Reply to Kramsch, Schulz, and Particularly Bachman and Savignon. *Modern Language Journal* 70, 391–397.

McNamara, Tim. (1997) 'Interaction' in Second Language Performance Assessment: Whose Performance? *Applied Linguistics* 18, 446–466.

National Standards in Foreign Language Education Project (1996, 1999) *Standards for Foreign Language Learning: Preparing for the 21st Century.* Yonkers, NY: Author.

Pienemann, Manfred, Malcolm Johnstone, and Geoff Brindley. (1988) Constructing an Acquisition-based Procedure for Second Language Assessment. *Studies in Second Language Acquisition* 10, 217–234.

Ross, Steven J. (2007) A comparative task-in-interaction analysis of OPI backsliding. *Journal of Pragmatics* 39, 2014–2444.

Ross, Steven, and Richard Berwick. (1992) The Discourse of Accommodation in Oral Proficiency Interviews. *Studies in Second Language Acquisition* 14, 159–176.

Salaberry, M. Rafael. (2000) Revising the Revised Format of the ACTFL Oral Proficiency Interview. *Language Testing* 17, 289–310.

Savignon, Sandra J. (1985) Evaluation of Communicative Competence: The ACTFL Provisional Proficiency Guidelines. *Modern Language Journal* 69, 129–134.

Swaffar, Janet. (1989) Curricular Issues and Language Research: The Shifting Interaction. *ADFL Bulletin* 20(3), 54–60.

Tecedor Cabrero, Marta. (2013) Developing Interactional Competence through Video-Based Computer-Mediated Conversations: Beginning Learners of Spanish. Unpublished Ph.D. Dissertation, University of Iowa.

van Compernolle, Rémi A.（2011）Responding to Questions and L2 Learner Interactional Competence during Language Proficiency Interviews: A Microanalytic Study with Pedagogical Implications. In Joan Kelly Hall, John Hellermann, and Simona Pekarek Doehler（eds.）*L2 Interactional Competence and Development,* pp. 117–144. Clevedon, England: Multilingual Matters.

van Lier, Leo.（1989）Reeling, Writhing, Drawling, Stretching, and Fainting in Coils: Oral Proficiency Interviews as Conversations. *TESOL Quarterly* 23, 489–508.

Wells, G.（1981）*Learning Through Interaction: The Study of Language Development.* Cambridge, UK: Cambridge University Press.

ラウンドテーブル 3 の総括

ナズキアン富美子

テーマ：日本語教育と OPI

パネリスト(発表順)：牧野成一(プリンストン大学)、鎌田修(南山大学)、渡辺素和子(ポートランド州立大学)、ジュディー・リスキン-ガスパロ(アイオア大学)

司会：ナズキアン富美子(コロンビア大学)

1. はじめに

　OPI とは「外国語学習者の会話のタスク達成能力を、一般的な能力基準を参照しながら対面のインタビュー方式で判定するテスト」である(牧野 2001: 9)。OPI テストでは資格を持った面接官が 30 分を超えない範囲で被験者に様々な質問を行う。被験者の口頭運用能力は OPI ガイドラインに基づき「超級、上級、中級、初級」の 4 つの主要レベルと超級を除くそれぞれに「一上、一中、一下」の下位区分を付けた形で判定される[1]。評価は「機能／タスク遂行能力」、「社会的場面／話題の領域」、「正確さ」、「テキストタイプ(語レベル、文レベル、段落レベル、複段落レベル)」というカテゴリーにおける総合評価によって判定される。

　リスキン-ガスパロの発表にもあったが、ACTFL OPI は 30 年の歴史を持ち、その間、OPI が外国語教育に与えた影響は計り知れない。外国語教育において、OPI を使用するプログラムは少なくない。しかし、その一方で、インタビュー形式で口頭運用能力を測る OPI に関していろいろな疑問点もあげられている。そこで、本ラウンド・テーブルでは以下の 7 点に焦点を当て討論するとともに、OPI の日本語教育における未来について話し合っ

た[2]。

(1)「口頭運用能力」とは何か
(2) OPI は現実場面における口頭運用能力を適格に測れるか
(3) 口頭運用能力はインタビューとロールプレイだけで測れるか
(4) OPI の基準には特定言語に特化したものが必要か
(5) OPI の評価をどう解釈するか
(6) OPI にさらに相互作用能力の要素を取り入れるべきか
(7) OPI から外国語教育(ここでは日本語教育)は何を学べるか

2. OPI に関する疑問点

ここでは上で述べた 7 つの質問事項をさらに説明するとともに、ディスカッションの内容をまとめる。

2.1 「口頭運用能力」とは何か

「口頭運用能力」とは一体何か。この質問は、いわゆる「話すテスト」によって「何を」測るのか、それを「どのように」測るのかを考える上で大切な質問であると考えられる。牧野は口頭運用能力とは「言語を使い、口頭により意味のあるコミュニケーションタスクを遂行する能力」と定義した上で、それをどのようなテストによってどのように測るべきかは別問題で、それに関しては様々な角度から論じるべきだと提案した。リスキン-ガスパロも牧野の意見を支持し、いかなるテストも話す能力の全ての面を測ることは無理であり、したがって測定はその目的が何であれ使用可能なもの、操作可能なものでなければならない。すなわち、測定は我々が打ち立てた「口頭運用能力」に関する概念、またはモデルに適合するものでなければならない。渡辺は「口頭運用能力」はネイティブスピーカーでも様々な経験(例えば、大学を卒業し就職するなど)を通して発達し、変化し得るものであるが、基本的には言語を使って機能できる能力とした。鎌田も「口頭運用能力」とは大人、子ども、またはネイティブ、ノンネイティブに関係なく言語機能が果

たせる能力であると述べた。

2.2　OPIと現実性

OPIの測定基準は"real life"(現実の場面)において話し手が実際に「何ができるか」ということを想定している。中級の基準を見てみると、一般的に、目標文化圏において生活していく中で不可欠な会話、日常よくある具体的な会話のやりとりに限られる。その内容は、自分自身や家族、家庭、日常生活、個人的な好みなどの個人的な情報はもちろん、食べ物、買い物、旅行、宿泊などの身体的・社会的なものも含まれている。しかし、現実の場面では話者といっても様々な多様性、個性があり、「現実生活」とは何かを決めるのは困難ではないのか。鎌田は「OPIにおいて面接官がネイティブで被験者がノンネイティブであるという点では現実的である。しかし、被験者が特定のレベルをどれくらい維持できるかを測定するために、被験者が言語的に挫折しても「手助けを」しない、という点では自然の会話とは異なる」と指摘した。

2.3　OPIという方法で本当に口頭運用能力は測れるのか

OPIは通常、1つのロールプレイを含むインタビューによって話す能力が測られるが、しかし、それだけで口頭運用能力が測れるものか。これに対し、渡辺は、まずインタビュー形式が日常会話と異なることを指摘し、OPIが口頭能力のあらゆる面を測ろうとする点で理想的だが、どんなテストでも、24時間常に被験者につきっきりでその口頭運用能力を測ることは現実的ではない。したがって、テストが信頼できる標準テストとして機能するためには口頭運用能力を測る何らかのパラメーター、そして制限が必要だと述べた。牧野はOPIでは面接官が質問やコメントを簡潔に行うことで被験者になるべくたくさん話させるようにするが、自らは被験者とインターアクションを持つようにしていると述べた。

2.4　OPIの固有性と汎用性

OPIの基準はインフォーマルな状況が先で、上級になるにつれフォーマ

ルな状況を想定している。これに対し、牧野は米国の大学レベルでの日本語教育の場合、一般的にフォーマルスピーチスタイルが先に教えられる場合が多い。また、いわゆる継承語学習者(heritage learner)にとってはインフォーマルスピーチスタイルの方が使いやすいと指摘。したがって、日本語のガイドラインは「インフォーマルスピーチスタイルかフォーマルスピーチのいずれかが使える」という定義の方が妥当ではないかと提案している[3]。これに関連して、OPIは将来、言語固有の判定基準を設定するべきかどうかという質問をした。四氏とも、その可能性があり得ると述べた[4]。さらに議論を発展させ、職業によって固有の専門用語、コンテキストが存在することを考えると、それぞれの職業に応じた特殊なOPI(例えば、介護という特有のコンテキストで使用される日本語運用能力を測る)の必要性もあるだろうという意見で一致した。

　リスキン-ガスパロは「OPIは元々米国国務省の外交官の外国語能力を測るという目的で始まった。その対象は主に高等教育を受けた白人男性であった」と述べた。その後、ACTFL(全米外国語教育協会)がOPIの開発を行うようになってから、大学教育のようなアカデミックなコンテキストで使われるようになり、対象も学生層が中心となった。現在のOPIは言語的にも職業的にも扱うトピック、コンテキストにおいて当初のOPIとは異なる。将来、対象者の言語使用環境によって様々なOPIが可能になるであろうと示唆した。

2.5　OPIの評価をどう解釈すべきか

　前述のようにOPIの判定は初級(Novice)から超超級(Distinguished)レベルまで、機能／タスク、場面／内容、正確さ、テキストタイプの状態に基づいて判定される。言い換えれば特定のコンテキストまたは限られたコンテキストにおける口頭運用能力を測定すると言える。では、OPIの評価は他のコンテキストにどれ程適応可能なのだろう。

　この点に関してリスキン-ガスパロは「テストはテストの外での口頭運用能力を予測するもの」であると指摘。例えば、テストがフォーマルな状況での口頭運用能力を測るためのものであるならば、それはテストの外における

フォーマルな状況で機能できるかどうかを予測するものであり、他の状況（例えば、バーで第二言語を使ってカジュアルな会話を始めるといったインフォーマルな状況）ではどう機能するかを予測するものではないとした。牧野は状況によって個人差があるものの、OPI 評価の解釈はある一定の基準に基づいて特定の言語機能が遂行できることを示すものであるとした。

2.6　OPI と相互作用能力

　話者間の相互作用能力に関して OPI は現実に起こるネイティブと非ネイティブ間の会話交流とは異なるという批判がある。OPI では会話のフロアは主に面接官がコントロールし、被験者が新しいトピックを導入したりすることはない。さらに、OPI の目的がテストであるという点でも普通の会話と異なる。そこで、OPI はより自然な相互作用のあり方を考慮に入れるべきかということについて話し合った。

　渡辺は OPI はあくまでもインタビュー形式のディスコースであり、普通の会話ではないと述べる。これに対し、鎌田は OPI にはロールプレイもあると指摘したが、リスキン-ガスパロは OPI のロールプレイはレベルに適切なタスク、例えば質問と応答ができる、交渉ができるなどという機能（タスク）が遂行できるかどうかを測るテストであり、ユーモアを言ったり、個人的な話題を喋るような日常会話とは異なると応答。牧野は面接官と被験者の間には個人的なインターアクションもあると指摘した。例えば、被験者が個人的なことを話す時、面接官は興味を持って被験者の話を聴くので、単にテストのための質問―応答と言ったインターアクションとは異なる。また、被験者の能力が高い場合は新しいトピックを提出することも十分あり得ると指摘した。

　リスキン-ガスパロは「OPI はインタビュー形式における口頭運用能力を測るものであるから、相互作用が普通の会話と異なるのは当然である。自然な会話に見られるような相互作用能力を OPI に取り入れることは、OPI のシステム全体を変えることであり、あり得ないだろう」と述べた。渡辺も会話に見られる相互作用能力を測定できるように OPI を変えることは望ましくないとした。なぜなら、相互作用能力の測定判断は主観的になりやすく、

OPIテストが就職や昇進など個人の人生に影響を与える可能性を考えると、テストの測定が主観的な判断に委ねられるようなことは望ましくないとした。

2.7　日常の教室活動への応用

　OPIを毎日の教室で、さらに活用するにはどうしたらよいだろうか。渡辺は学習者が「何らかの情報を求められ、それに答えようとする話者は、たいていの場合、なぜ相手がその情報を求めているか、その背景や動機、理由を察知し、相手が納得するような形式に合わせて、自分の返答をデザインしたり調整したりする」コミュニケーション能力を習得する必要があると強調。そのためには教師がそのようなコミュニケーションの展開メカニズムに敏感な指導を行わなければならない。教室内では主に教師が質問し、学習者がそれに応答し、それに続いて教師がコメントしたり、フォローアップの質問をする。教師は単に質問―応答というインターアクションに終わらないよう、学習者が詳しく説明したり、説得したり、意味交渉を行うようなコンテキストのあるコミュニケーションをクラスで行う必要がある。さらに付け加えて、渡辺は教師養成の改善の必要性をも示唆した。

3.　最後に

　本ラウンド・テーブルではOPIテストの特徴、目的、そして日本語教育への応用について話し合った。ここで注目したいのは正確さの評価基準、社会言語学的能力・語用論的能力である。本ラウンド・テーブルの討論のもと、次のような問題についてはさらなる議論が必要である。(1)自然の会話とは異なるというのが一致した見解であった。そうであるなら、自然な会話で必要とされる社会言語学的能力・語用論的能力に関する基準をどのように考えることができるであろうか。(2)各レベル毎に社会言語学的能力・語用論的能力の判定基準を設定することは可能か。(3)さらに、インタビュー形式のテストという限定されたコンテキストで、社会言語学的能力・語用論的能力をどのように引き出すことができるのであろうか。

最後に、各氏にOPIの将来について尋ねた。4氏ともOPIはまだ改善の余地はあるだろうが、現在、OPIに代わる、または、OPIより良い口頭運用能力を測るテストがないと強調。牧野、鎌田はOPIを超えるテストがない限り、OPIは言語教育において今後も重要な役割を果たすだろうと述べた。渡辺は今後ACTFL OPIの関係者と日本語教育関係者がそれぞれの研究、ワークショップを通じてますます連携していく必要性を強調。リスキン－ガスパロはOPIが発話データの観察、分析や第二言語の習得研究に大きく貢献するであろうと述べた。その研究成果が外国語教育にも大きく寄与することは間違いないことを確認してラウンドテーブルを閉じた。

注

1　*2012 ACTFL Proficiency Guidelines* より、これにDistinguished(超超級)が加えられた。
2　本ラウンドテーブルは各論文の発表も、それに続く討論もすべて英語で行われた。
3　実際、日本語OPIではこの点を内規事項として実施しているとの報告を鎌田(本書著者の1人)から受けた。
4　1986年版のガイドラインには言語毎(例えば、日本語)のバージョンがあった。

参考文献

牧野成一(2001)「理論編　OPIの理論と日本語教育」牧野成一・鎌田修・山内博之・齊藤真理子・荻原稚佳子・伊藤とく美・池﨑美代子・中島和子『ACTFL-OPI入門―日本語学習者の「話す力」を客観的に測る』アルク．

Appendix
各論文の要約一覧(英語)

Part1 Japanese Language Education, Linguistics, and Cultural Studies

How Are Invisible Structures Acquired?—Language Education from the Perspective of the Linguistic Sciences.
Wesley M. Jacobsen

Abstract

While numerous apparent differences exist between the way first and second languages are acquired, whether these differences are fundamentally qualitative ones, or mere differences in degree, is basically an unsolved mystery. This leaves the language teacher in the difficult position of having to make practical choices in teaching without the benefit of clear direction from the linguistic sciences, such as whether linguistic structure should be taught explicitly or implicitly. This paper argues that while the linguistic sciences offer no clear answer to this question, (a) they offer a valuable understanding as to what those structures are to begin with, as some of the most basic such structures are not open to direct observation, and that (b) an awareness of such structures is essential to effective instruction, especially for languages as typologically different as English and Japanese. As a specific example of such invisible structure this paper considers argument structure—a hidden template of nouns associated with a predicate that must be satisfied for the predicate to be understood—and its implications for language teaching.

Keywords: invisible linguistic structure, language acquisition, explicit vs. implicit grammar instruction, argument structure, linguistic theory and language teaching

The Power of Metaphor: Facilitating Inter-Cultural Understanding and Enhancing Japanese Language Education
Mayumi Oka

Abstract

Metaphors, similes, and other figures of speech are typically regarded as belonging to the realm of literary expression. However, they frequently arise in everyday conversation and serve a vital role in facilitating routine linguistic activity. Metaphors possess the ability to make abstract concepts concrete, frame unknown concepts in known terms, and assist speaker and listener in attaining a shared understanding. In fact, one could say that without figurative speech, mutual understanding between speaker and listener could not be established.

This paper presents examples of metaphors common to both English and Japanese and examines their meanings, classification, and linguistic functions from a pedagogical perspective. Additionally, I propose that the use of figurative speech in Japanese language education offers numerous benefits, among which are: facilitating intercultural understanding, enhancing communicative ability, furthering the comprehension of polysemy and vocabulary expansion, reducing frustration in language learning, promoting kanji retention and correct particle usage, and making possible the evaluation of language ability on a cross-linguistic level.

Keywords: metaphors shared between Japanese and English, universality of fundamental concepts among distinct cultures, metaphor use in daily interaction, semantic polysemy, metaphoric competence

Awareness of Multiplicity
Yoshiko Matsumoto

Abstract

Japanese language instructors and linguists Japanese language instructors and linguists, consciously or unconsciously, have tended, to search for rules that definitively describe what is correct, grammatical, or appropriate as Japanese discourse. However, it is impossible to ignore the multifaceted character of meaning and the variety of "correct" expressions that become possible when we consider that linguistic expressions not only have multiple basic meanings, but take on special pragmatic and social meaning depending on who uses them in what context.

Through an examination of actual discourse, this article discusses the implications of such multiplicity of language use in the context of language learning, and considers some possible future directions that this suggests for Japanese language education. To cultivate future Japanese speakers who have broader cognitive and cultural capacities, I advocate instruction that encourages learners to notice the multiplicity of available expressions, to understand their pragmatic and sociolinguistic implications, and to choose those that best express their purposes and identities.

Keywords: identities, observation and selection, style, referential terms, noun modification

Cultural Literacy and its Evaluation in Language Education
Yasu-hiko Tohsaku

Abstract

It is commonly understood among foreign language educators that culture is an integral part of language education. However, there is no agreement regarding what culture is, and what kind of cultural knowledge and skills language learners should learn. This paper reconsiders the goals of language education in light of the global environment we are currently living in and argues that language learners should develop cultural literacy, i.e., the ability to analyze cultural features encountered in intercultural communication and to develop strategies for effectively establishing productive relationships with people of different cultural backgrounds. It also provides examples of classroom activities for developing cultural literacy and of how cultural literacy can be assessed in language education.

Keywords: culture, cultural skills, cultural literacy, intercultural communication, third place

Part2 Japanese Language Education, Second Language Acquisition, and Pedagogy

Explicit Learning versus Implicit Learning and Teaching Japanese as a Second Language
Tadashi Sakamoto

Abstract

In explicit learning, learners consciously acquire explicit knowledge of a second language (L2) through overt instruction. In implicit learning, by contrast, learners acquire knowledge of L2 implicitly through unconscious exposure to numerous examples of data from the language.

Krashen (1981) argues that there is no interface between explicit and implicit learning and that learning does not lead to acquisition. Bialystok (1978) takes the opposing view that the two types of knowledge interact and that explicit knowledge can become implicit through formal practice. In this regard, neuroscience researchers such as Eichenbaum (2002) take the view that explicit and implicit knowledge are located in different parts of the brain and do not interact.

Based on these competing theories, two possible learning processes emerge as paths to acquiring Japanese proficiency;

1) explicit learning ⇒ practice ⇒ automatization ⇒ proficiency
2) implicit leaning ⇒ proficiency

This paper argues that a learner who starts language study in a classroom environment and ultimately attains high proficiency, may be seen as a type of hybrid learner who has gained both explicit and implicit knowledge.

Keywords: explicit knowledge, implicit knowledge, noticing, intake, proficiency

The Communicative Approach and Native-likeness
Yukiko A. Hatasa

Abstract

The fundamental philosophy of the communicative approach is that learners should be exposed to opportunities to engage in communication occurring in real-life situations. Thus, the importance of communicative tasks is widely recognized in JFL/JSL classrooms. However, recent findings in L2 research show that there are limitations to the effectiveness of communicative tasks in facilitating the acquisition of target forms (Ellis 2008). Also, learners who have received instruction based on communicative approaches do not necessarily produce natural speech (Wray 2008).

In light of this development, this paper revisits the notion of communicative competence and communicative language ability. First it reviews the definitions of communicative competence and language ability, then describes the characteristics of communicative language teaching and examines its effectiveness. Finally, it proposes some ways to improve classroom instruction in order to promote the development of communicative language ability.

Keywords: communicative competence, communicative language ability, task, formulaic language, FFI

A Course for JLPT N2 Preparation: Content and Rationale
Mutsuko Endo Hudson

Abstract

The present study reports on a 'Japanese Language Proficiency Test (JLPT) N2 Preparation' course offered in the fall of 2011 at the author's university and examines the rationale for such a course. Course content and methods, the results of three mock tests, and responses to a student questionnaire are first discussed, and possible ways for improving the course are then proposed, taking into account a similar course taught in 2008. A course of this type promotes autonomous learning for students, and the short-term goal of passing the proficiency test can lead them to become lifelong learners. Responses to the questionnaire were positive regarding the course overall, as well as its objectives. It was also found that results of the mock tests were able to predict the outcome of the real test fairly accurately. This type of course appears to (1) meet the needs of learners, (2) be effective, and (3) help the instructor to diagnose problems and consult with students about a realistic view of their own abilities.

Keywords: autonomous learning, Japanese Language Proficiency Test, lifelong learning, N2 Test preparation

Towards Reinstating the Translation Method in Japanese Language Education
Seiichi Makino

Abstract

No matter how excellent a translation, there are many things that are lost in the process of translating the source language into the target language. In the case of two languages with fundamentally different scripts, the visual effects of the scripts are lost. Furthermore, at least some of the lexical meaning and syntax (especially word order) are lost. If the characters in a literary work speak in a dialect, the sound and social implications of that dialect are usually lost in translation. An interesting question that arises is whether anything is cognitively lost during the process of translating Japanese literary works into English. Shift phenomena such as tense, formality, and number, may be seen as representatives of the kinds of meaning that may be lost in that process.

What are the implications of this for Japanese language education? This paper proposes to introduce translation as a part of advanced Japanese education in light of cognitive analysis the author proposes of differences between Japanese and English.

Keywords: shift, tense, personal pronouns, formality, reading comprehension

Part3 Japanese Language Education and the OPI (Oral Proficiency Interview)

On the Revised 2012 Version of the ACTFL Proficiency Guidelines — Speaking
Seiichi Makino

Abstract

This paper examines the revised 2012 version of the Proficiency Guidelines for Speaking prepared by American Council on the Teaching of Foreign Languages, Inc. (ACTFL). The most salient revision is the addition of the Distinguished Level above the long-standing Superior Level. This paper examines not just the Distinguished Level but compares line by line the old (1999) version with the new level descriptions. It argues that the introduction of the Distinguished Level requires the introduction of two or three levels within the Superior Level, the level directly below the Distinguished Level. The paper also compares the Interagency Language Roundtable (ILR) and EU's Common European Framework of Reference (CEFR).

Keywords: Distinguished Level, level description, ILR (Interagency Language Roundtable), social attitudinal expression, Oral Japanese Assessment Europe (OJAE)

Rethinking the Notion of "Sustain" in the ACTFL Proficiency Guidelines
Osamu Kamada

Abstract

Through an examination of the three OPI tester training manuals that have been published so far, this paper discusses what it means to sustain performance in a global task, a key concept in the assessment of OPI proficiency levels. It is clear that proficiency level is something indicated not as a point but as a range, and the concept of 'sustain' has been used to fix this range. It is, however, extremely difficult to make clear-cut judgments on the performance of global tasks, with the result that such judgments have tended to be made on the basis of more salient linguistic features, such as text-type. It is concluded that this tension between competing criteria, involving an elastic range on the one hand and clear-cut points on the other, has led to the acceptance of sublevel discrepancies that result in assessments varying across major borders, something that has in principle been disallowed since the inauguration of the OPI thirty years ago.

keywords: proficiency, major border, sublevels, sustain, global task

Lessons from OPI: Context- and Discourse-based Instruction
Suwako Watanabe

Abstract

In this chapter, I argue for the importance of context- and discourse-based instruction by drawing on the experience of OPI tester training and OPI testing. Advanced-level speakers should be able to narrate and describe in paragraph-length discourse, and it is often said the Advanced Level cannot be attained without an extensive period of living in a target country. Similarly, OPI tester candidates often struggle to elicit paragraph-length discourse because they ask too many closed questions. I demonstrate the importance of pragmatic competence by examining samples of communication breakdown and present some strategies for developing pragmatic competence.

Keywords: ACTFL Proficiency Guideliens, Context, Discourse, Pragmatic Competence, OPI (Oral Proficiency Interview)

The OPI at Age 30: Contributions, Limitations, and a View to the Future
Judith E. Liskin-Gasparro

Abstract

The 30 years since the introduction of the ACTFL Oral Proficiency Interview (OPI) have been marked by major changes in foreign language education. Curricula, teaching methods, textbooks, tests and, more recently, the National Standards, prominently feature a proficiency orientation. Despite the enormous impact of the OPI, it has always been subjected to criticisms, one of which is the nature of the language elicited in the OPI. Interactional competence in a second language is a new theoretical lens through which to understand and evaluate second language ability. Its dynamic understanding of oral competence, which includes knowledge of communicative event types, turn-taking patterns, conversation organization, topic management, control of registers, and the linguistic elements required for communication, contrasts with the relatively static construct of oral proficiency presented by the ACTFL Guidelines and the OPI. If interactional competence is essential to speaking ability in a second language, then we must examine closely the influence of the testing mode on the nature of the discourse that is produced.

Keywords: ACTFL, interactional competence, oral tests, proficiency

牧野成一先生業績・記念論文集一覧

著書

A Dictionary of Advanced Japanese Grammar. (with Michio Tsutsui), The Japan Times, 2008.

NAKAMA: Communication, Context, Culture. Volume 2, (with Yukiko Hatasa and Kazumi Hatasa), Houghton Mifflin Co., 1999.

『日常日本語バイリンガル辞典』(中田清一・大曾美恵子と共著), 講談社インターナショナル, 1999.

NAKAMA: *Communication, Context, Culture.* Volume 1, (with Yukiko Hatasa and Kazumi Hatasa) Houghton Mifflin Co., 1998.

『ウチとソトの言語文化学―文法を文化で切る』アルク, 1996. [韓国語訳, 未出版の英訳あり]

A Dictionary of Intermediate Japanese Grammar. (with Michio Tsutsui), The Japan Times, 1995.

『読解―拡大文節の認知』(畑佐由紀子と共著) 荒竹出版, 1990.

A Dictionary of Basic Japanese Grammar. (with Michio Tsutsui), The Japan Times, 1986.

『くりかえしの文法』大修館書店, 1980.

『ことばと空間』東海大学出版会, 1978.

Modern Japanese — An Advanced Reader. (with Gen Itasaka and Kikuko Yamashita), 2 volumes, Kodansha International, 1974.

Some Aspects of Japanese Nominalizations, Tokyo: Tokai University Press, 1969.

編著

『日本語教育と日本研究の連携―内容重視型外国語教育に向けて』(トムソン木下千尋と共編), ココ出版, 2010.

Japanese Language and Literature 42: 2（Special issue）（with Mutsuko E. Hudson）, 2008.

Aspects of Linguistics: In Honor of Noriko Akatsuka.（With Susumu Kuno, Susan Strauss）, Kurosio Publishers, 2007.

論文

「日本語作家は日本語をいかに異化し、多様化しているのか」郭南燕編『日本語で書く―文学創作の喜びと悲しみ』pp. 21–47．国際日本文化研究センター，2011.

「これから20年後のOPIのあるべき姿」金庭久美子・奥村圭子・西部由佳・萩原孝恵・水上由美編『日本語OPI研究会20周年記念論文集・報告書』pp. 2–7．日本語OPI研究会，2010.

「文化習得理論の構築を目指して」『第二言語としての日本語の習得研究』12, pp. 5–26．第二言語習得研究会，2009.

「OPI、米国スタンダード、CERFとプロフィシェンシー」鎌田修・嶋田和子・迫田久美子編『プロフィシェンシーを育てる―真の日本語能力をめざして』第2章，pp. 18–37．凡人社，2008.

「日本語、日本文化教育とアニメ」畑佐由紀子編『外国語としての日本語教育―多角的視野に基づく試み』pp. 61–82．くろしお出版，2008.

The Japanese Pluralizer *–tachi* as a Window into the Cognitive World. In Susumu Kuno, Seiichi Makino, and Susan Strauss（eds.）*Aspects of Linguistics: In Honor of Noriko Akatsuka*, pp. 109–120. Kurosio Publishers, 2007.

How can Collocability in NI-Passives and KARA-Passives in Japanese be Explained by Metaphoricity and Empathy? *Proceedings of the 2nd Conference on Japanese Linguistics and Language Teaching*, pp. 199–216. Universita Degli Studi Di Napoli "L'Orientale", 2007.

「言語能力、伝達能力、社会文化能力」縫部義憲・町博光編『講座日本語教育：言語行動と社会／文化』pp. 2–17．スリーエーネットワーク，2006.

Will Cognitive Change Cause GA to O Change? In Andre Wlodarczyk（ed.）

Paris Lectures in Japanese Linguistics, pp. 79–93. Kurosio Publishers, 2005.

「文化能力基準作成は可能か」『日本語教育』118, pp. 1–16, 2003.

Uchi and Soto as Cultural and Linguistic Metaphors. In Ray T. Donahue (ed.) *Exploring Japaneseness: on Japanese Enactments of Culture and Consciousness*, pp. 29–64. Greenwood Publishing Group Inc, 2002.

Language and Space. In Richard Bowring and Noel Pinnington (eds.) *Teaching about Japan in Japan*, pp. 141–162. Kyushu University Press, 2001.

「OPI 理論— OPI 理論と日本語教育」アルク編『ACTFL-OPI 入門—日本語学習者の「話す力」を客観的に測る』pp. 8–49. アルク, 2001.

「言語文化学：日本語を文化で解く」中村明編『現代日本語必携』pp. 108–112. 学燈社, 2000.

「音と意味の関係は日本語で有縁か」アラム佐々木幸子編『言語学と日本語教育』pp. 1–13. くろしお出版, 1999.

How Similar are Japanese and English? Some Aspects of Similarities Based on Universal Animism. In Maki Hubbard and Tadashi Sakamoto (eds.) *Progress in Japanese Linguistics and Pedagogy: A Collection in Honor of Professor Akira Miura's 70th Birthday*, pp. 1–18. ALC, 1999.

「文法をウチとソトのメタファーで解く」*AERA Mook* 30, pp. 78–82. 朝日新聞社, 1997.

A Grammar of Involvement — a Reexamination of *noda* Predicate in Discourse. In Misato Tokunaga (ed.) *Report on A Systematic Study of Linguistic Change and its Application to Japanese Language Education*, pp. 151–161. Kanda Gaikokugo Daigaku, 1995.

「コロンビア大学における日本語教師養成講座に関する報告」『世界の日本語教育　日本語教育事情〈報告篇〉』1, pp. 137–149. 国際交流基金, 1995.

「文体に現れた文化的背景」『月刊言語』23: 2, pp. 42–49, 大修館書店, 1994.

「省略の日英比較—その引き込みの表現効果」『日本語学』9 月号, pp. 41–49. 明治書院, 1993.

「日本語教育と言語行動」『日本語教育』49, pp. 1–12, 1983.

「北米における日本語教育概観」上野田鶴子編『講座：日本語と日本語教育 第 16 巻』pp. 110–129. 明治書院, 1991.

「ACTFL の外国語能力基準およびそれに基づく会話能力テストの理念と問題」『世界の日本語教育』1, pp. 15–32. 国際交流基金, 1991.

Are Females More Empathetic than Males in Written Discourse? In Akiko Ide and Naomi McGloin (eds.) *Aspects of Japanese Women's Language*, pp. 105–116. Kurosio Publishers, 1991.

Current and Future Issues in Japanese Language Teaching in the U.S. In *Japanese Studies in the United States*, *Part I History and Present Condition*, Japanese Studies Series XVII, pp. 83–94. Japan Foundation, 1988.

Integrating language and Culture Through Video: a Case Study from the Teaching of Japanese. In Alan Singerman (ed.) *Toward a New Integration of Language and Culture*. pp. 103–111. Northeast Conference on the Teaching of Foreign Languages, 1988.

How Relevant is a Functional Notion of Communicative Orientation to *ga* and *wa*? In John Hinds (ed.) *Perspectives on Topicalization — the case of Japanese* wa, pp. 293–306. John Benjamins, 1988.

「ACTFL 言語能力基準とアメリカにおける日本語教育」『日本語教育』61, pp. 49–62, 1987.

Some principles of repetition in Japanese spoken discourse. In Matsuo Soga (ed.) *Proceeding of the Nitobe-Ohira Memorial Conference on Japanese Studies*, pp. 56–73. University of British Columbia, 1986.

「日本語口語談話における反復の原則」『月刊言語』14: 10, pp. 110–118. 大修館書店, 1985.

「物語の文章における時制の転換」『月刊言語』12: 12, pp. 109–117. 大修館書店, 1983.

How Sensitive is the Japanese Language to Directly Perceptible Phenomena? In Kazuko Inoue (ed.) *Festschrift for Professor Masatake Muraki at his 60th birthday*, pp. 127–128. International Christian University, 1983.

Speaker/Listener-orientation and Formality Marking in Japanese,『言語研究』84, pp. 126–145, 1983.

「省略と反復」中村明編『日本語の表現』pp. 73–87. 筑摩書房, 1983.

Japanese Grammar and Functional Grammar. *Special issue on Japanese linguistics* (ed. by Masayoshi Shibatani), *Lingua* 57, pp. 125–173, 1982.

Using the Target Language in the Post-beginning Classroom, *Journal of the Chinese Language Teachers Association* 17: 3, pp. 19–32, 1982.

「言語と空間」『月刊言語』9: 9, pp. 6–13, 1980.

Paragraph, is it a Legitimate Linguistic Unit? — A Case Study from English and Japanese. In Robert L. Brown and Martin Steinmann (eds.) *Rhetoric 78—Proceedings of theory of rhetoric: an Interdisciplinary Conference*, pp. 283–296. University of Minnesota, Center for Advanced Studies in Language, Style and Literary Theory, 1979.

「文化と言語」『月刊言語』8: 11, pp. 10–17. 大修館書店, 1979.

Sexual Differences in Written Discourses. *Papers in Japanese Linguistics* 6, pp. 195–217, 1979.

「構造言語学から生成文法へ」『月刊言語』6: 11, pp. 20–28. 大修館書店, 1979.

On the Nature of the Japanese Potential Constructions. *Papers in Japanese Linguistics* 4, pp. 97–124, 1977.

A Note on the Intransitive Nature of the Japanese Raising Verb 'omou' and its Implications. *Studies in the Linguistic Sciences* 7: 2, pp. 39–48, 1976.

「日本語教育と言語理論」『日本語教育』26, pp. 1–5, 1975.

Can a Single Sentence Have More Than One Empathy Focus? *Chicago Linguistic Society* 12, pp. 476–485, 1976.

「生成意味論について」『月刊言語』3: 9, pp. 21–28. 大修館書店, 1974.

Is There Psych Movement in Japanese?『言語研究』64, pp. 44–64, 1974.

Contrastive Semantic Analysis and Teaching Japanese. *Journal of the Association of Teachers of Japanese* 9: 1, pp. 21–34, 1974.

An Analysis of Japanese Verb 'understand'. *Papers in Japanese Linguistics* 1: 2, pp. 239–266, 1973.

The Passive Construction in Japanese. In Braj Kachru, Robert B. Lees and Yakob Malkiel (eds.) *Issues in Linguistics — Papers in Honor of Henry and Renee Kahane*, pp. 588–605. University of Illinois Press, 1973.

Adverbial Scope and the Passive Construction in Japanese. *Papers in Linguistics* 5, pp. 173–198, 1972.

An Analysis of Japanese 'begin'. *Papers in Linguistics* 3: 2, pp. 375–400, 1971.

「変形文法における文体論の位置」柴田武他編『現代言語学―服部四郎教授東京大学退官記念論集』pp. 489–502．三省堂，1971.

Two Proposals about Japanese Polite expressions. In Jerrold Sadock et. al. (eds.) *Studies Presented to Robert B. Lees by His Students*, pp. 163–187. University of Illinois Press, 1970.

Japanese 'BE'. *Foundations of Language* (Supplementary Series) 8, pp. 1–19, 1968.

Na-complement of Modern Greek,『早稲田大学語学教育研究所紀要』5, pp. 80–92, 1966.

「文体の概念」『早稲田大学語学教育研究所紀要』2, pp. 25–46, 1963.

「Aldous Huxley の戯画的文体」『英文法研究』4: 8，pp. 40-45．研究社，1960.

「Aldous Huxley の文体― -ly 副詞の用法から」『英文法研究』4: 3，pp. 8–12．研究社，1960.

「A-form の性格について」『英文法研究』3: 2，pp. 23–27，研究社．1960.

書評

『文化、ことば、教育―日本語／日本の教育の「標準」を越えて』佐藤慎司・ドーア根理子編．明石書店，2008. *Journal of Japanese Language and Literature* 43: 2, pp. 461–486, 2009.

Situated Meanings: Inside and Outside in Japanese Self, Society, and Language, by Jane Bachnik and Charles Quinn (eds.), Princeton University Press, 1994. *The Journal of Japanese Studies* 21: 1, pp. 207–211, 1995.

Japanese: The Spoken Language. Part 1, 2 & 3, by Eleanor Harz Jorden with Mari Noda. New Haven and London: Yale University Press, 1987–1990. *Journal of the Association of Teachers of Japanese* 25: 2, pp. 217–223, 1991.

Post-structural approaches to language — language themes in a Japanese context, by J. V. Neustupný. University of Tokyo Press. *Journal of the Association of Teachers of Japanese* 15: 1, pp. 79–87, 1980.

Non-verbal Communications in Human Interaction, by Mark L. Knapp. Holt, Rinehart & Winston, Inc.,『月刊言語』5: 8, pp. 35–37. 大修館書店, 1976.

記念論文集

Current Issues in Japanese Language Education, Acquisition, and Linguistics, A Special Section in Honor of Dr. Seiichi Makino (ed. by Mutsuko Endo Hudson), *Japanese Language and Literature* 46: 1, pp. 83–215, 2012.

『言語教育の新展開―牧野成一教授古稀記念論集』鎌田修・筒井通雄・畑佐由紀子・ナズキアン富美子・岡まゆみ編, ひつじ書房, 2005.

An Invitation to Second Language Acquisition Research in Japanese: In Honor of Seiichi Makino (ed. by Yukiko Hatasa), Kurosio Publishers, 2002.

On Japanese and How to Teach it (eds. by Osamu Kamada and Wesley Jacobsen), The Japan Times, 1990.

執筆者一覧 (論文掲載順 *は編者)

第 1 部

Wesley M. Jacobsen* (ウェスリー・M・ヤコブセン)
ハーバード大学東アジア文明言語学科教授
【主著】*On Japanese and How to Teach It* (共編著), Tokyo: The Japan Times, 1990.「条件文における関連性について」『日本語学』, 1990. *The Transitive Structure of Events in Japanese,* Tokyo: Kurosio Publishers, 1992. Multiple Times and Multiple Worlds, *Japanese/Korean Linguistics* 11, 2002.「日本語における時間と現実の相関関係」*Project Review* 5, 国立国語研究所, 2011.

岡まゆみ (おか　まゆみ)
ミシガン大学アジア言語文化学科日本語プログラム主任
【主著】『中・上級者のための速読の日本語』ジャパンタイムズ, 1998 (第2版 2013).「メタファー指導が日本語教育にもたらすもの」鎌田修・筒井通雄・畑佐由紀子・ナズキアン富美子・岡まゆみ編『言語教育の新展開―牧野成一教授古稀記念論集』ひつじ書房, 2005.『上級へのとびら』2009;『きたえよう漢字力』2010;『中級日本語を教える教師の手引き』2011;『これで身につく文法力』2012 (共著, くろしお出版).

松本善子 (まつもと　よしこ)　スタンフォード大学東アジア言語文化学科教授；日本語プログラム主任
【主著】*Noun-Modifying Constructions in Japanese: A Frame Semantic Approach*, Amsterdam: John Benjamins, 1997. *Faces of Aging: The Lived Experiences of the Elderly in Japan* (編著), Stanford, CA: Stanford University Press, 2011. *Diversity in Language: Perspectives and Implications* (共編著). Stanford, CA: CSLI Publications, 2007.

當作靖彦 (とうさく　やすひこ)　カリフォルニア大学サンディエゴ校国際関係・環太平洋研究大学院教授, 日本語プログラム主任；アメリカ日本語教育学会会長, 2012-2013
【主著】*Yookoso!: An Invitation to Contemporary Japanese*, 3rd edition, 2006; *Yookoso!: Continuing with Contemporary Japanese*, 3rd edition, 2006, New York: McGraw-Hill.『ドラえもんのどこでも日本語』(共著) 小学館, 2010.『外国語学習のめやす 2012―高等学校の中国語と韓国語教育からの提言』(共著) 国際文化フォーラム, 2012.

マグロイン花岡直美（マグロイン　はなおか　なおみ）
　ウィスコンシン大学マディソン校東アジア言語文学科教授
　【主著】『［英文］間違えやすい日本語語法』大修館, 1989.『中級の日本語』（改訂版）（共著）ジャパンタイムズ, 2008. From Connective Particle to Sentence-final Particle: A Usage-based Analysis of shi 'and' in Japanese, *Language Sciences* 32 (5)（共著）2010. Negation, in M. Shibatani (ed.) *Syntax and Semantics 5: Japanese Generative Grammar*, New York: Academic Press, 1976.

第 2 部

坂本正（さかもと　ただし）　南山大学大学院人間文化研究科言語科学専攻教授
　【主著】「第二言語習得研究の歴史」青木直子・尾崎明人・土岐哲編『日本語教育学を学ぶ人のために』世界思想社, 2001. *The JET Programme Japanese Language Course, Beginner's Course, Books* 1–6（共著）財団法人自治体国際化協会, 2009.『どんどん使える！　日本語文型トレーニング　中級』（監修）凡人社, 2012.

畑佐由紀子（はたさ　ゆきこ）　広島大学大学院教育学研究科教授・講座主任
　【主著】Nakama: 1 (3rd edition) & 2 (enhanced edition)（共著）, Boston: Heinle/Cengage (2013). L2 Writing Instruction in Japanese as a Foreign Language, in T. Cimasko and M. Reichelt (eds.) *Foreign Language Writing Instruction: Principles and Practices*. Anderson, SC: Parlor Press, 2011.『外国語としての日本語教育—多角的視野に基づく試み』くろしお出版, 2008.

ハドソン遠藤陸子（ハドソン　えんどう　むつこ）
　ミシガン州立大学日本語・言語学教授，日本語科主任；コロンビア大学日本語教育修士課程非常勤教授
　【主著】*Modern Japanese Grammar: A Pratical Guide*（共著）, London: Routledge, 2013 & 2014. *Japanese Language and Literature*（共編 2008, 一部編集 2012）. *Japanese/Korean Linguistics* 13（共編）2008. *English Grammar for Students of Japanese*, London: Arnold Publishers, 2000. Three Uses of kata "person" in Japanese, *Journal of Japanese Linguistics* 28, 2012. Student Honorifics Usage in Conversations with Professors, *Journal of Pragmatics* 43, 2011.

牧野成一（まきの　せいいち）　プリンストン大学東洋学科日本語及び言語学名誉教授
【主著】『日本語教育と日本研究の連携』（共編）ココ出版, 2010. *A Dictionary of Advanced Japanese Grammar*, 2008; *A Dictionary of Intermediate Japanese Grammar*, 1995; *A Dictionary of Basic Japanese Grammar*, 1986（共著, The Japan Times）. *Aspects of Linguistics: In Honor of Noriko Akatsuka*（共編）くろしお出版, 2007.『くりかえしの文法』大修館, 1980.『ことばと空間』東海大学出版, 1978.

筒井通雄*（つつい　みちお）
ワシントン大学人間中心設計工学科教授・科学技術日本語プログラム主任
【主著】*A Dictionary of Advanced Japanese Grammar*, 2008; *A Dictionary of Intermediate Japanese Grammar*, 1995; *A Dictionary of Basic Japanese Grammar*, 1986（共著, The Japan Times）.『上級へのとびら』2009;『これで身につく文法力』2012（共著, くろしお出版）. The Japanese Copula Revisited: Is Da a Copula? *Japanese Language and Literature* 40（1）, 2006.

第 3 部

牧野成一（第 2 部同著者の略歴参照）

鎌田修*（かまだ　おさむ）　南山大学大学院人間文化研究科言語科学専攻教授
【主著】『日本語の引用』ひつじ書房, 2000.『日本語教授法ワークショップ』（共編著）凡人社, 1996.『プロフィシェンシーと日本語教育』（共編著）ひつじ書房, 2009.『新・生きた素材で学ぶ、中級から上級への日本語』（共著）ジャパンタイムズ, 2012.『対話とプロフィシェンシー―コミュニケーション能力の拡がりと高まりを求めて』（共編著）凡人社, 2012.

渡辺素和子（わたなべ　すわこ）　ポートランド州立大学世界言語文学部教授
【主著】Cohesion and Coherence Strategies in Paragraph and Extended Discourse in Japanese Oral Proficiency Interview, *Foreign Language Annals* 33（4）, 2003. Content-Based Instruction における評価の問題点, *Journal CAJLE* 12, 2011. Climactic effect markers in spoken and written narrative: Japanese conditionals tara and to, *TEXT & TALK* 32（1）, 2012.

Judith E. Liskin-Gasparro（ジュディス・E・リスキン-ガスパロ） Associate Professor of Spanish, University of Iowa; Co-Director of Foreign Language Acquisition Research and Education and its doctoral program in SLA.
【Major publications】*Mosaicos: Spanish as a World Language,* 5th edition, 2010; *Unidos,* 2012; and *Identidades: Exploraciones and interconexiones,* 3rd edition, 2013 (co-author, Saddle River, NJ: Pearson-Prentice Hall). Evaluación, in M. Lacorte (ed.), *Lingüística aplicada del español* (co-author), Madrid: Arco Libros, 2007.

ナズキアン富美子（ナズキアン　ふみこ）
コロンビア大学東洋文化言語学部・日本語学科主任
【主著】*Intermediate Japanese Hiyaku*（共著）, London: Routledge, 2011. *Modern Japanese Grammar Dictionary*（共著）, London: Routledge, 2014. The Role of Style-Shifting in the Functions and Purposes of Storytelling: Detective Stories in Anime, in D. Schiffrin, A. De Fina and A. Nylund（eds.）*Telling Stories: Language, Narrative and Social Life,* Washington, DC: Georgetown University Press, 2010.

	シリーズ言語学と言語教育 【第30巻】 日本語教育の新しい地平を開く 牧野成一教授退官記念論集 Linguistics and Language Education Series 30 New Horizons in Japanese Language Education Edited by Michio Tsutsui, Osamu Kamada, Wesley M. Jacobsen
発行	2014年3月31日　初版1刷

定価	6000円＋税
編者	©筒井通雄、鎌田修、ウェスリー・M・ヤコブセン
発行者	松本功
装丁者	吉岡透 (ae) ／明田結希 (okaka design)
印刷所	三美印刷 株式会社
製本所	株式会社 星共社
発行所	株式会社 ひつじ書房 〒112-0011　東京都文京区千石2-1-2 大和ビル2F Tel 03-5319-4916　Fax 03-5319-4917 郵便振替　00120-8-142852 toiawase@hituzi.co.jp http://www.hituzi.co.jp/

造本には充分注意しておりますが、落丁・乱丁などがございましたら、小社かお買上げ書店にておとりかえいたします。
ご意見、ご感想など、小社までお寄せ下されば幸いです。

ISBN978-4-89476-655-6　C3080
Printed in Japan